Informatik aktuell

Herausgeber: W. Brauer
im Auftrag der Gesellschaft für Informatik (GI)

Peter Holleczek (Hrsg.)

PEARL 94

Workshop über Realzeitsysteme

Fachtagung der GI-Fachgruppe 4.4.2
Echtzeitprogrammierung, PEARL
Boppard, 1./2. Dezember 1994

Springer-Verlag

Berlin Heidelberg New York
London Paris Tokyo
Hong Kong Barcelona
Budapest

Herausgeber
Peter Holleczek
Regionales Rechenzentrum der
Universität Erlangen-Nürnberg
Martensstraße 1, D-91058 Erlangen

Programmkomitee

Ch. Andres	München
Ch. Feder-Andres	München
W. Gerth	Hannover
W. A. Halang	Hagen
K. Mangold	Konstanz
G. Thiele	Bremen
H. Rzehak	München
U. Schneider	Mittweida
H. Weber	Esslingen
H. Windauer	Lüneburg

CR Subject Classification (1994): C.3

ISBN-13:978-3-540-58677-7   e-ISBN-13:978-3-642-79392-9
DOI; 10.1007/978-3-642-79392-9

Satz: Reproduktionsfertige Vorlage vom Autor/Herausgeber

SPIN: 10086650   33/3140-543210 – Gedruckt auf säurefreiem Papier

Vorwort

Aller guten Dinge sind drei, pflegt man zu sagen. Die GI-Fachgruppe 4.4.2 Echtzeitprogrammierung geht mit ihrem Workshop PEARL`94 in ihr drittes Jahr: Wir wollen zwar hoffen, daß sich Fachgruppe und Tagung weiter so entwickeln, wie bisher. Doch, wie geht es weiter?

Die Rezession hat in der Industrie den Freiraum für nicht unmittelbar ertragsorientierte Betätigungen spürbar eingeengt. An den Teilnehmerzahlen vieler Tagungen war das deutlich zu spüren. Auch unsere Fachgruppe, die traditionell eine hohe Beteiligung aus der Industrie aufweist, ist davon nicht ganz verschont geblieben. Trotzdem kann man sagen, daß die letztjährige PEARL'93 ökonomisch wie wissenschaftlich ein Erfolg geworden ist.
Dieses Gefühl, der Rezession ein Schnippchen geschlagen zu haben, hat uns ermutigt, dieses Jahr quasi ein Randthema in den Mittelpunkt der Veranstaltung zu stellen, die Visualisierung unter Echtzeitbedingungen. Der Bezug zwischen Visualisierung und Echzeitsystemen ist ein mehrfacher.

Gerade in Echtzeitsystemen mit ihrem oft sicherheitsrelevanten Hintergrund ist es wichtig, daß "der Mensch" als letzte Instanz kritische Situationen schnell erfassen kann. Das hat Auswirkungen z.B. auf die ergonomische Gestaltung von Leitwarten. Eine hinreichend flexible Modellierung von Leitwarten ist aber erst mit Aufkommen von Bitmap-Bildschirmen gegeben, unterstützt von den einschlägigen Standards, wie X.11. Der rasante Fortschritt in der Bildschirm-Technologie, verbunden mit einem fast erwarteten Preisverfall, kann aber nur dann zu besseren, marktfähigen Produkten führen, wenn man die unterlagerten SW-Entwicklungs-Technologien im Griff hat. Diesen Zusammenhängen widmen sich eine Reihe von Beiträgen, ergänzt um Berichte aus dem Anwendungsbereich. Aber auch ein anderer, fast komplementärer Bezug, wird beleuchtet. Da Echtzeitsysteme in der Regel "verteilt" sind, stellt sich die Frage, wie es mit der Datenübertragung in Echtzeit aussieht, genauer, wie z.B. eine Visualisierung unter Echtzeitbedingungen möglich ist. Gerade bei der Übertragung von Bewegtbildinformation ist es von Bedeutung, daß die Information nicht unbedingt so schnell wie möglich (nach "best effort"), sondern mit einer hinreichenden Qualität (z.B. mit möglichst konstantem Datenfluß) übertragen wird. Die heutigen bzw. aufkommenden lokalen Netze (Ethernet, FDDI, ATM?) tragen dem auf unterschiedliche, oft unzureichende Weise Rechnung, so daß ggf. besondere Vorkehrungen nötig sind, worüber berichtet wird. Ein aktueller Bezug am Rande: Die in jüngster Zeit postulierten Datenautobahnen, mit ihrem hohen Finanzmittelbedarf, werden in der Regel mit "breitbandiger" Bewegtbildübertragung begründet.
Zwar außerhalb des aktuellen Schwerpunktthemas, aber im Kern des Selbstverständnisses der Fachgruppe liegen die Themen um die Frage, was macht Betriebssysteme echtzeitfähig

und wie sind ihre Testmöglichkeiten. Weiter spannt sich der Bogen von Entwicklungswerkzeugen, auch unter Einsatz von Echtzeit-Expertensystemen, bis hin zu Anwendungsaspekten, wie dem Echtzeit-Produktionsmanagement.
Ich meine, die Veranstaltung verspricht ein abgerundetes Programm.

Bereits an dieser Stelle danken möchte ich den Einrichtungen, die die Veranstaltung unterstützen, wie den Firmen Siemens, Werum, ATM-Computer und ganz besonders dem Springer-Verlag, der seine Reihe "Informatik aktuell" unserer Fachgruppe als einer der wenigen Organisationen in Deutschland nach wie vor als Publikationsplattform zur Verfügung stellt.

Ich wünsche der PEARL`94 viel Erfolg und den Teilnehmern fruchtbare Diskussionen.

Erlangen, im September 1994 P. Holleczek

Inhaltsverzeichnis

(Grafische) Anwendungen

Tools zur Visualisierung von technischen Daten unter OSF/Motif und X11

Karl Busl

iXOS Software GmbH
Bretonischer Ring 12
85630 Grasbrunn

Einleitung

Der Markt verlangt heute immer stärker nach Software, die intuitiv zu bedienen ist. In der Regel wird dies gleichgesetzt mit dem Vorhandensein von graphischen Benutzeroberflächen (Graphical User Interface GUI). Die Bedienung von Software wird dadurch erheblich erleichtert, der Programmieraufwand, um Anwendungen mit GUIs zu schreiben steigt aber meist enorm. D.h. um zu Marktpreisen anbieten zu können, muß man sich immer stärker der Hilfe von Software-Tools bedienen, die das Erstellen von GUIs unterstützen.

Die Vielfalt von angebotenen Werkzeugen in diesem Umfeld ist aber selbst für den Kenner kaum mehr zu überblicken. Es ist mit Sicherheit ein gewisses Maß an know-how notwendig, um sich zumindest in etwa zurechtzufinden.

Es sollen in diesem Beitrag kurz die Grundprinzipien von GUIs vorgestellt und Hilfestellungen bei der Auswahl der richtigen Produkte gegeben werden.

Problemstellung

Typische Visualisierungsprojekte lassen sich i.d.R. in zwei voneinander getrennt zu sehende GUI-Komponenten aufteilen. Ein Prozessbild, das technische Daten. darstellt und eine dazugehörende Administrationsoberfläche, die aus Auswahllisten, Menues etc. besteht.

Das Prozessbild stellt Daten, die von der Hardware kommen dar. Diese Daten sollen so angezeigt werden, daß der Benutzer hinter einem Schaubild seine Anlage möglichst gut wiedererkennen kann. D.h. es muß in dem Schaubild eine mehr oder weniger detaillierte technische Zeichnung dargestellt werden. Dort sollen dann Prozesszustände, Alarme oder Fehlfunktionen durch eine Veränderung der Symbole oder deren Farbe dargestellt werden. Ebenso soll es möglich sein Werte in digitaler Form, in Tabellen oder in Form von Kurven darzustellen. Eine weitere Anforderung ist, daß dargestellte Objekte auch aktiv sein können. Ein Schieberegler oder der Zeiger eines Messinstruments sollen vom Benutzer gestellt werden können oder das Anklikken eines Symbols soll ein Detailblild aufblenden.

Das Schaubild einer Anlage muß fast immer individuell angefertigt werden, z.B. wenn ein Gebäudegrundriß dargestellt werden soll. Der Aufbau des Schaubildes sollte sich im Bedarfsfall von geschulten Benutzern erweitern bzw. Verändern lassen. Z.B. wenn eine Anlage umgestaltet wird, Maschinen hinzukommen oder ähnliches.

Der zweite GUI-Teil dient der Adminsitration der Anwendung. Dazu müssen Dialogelemente, die Formulare mit Detailinformationen anbieten, Menues, die die Auswahl von verschiedenen Schaubildern erlauben, Listen die Einstellmöglichkeiten anbieten und ähnliches erstellt werden.

X11 und OSF/Motif

OSF/Motif bietet viele Elemente (Widgets), die das Erstellen von Bedienoberflächen erleichtern. Diese Elemente sind konform und folgen Standards. Beispiele für solche Elemente sind Auswahllisten, Texteigabefelder, Menues und Buttons.

OSF/Motif und das darunterliegende Basissystem X11 sind heute als der Standard auf allen UNIX-Systemen anzusehen. Die meisten Hardwarehersteller bieten OSF/Motif als Bestandteil ihrer Betriebssyteme mit an.

Das X11 Windowsystem wird nach wie vor am Massachusetts Institut of Technology (MIT) entwickelt. Die Aufsicht über die Weiterentwicklung von X11 hat das X-Konsortium, das sowohl Mitglieder aus der Forschung, als auch von Großfirmen besitzt.

X11 ist ein System, das die Hardware eines Rechners komplett vor dem Programmierer verbirgt. Damit kann unabhängig von bestimmten Graphik-Karten, Tastaturen, ja sogar Betriebssytemen programmiert werden. X11 bietet nicht nur Funktionen zum Zeichnen von graphischen Primitiven, wie Linien, Kreisen und Text, sondern auch Schnittstellen zur Tastatur und zur Maus. Ein weiterer enormen Vorteil von X11 ist die Tatsache, daß die Netzwerkfunktionalität sehr gut genutzt werden kann. Eine Anwendung kann auf einer beliebigen Plattform ablaufen und auf einem über Netzwerk erreichbaren graphischen Display angezeigt werden, ohne daß dafür Programmieraufwand anfällt. Z.B. kann eine VMS-Anwendung problemlos auf einem Windows-PC oder einer UNIX-Workstation angezeigt werden. OSF/Motif setzt auf X11 auf und beinhaltet damit alle Vorteile, die X11 bietet.

Das folgende Bild zeigt die Logik, die hinter der Software-Architektrur von X11 und OSF/Motif steht.

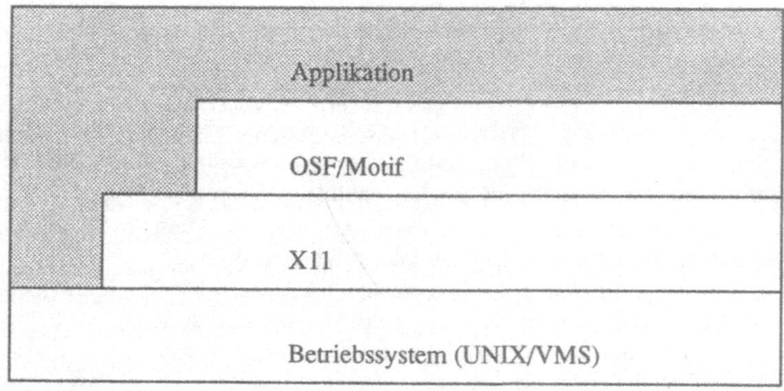

OSF/Motif wird von der OSF zur Verfügung gestellt, die selbst eine non profit Organisition ist und von Firmen wie HP, IBM, DEC und anderen getragen wird,

OSF/Motif folgt dem CUA-Standard, der ursprünglich von IBM kommt und sich heute durchgesetzt hat. Zwei weitere Vertreter dieses Standards sind übrigens Windows von Microsoft und PresentationManager von IBM (OS/2).

X11 und OSF/Motif bestechen vor allem durch ihr gutes Softwaredesign und durch ihre Mächtigkeit. Für die Erstellung und Pflege von damit erstellter Software hat sich dies als sehr vorteilhaft erwiesen. Darüberhinaus sind beide Toolkits im Quellcode erhältlich. Der Quellcode von X11 sogar kostenlos.

OSF/Motif ist sehr gut erweiterbar, was zum einen die Einbindung von zugekauften Komponenten stark erleichtert und auch die Erstellung von eigenen Komponenten ermöglicht. Es werden auf dem Markt viele Erweiterungen von OSF/Motif angeboten angefangen von der Darstellung von Tabellen, über Business-Graphik, bis hin zur Anzeige von Video-Bildern.

OSF/Motif ist mittlerweile auf über 40 Betriebssystemen erhältlich. Dazu zählen nicht nur alle UNIX-Plattformen, sondern auch VMS und viele Echtzeitbetriebssysteme, wie etwa OS/9 oder Lynx/OS. Dadurch ist eine sehr gute Portierbarkeit von Anwendungen, die im src code vorhanden sind möglich. Es wird mittlerweile sogar OSF/Motif für Windows/NT angeboten.

Es werden ebenso viele Möglichkeiten, die UNIX und auch VMS bietet sehr gut unterstützt. Es können z.B. die Kommunikationsmechanismen der einzelnen Betriebssyteme gut genutzt werden.

Der größte Nachteil von X11 und OSF/Motif ist wohl die Komplexität des Toolkits. Die große Mächtigkeit muß mit einer langen Lernphase erkauft werden

Tools zur Erstellung von OSF/Motif-Oberflächen

Für die Erstellung von Oberflächen für OSF/Motif setzt man heute Tools ein, die es dem Programmierer erlauben interaktiv GUIs am Bildschirm zu entwerfen und dann aus diesem Entwurf C oder C++ Code erzeugen. D.h. man schreibt nicht mehr Code, sondern 'malt' mit einem Tool seine graphische Benutzeroberfläche und läßt sich dann Code erzeugen. Am besten am Markt haben sich sogenannte User Interface Design Tools (IDT) durchgesetzt. Sie sind recht leicht zu bedienen und zu erlernen. Sie verwenden keine eigene Sprache, um dynamische Abläufe zu beschreiben, sondern erzeugen reinen C/C++ Code. Dieser Code läßt sich dann problemlos in bestehende Entwicklungsumgebungen einbinden und auf andere Hardwareplattformen portieren.

Eine zweite Klasse von Tools für OSF/Motif sind sogenannte User Interface Management Systeme. Sie besitzen eine interne Sprache, mit der man das Verhalten von graphischen Oberflächen beschreiben kann. Dies hat den enormen Vorteil, daß ein schnelles Prototyping möglich ist. Allerding müssen diese Sprachen auch erlernt werden, was z.T. mit erheblichem Aufwand verbunden ist. Da diese Sprachen interpretiert werden müssen leidet die Portierbarkeit, der damit erstellten Oberflächen. Zudem sind sie recht einfach gehalten, wodurch ihre Mächtigkeit nicht groß genug ist um alle Aufgaben im Umfeld des GUIs zu erfüllen. Komplexe Algorithmen müssen dann doch wieder in C geschrieben werden. Damit ergeben sich dann aber oft Schnittstellenprobleme und vor allem eine recht ungesunde Mischung aus mehreren Programmiersprachen.

Verwendung von spezialisierten OSF/Motif Widgets

Einer der großen Vorteile von OSF/Motif ist seine gute Erweiterbarkeit. Neben den ca. 30 bereits zur Verfügung stehenden Elementen wird von verschiedensten Anbietern eine Vielzahl von neuen Elementen angeboten. Vor allem für den technischen Bereich gibt es hier interessante Komponenten.

Zur erwähnen sind im besonderen Widgets zur Darstellung von Graphen, die die Darstellung von Kurven, Kurvenscharen, Balkendiagrammen etc erlauben. Manche davon besitzen sogar sehr gute Programmierschnittstelle zu C, womit Kurven dynamisiert werden können oder auch der exakte Wert eines Punktes in einem Graphen durch Anklicken mit der Maus ermittelt werden kann.

Andere Widgets erlauben wiederum die komfortable Darstellung von Werten in Tabellen, die editierbar sind, in der die Hintergrundfarbe jeder Zelle frei einstellbar ist usw.

Ebenso gibt es Widgets zur Darstellung von Video-Bildern, zum Anzeigen von seismischen Daten, von Daten im dreidimensionalen Raum usw.

Widgets besitzen die gleiche Schnittstelle wie alle anderen Motifelemente. Für Programmierer, die OSF/Motif kennen, sind Widgets damit sehr leicht zu bedienen. Da der Konkurrenzkampf auf diesem Markt groß ist, sind auch die Preise, die für Widgets verlangt werden relativ niedrig.

Für kleinere Aufgaben kann man oft schon mit ein paar Widgets sehr komplexe Lösungen anbieten und sogar dem Kunden eine recht preisgünstige Programmierumgebung zur Weiterentwicklung oder zur Anpassung von Graphen überlassen.

Erstellung von eigenen GUI-Elemente mit Visualisierungstools

Die Elemente von OSF/Motif reichen aber für die Darstellung von technischen Abläufen, wie sie z.B. in Leitständen vorkommen, bei weitem nicht aus. Hier werden Vektorgraphiken gebraucht, in denen sich Linien, Kreise, Meßinstrumente, Behälter etc. beliebig zu Prozessbildern zusammenfügen lassen. D.h. es wird eine Erweiterung der Elemente vonStandard GUIs, wie OSF/Motif, benötigt. Diese neuen Elemente lassen sich am einfachsten mit Hilfe von sogenannten Visualisierungstools erstellen. Diese besitzen meist Editoren, die man sich am besten als kleine CAD-Systeme vorstellen kann.

Die Elemente, die man sich selbst erstellt, sollen auch ein gewisses aktives Verhalten haben. So soll vielleicht der Benutzer einen Schiebregler oder den Zeiger eines Messinstruments packen und an eine bestimmte Position bewegen können oder durch das Anklicken eines Symbols ein Detailbild aufblenden können.

Zwei kleinere Beispiele solcher Elemente sehen sie im folgenden Schaubild.

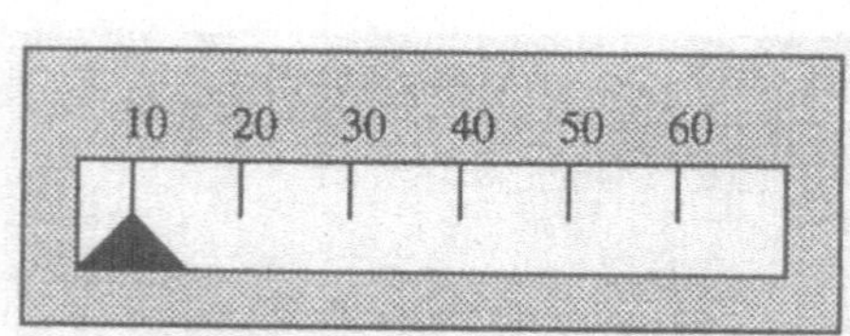

Verwendung mehrerer unabhängiger Tools

Die Verwendung von mehereren Tools für die Erstellung von graphischen Oberflächen erscheint auf den ersten Blick vielleicht als Nachteil. In Wirklichkeit kann man aber durch die Auswahl von mehereren Tools, die gut miteinander integrierbar sind, viele Vorteile erreichen. Gerade im UNIX-Umfeld gilt der Grundsatz, daß Tools genau eine Aufgabe, die aber dann gut, erfüllen sollen. Wenn von vorherein versucht sich einen 'Baukasten' von Tools zusammenzustellen, ist bei der Auswahl immer darauf bedacht, daß diese auf Standards aufsetzen und gute Programmierschnittstellen besitzen. Man kann dann problemlos für Spezialaufgaben, die immer wieder anfallen, neue Tools zukaufen.

Die Methode mehrere einzlene Bausteine zu erwerben ist meist bei weitem billiger als der Einsatz von komplexen Tools.

Im Bereich OSF/Motif und X11 halten sich bereits viele Hersteller an dieses Konzept. Es werden im Moment immer mehr Visualisierungtools angeboten, die sich in eine OSF/Motif-Oberfläche integrieren lassen.

Programmierung von GUIs

Die Programmierung von GUIs wird sehr häufig stark unterschätzt. Die verfügbaren Tools erlauben sehr oft ein schnelles Prototyping. Bis zum fertigen Produkt oder Projekt ist es aber dann häufig noch ein weiter Weg. Der Teufel liegt hier wie so oft im Detail. Die Tools und Toolkits erlauben i.d.R. immer ein schnelles Erstellen von 90% der Software. Die restlichen 10% lassen sich aber oft nicht mit den zur Verfügung stehenden Hilfsmitteln lösen. Es muß fast in jedem Projekt auf Techniken, die tief in die Basis der Toolkits liegen, zurückgegriffen werden. Je offener die verwendeten Tools sind, um so einfacher lassen sich dann auch die auftretenden Probleme lösen.

Bei der Erstellung von GUI-Software sollte immer die Pflegbarkeit von Anfang an als Designziel festgeschrieben werden. Die Beurteilung von Benutzeroberflächen ist immer subjektiv und muß daher häufig an spezielle Wünsche angepaßt werden. Ist Software richtig designed, kann dies ohne große Mühen erfolgen. Wenn die richtigen Tools eingesetzt werden, kann die Entwicklung und Veränderung der Benutzeroberfläche sogar zusammen mit dem Anwender erfolgen, was eine wesentlich höhere Akzeptanz zur Folge hat.

Ein weiterer Punkt, der i.d.R. viel zu wenig Beachtung findet ist die Festlegung eines Style-Guides für eine Applikation. D.h. es muß bereits vor Beginn der Implementierung feststehen, welche Elemente verwendet werden (Listen, Eingabefelder, etc.), wie diese Aussehen (Art der Beschriftung, Farbe, Positionierung) und wie sie zu bedienen sind. Der Benutzer muß eine durchgängige Logik bei der Bedienung dieser Element vorfinden. Es darf nicht zu unerwarteten Effekten kommen. Z.B. sollte die Bedienung von Dialogen immer konsistent sein, etwa der OK_Knopf immer links, der Hilfe-Knopf immer ganz rechts. Auch wenn diese Tatsache trivial erscheint, sie gehört dennoch zu den schwierigsten Aufgaben im Erstellen von GUIs. Um einen einmal festgelegten Style-Guide auch bei der Implementierung einzuhalten, müssen die verwendeten Tools in gewissem Umfang konfigurierbar sein. Es muß z.B. möglich sein die Verwendung bestimmter Farben und Fonts auszuschließen.

Client/Server Umgebungen

Das Schlagwort Client/Server-Architektur oder vielleicht besser, verteilter Systeme, taucht auch im Bereich der Visualisierung von technischen Daten auf. Spätestens, wenn die Darstellung eines Leitstandes an mehreren Arbeitsplätzen gefordert wird tritt das Problem verteilter Systeme auf.

Ein anderes Beispiel sind Rechner mit einem Echtzeitbetriebssystem. Um zum einen diesen zu entlasten und auch weil oft für das Echtzeitsystem kaum GUI-Tools zur Verfügung stehen, wird die Anzeige der Visualisierungskomponenten auf einer vorgeschalteten Workstation, die oft nur diese Aufgabe hat, durchgeführt. Sehr häufig ist der Rechner, der die Verbindung zum Echtzeitsystem aufrecht erhält, eine UNIX-Maschine. Von diesem Rechner aus können nun wiederum mehrere vernetzte Rechner mit Leitstand-Informationen versorgt werden.

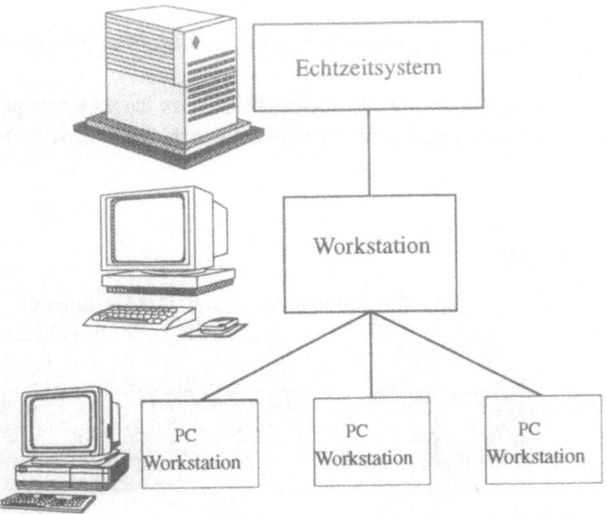

Im obigen Modell dient die Workstation zum einen dem sammeln von Daten vom Echtzeitrechner und zum anderen der Visualisierung dieser Daten. Von diesem Rechner aus kann dann aber auch noch auf weiteren Endgeräten die Visualisierung erfolgen.

Diese Endgeräte können nun wiederum UNIX-Workstations sein. Durch die Netzwerkfähigkeit von X11 sind dazu keine besonderen Erweiterungen eines mit X11 und Motif erstellten Systems erforderlich. Sind die Endgeräte PCs mit Windows, kann durch den Zukauf eines X11-Servers für Windows auch dort die Anzeige erfolgen.

Die einzige Anforderung an Visualisierungstool, die sich aus dem obigen Bild ergibt, ist das Vorhandensein einer offenen Schnittstelle. Diese muß es erlauben Daten, die von einem beliebigen Programm gesammelt wurden an das Visualisierungspaket zu übergeben.

Welche Leistungsmerkmale sollte ein Visualisierungspaket haben?

Die Beurteilung, ob denn nun ein Visualisierungspaket für eine bestimmte Aufgabe paßt hängt von vielen Faktoren ab. Ingesamt gesehen sollten aber die folgenden Kriterien von einem guten Visualisierungspaket erfüllt werden. Manche der folgenden Eigenschaften mögen trivial erscheinen, werden aber doch oftmals nicht erfüllt. Vor allem Software, die schon sehr lange auf dem Markt ist, kann manche der Ansprüche nicht erfüllen, da noch vor einigen Jahren eigene Hardware zum Anzeigen von Prozessbildern verwendet wurden und dies sehr stark in der entsprechenden Software verankert ist.

graphische Primitive
- Linien, Linienzüge
- Splines
- Kreise, Ellipsen, Kreisbögen
- Fonts (skalierbar)
- Pixmaps (in verschiedenen Formaten)

Operationen auf Elemente
- Gruppierung von Objekten (Bäume)
- Überlagern von Objekten (gegenseitiges Verdecken)
- Drehen, Spiegeln, Zoomen **aller** Objekt-Typen (auch Fonts, Linien, etc)

Attribute
- Farben, Hintergrundmuster
- sichtbar, nicht sichtbar
- blinkend
- Füllen von Kurven

dynamische Objekte
- digitale Anzeige
- rotierende Objekte (Zeiger in einem Messgerät)
- sich über einen Linien(zug) bewegendes Objekt (fahrender Wagen)
- Füllstandsanzeige
- zoomendes Objekt
- Symbolumschläge
- Diagramme (Kurven, Torten-, Balkendiagramme) mit zugehörigen Achsenbeschriftungen
- X-Y Schreiber (sich bewegender Punkt im 2D Raum)

Programmierschnittstellen
- finden von Objekten über Name, Position, Attribute, etc.
- Erzeugen, Zerstören und Verändern von Objekten
- Übergabe von Daten an dynamische Objekte
- Abfrage von aktuellen Zuständen der Objekte
- Verändern der Dynamik von Objekten zur Laufzeit (anderer Wertebereich)

Konverter
- von/nach DXF (AutoCAD)
- nach Postscript
- in andere Formate (CGL, HP-GL...)

Geschwindigkeit
- beim Laden von vielen (hunderten) von Objekten
- beim Update des Bildschirms

Verfügbarkeit auf vielen Plattformen
- alle gängigen UNIX-Plattformen
- VMS
- Windows

Konfigurierbarkeit
- Erstellen von neuen Symbolen
- konfigurierbarer Editor

weitere Kriterien
- Double Buffering
- Runtime Lizenzen
- können alle Objekte dynamisiert werden (rotieren eine bel. Objektes)
- können dynamische Objekte geschachtelt werden (fahrender Wagen, auf dem sich ein Kessel mit angezeigtem Füllstand befindet oder ein Flugzeug, das sich bewegt und bei dem sich der Steigungswinkel ändert)

Programmierschnittstellen

Vor allem den Programmierschnittstellen eines Visualisierungspaketes sollte man größte Aufmerksamkeit widmen. Sie sind eines der Kernstücke von modernen Systemen. Je besser beschrieben und je umfangreicher sie sind, um so bessere Qualität kann man auch im damit erstellten Produkt oder Projekt erzielen. Die Anforderungen an moderne Software sind sehr hoch. Nicht selten werden von Kundenseite spezielle Auswertungen der Daten oder ein leicht an die eigenen Wünsche anpaßbares Programm erwartet.

I.d.R. stößt man bei der Erstellung von Software an die Grenzen eines Tools. Wenn gute Programmierschnittstellen vorhanden sind, kann meist das Problem einfach gelöst werden. Im Idealfall lassen sich mit der mitgelieferten Programmierumgebung (library) alle Teile des Systems selbst erstellen.

Die Konsistenz der library ist ebenso ein sehr wichtiges Kriterium. Je logischer die Schnittstellen aufgebaut sind, um so einfacher sind sie zu erlernen und zu benutzen. Es ist zum Beispiel nicht einsichtig wieso zum Setzen der Farbe einer Linie eine andere Logik verwendet wird, wie für das Setzen der Farbe eines gefüllten Rechtecks. Es hat sich ebenso als äußerst vorteilhaft erwiesen, wenn Programmierschnittstellen sich an die Logik bestehender Toolkits anlehnen. Damit kann dann die Erfahrung von Mitarbeitern mit diesen Toolkits (z.B.X11/Motif) mitverwendet werden.

Das dem Visualisierungssystem zugrundeliegende Toolkit sollte immer sichtbar bleiben. D.h. für den Programmierer müssen die Schnittstellen zu X11 und Motif erreichbar sein. Nur dadurch ist wirklich sichergestellt, daß spezielle Anforderung, die das Tool selbst nicht erfüllt, ergänzt werden können, bzw. daß fremde Pakete integrierbar sind.

Ausbildungsaufwand der Mitarbeiter

Zur Erstellung von guten graphischen Oberflächen gehört sehr viel Erfahrung. Sehr oft ist ein Entwickler mit der Erstellung von Bedienoberflächen überfordert, da er die Arbeitsabläufe des Anwenders nicht oder nur unzureichend kennt. Daher sollte für Mitarbeiter, die GUIs entwerfen durchaus eine gesonderte Ausbildung vorgesehen werden. Es werden vielerei Kurse angeboten, wie man am besten ergonomische und 'schöne' Benutzeroberflächen baut. Es wird sehr häufig unterschätzt, daß die Qualität von Software heute am GUI gemessen wird, Genauso wie ein Auto schlecht abschneidet, wenn die Karosserie altbacken wirkt oder der Lack Kratzer hat.

Es ist unbedingt notwendig mindestens einen Mitarbeiter im Entwicklungsteam zu haben der sich mit dem verwendeten Basistoolkit und dem Visualisierungspaket sehr gut vertraut gemacht hat. Es ist ein riesiger Irrtum zu glauben, daß man ohne Kenntnisse des Basis GUIs zu einer gut funktionierenden Lösung kommen kann. Auch wenn noch so oft behauptet wird, daß das angebotene Tool wenig Einlernaufwand benötigt. Die Erfahrung zeigt, daß es doch nicht ganz so leicht ist. Ein wichtiger Punkt bei de Auswahl von Tools sollte somit auch die Verfügbarkeit von Support und Ausbildung sein.

Objekt-Orientierte Entwicklungsmethoden

Neben dem Begriff Client/Server ist die Objekt-Orientierte Programmierung (OOP) ebenfalls ein Schlagwort, das sehr häufig und nur allzuoft falsch verwendet wird. Fast alle Software-Werkzeuge schmücken sich heute mit dem Attribut objektorientiert.

Ich möchte vielleicht hier ganz kurz aus meiner Sicht den Bergriff erläutern. OOP ist nicht wie viele oft glauben eine neue Technologie oder gar Marotte, sondern sie ist mehr oder weniger die Festschreibung und Anwendung dessen, was erfahrene Programmierer schon immer an Methodik verwendet haben. Am besten trifft wahrscheinlich der Vergleich mit der Herstellung von Hardware. Man verwendet heute vorgefertigte Module und Komponenten, die sich beliebig austauschen lassen. Diese Module haben beschriebene Schnittstellen, ihr Innenleben interessiert i.d.R. nicht. Durch die ständig steigende Komplexität der Software wird dieser Ansatz auch hier immer mehr häufiger verwendet.

Da mittlerweile alle Tools sich das Häubchen 'objekt orientiert' aufsetzen, muß man u.U. sehr genau hinsehen um feststellen zu können, ob ein Tool auch wirklich objekt orientiert ist. Nicht alleine eine Schnittstelle zu C++ erfüllte dies. Auch Programme mit C-Schnittstellen können durchaus den Anforderungen der OOP genügen.

Die Vorteile von OOP sollte man aber nicht unterschätzen. Sie machen Programme wartbarer und erleichtern das Design. Je größer ein Projekt ist, umso mehr kommen auch die Vorteile von OOP zum tragen.

Projektbeispiel aus der chemischen Industrie

Aufgabenstellung

Die Aufgabe bestand darin ein System, ViewIt, für ein Testlabor zu Erstellen. Die Prozessschaubilder sollten den jeweiligen Aufbau des Versuch darstellen. Die Daten aus dem Testablauf sollten in ein bereits existierendes Softwarepaket eingestellt werden können, bzw. sollte auch die Konfiguration der Hardware und des genauen Testablaufs über das bestehende System erfolgen. Die Detailauswertung und die optische Darstellung sollten vorort von Laborassistenten durchgeführt werden können. Der Laborassistent sollte auch in der Lage sein die eigene Versuchanordnung am Bildschirm zu zeichnen und den einzelnen dynamischen Teilen die richtigen Sensoren zuweisen zu können.

Realisierung

Es wurden drei miteinander integrierte Tools für das Projekt ausgewählt
- ein Visualisierungspaket auf Basis X11/Windows
- ein User Interface Design Tool (IDT) zur Erstellung der Motif-Oberfläche
- ein Tool zur Auswertung der Daten in Form von Kurven bzw. Balkendiagrammen (Businessgraphik)

Mit dem IDT wurde die komplette Benutzerführung implementiert. D.h. alle Dialoge, die Konfigurationsparameter aus dem vorhanden System abfragen und verändern, wurden damit erstellt. Das IDT erzeugt nach dem Design der Dialoge und Menues C bzw. C++ Code. Dieser Code konnte um die Anbindung an das existierende System ergänzt werden. Ebenso wurde mit dem

IDT die logische Einbindung des Business-Graphik-Paketes durchgeführt. Der Benutzer kann Graphiken aufblenden und deren Darstellung beeinflussen. Z.B. ob die Daten nun in Form von Linien oder Balken dargestellt werden sollen. Mit anderen Worten, mit dem IDT wurde die gesamte Benutzerführung implementiert und damit der Rahmen für ViewIt geschaffen. Es wurden Dialoge und Buttons bereitgestellt, hinter denen sich C-Funktionen verbergen, die die Werte, die der Benutzer eingibt an das Basissystem weiterleiten. Diese werden dann dort geprüft und falls korrekt eingetragen.

Das Prozesschaubild wurde mit einem anderen Tool verwirklicht, das aus zwei Teilen besteht. Einem Editor zum Erstellen der Schaubilder und einer Laufzeitbibliothek, mit der diese Bilder bearbeitet bzw. dynamisiert werden können. Mit dem Editor wurde zuerst eine Bibliothek von speziellen Elementen erstellt, z.B. Behältern, Ventilen, Brennern etc. Dann wurde der Editor so konfiguriert, daß nur noch diese Elemente verwendet werden konnten und der Benutzer nur die aus dem Basissystem kommenden Messtellen sehen konnte. Der Benutzer kann dann mit diesem speziell konfigurierten Editor sein Versuchanordnung zeichnen und das gezeichnete Bild abspeichern.Dieses mit dem Editor gezeichnete Bild kann dann von ViewIt geladen und angezeigt werden.

Zusammenfassung

Fast alle modernen Tools zur Visualisierung von Daten, bieten mittlerweile offene Schnittstellen für die Programmierung und zur Integration von Fremdprodukten. Es sollte auf alle Fälle, wenn ein Projekt dies zuläßt, ein Satz verschiedener spezialierter Tools erworben werden, die gut zusammenspielen. Die Logik, daß ein Tool genau eine Aufgabe, aber die vollständig lösen sollte hat sich sehr gut bewährt. Tools, die die Visualisierung von technischen Daten verwirklichen, sind nicht in der Lage Standard GUIs zu erzeugen. Hierfür sollte dann ein auf dem Markt angebotenes anderes Tool verwendet werden. Das Gleiche gilt für andere Erweiterungen der Standard-Tool-Kits, wie Tabellen oder Business-Graphik. Unterstützt ein Hersteller die Standardisierten Schnittstellen, so stehen dem Benutzer eine Vielzahl verschiedener Pakete zur Verfügung, die er mitbenutzen kann. Dadurch kann immer mehr der eigenen Software durch Standardprodukte abgedeckt werden, was zu einer erheblichen Reduzierung der eigenen Kosten führt und die eigene Software leistungsfähiger macht.

Anhang

Das folgende Bild zeigt, den Editor eines Visualisierungstools mit einem geladenen Bild. Es stellt den Aufriß eines solarbeheitzen Versuchshauses dar.

In der fertigen Anwendung kann für jedes der verschiedenen Gebäudetypen ein Bild erstellt und geladen werden. Die Schnittstellen zur Hardware bleiben immer gleich. Jedes der Häuser ist mit einem System ausgerüstet, das die Aussentemperatur, die Raumtemperatur, den Verbrauch von Energie und ähnliches mißt.

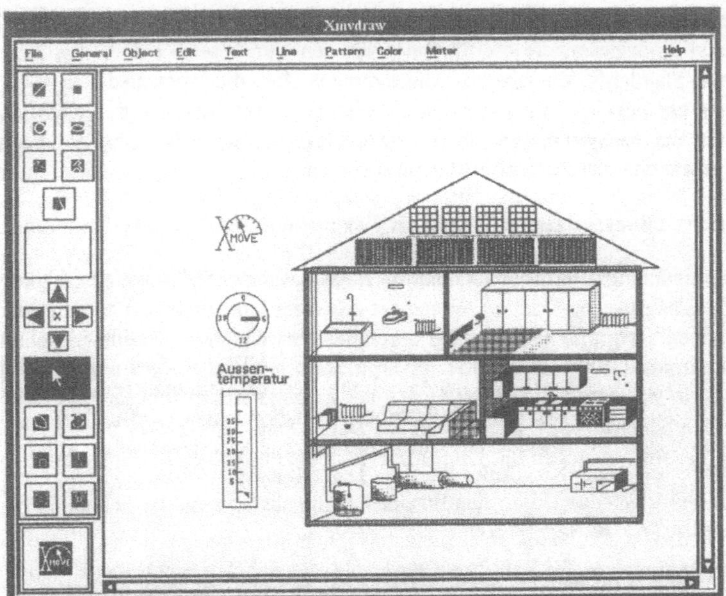

Visualisierung in Echtzeitsystemen - ergonomische und technische Fragen

Andreas M. Heinecke
Universität Hamburg - FB Informatik /ANT
Vogt-Kölln-Str. 30
22527 Hamburg

1 Einleitung

Grafische Benutzungsoberflächen sind mittlerweile in vielen Anwendungen verbreitet. Eine große Anzahl von Forschungsarbeiten hat sich mit Fragen einer benutzergerechten Darstellung und Interaktion insbesondere bei Systemen für den Bürobereich befaßt. Parallel dazu haben sich Grafik-Standards für solche Anwendungen für die verschiedenen Betriebssystem-Plattformen entwickelt, die teilweise die Ergebnisse dieser Forschungsarbeiten aufgreifen. Im Bereich der Echtzeitsysteme und ihrer Anwendungen haben sich dagegen aus verschiedenen Gründen solche Standards noch nicht herausgebildet.

1.1 Grafische Benutzungsoberflächen als Gegenstand der Software-Ergonomie

Grafische Benutzungsoberflächen kamen im Zuge zunehmender Leistungsfähigkeit von Computern und Ein-/Ausgabe-Geräten Anfang der achtziger Jahre erstmalig zum Einsatz. Sie zeichnen sich neben der grafischen Ausgabe durch die Verwendung eines Interaktionsstils aus, der von *Shneiderman* (1983) als **direkte Manipulation** bezeichnet wird und darauf beruht, daß am Bildschirm sichtbare Objekte mit Hilfe eines Zeigegerätes in schnellen, kurzen, reversiblen Aktionen bearbeitet werden. Dabei folgt die Darstellung der Objekte meist einer bestimmten Metapher, bei Anwendungen für den Bürobereich im allgemeinen der Schreibtisch- oder **Desktop-Metapher** (vgl. *König*, 1989).

Parallel mit dem Aufkommen solch neuer Möglichkeiten der Mensch-Computer-Interaktion wuchs das Interesse an der Software-Ergonomie, die sich "im Sinne von Ergonomie als Wissenschaft von der Anpassung der Technik an ihre Benutzer ... disziplinübergreifend speziell mit der benutzergerechten Gestaltung der Mensch-Computer-Interaktion ..." beschäftigt (*Eberleh, Oberquelle und Oppermann*, 1994). Auf der Basis der empirischen Forschungen und der theoretischen Modellbildung der Software-Ergonomie entstanden eine Reihe nationaler und internationaler Normen, die sich mit der Gestaltung von Benutzungsoberflächen befassen (*DIN 66234 Teil 8*, darauf aufbauend *ISO DIS 9241 Part 10*, sowie weitere Teile beider Normen). Parallel dazu wurden weitere Richtlinien und firmeninterne sowie firmenübergreifende Standards entwickelt, die im folgenden näher betrachtet werden sollen.

1.2 Standards für grafische Benutzungsoberflächen

Die erste grafische Benutzungsoberfläche mit nennenswerter Verbreitung auf dem Markt war die auf den PCs der MACINTOSH-Serie von der Firma APPLE eingesetzte Desktop-Oberfläche. Es folgte im PC-Bereich die Benutzungsoberfläche GEM von DIGITAL RESEARCH für IBM-kompatible PCs, die aber erst auf Rechnern der ATARI-ST-Serie weite Verbreitung fand und die mit Ausnahme bei diesen allerdings auch nur noch geringe Marktanteile umfassenden Computern heute vom Markt verschwunden ist. Wenig später folgte das heute im PC-Bereich mit Abstand führende MS-WINDOWS der Firma MICROSOFT. Es wurde allerdings seit seiner ursprünglichen Version zweimal so grundlegend überarbeitet, daß es mit der jeweiligen Vorgängerversion praktisch nur noch den Namen gemeinsam hatte. Neu hinzugekommen ist mit dem Betriebssystem OS/2 von IBM der PRESENTATION MANAGER.

Im Bereich der Arbeitsplatzrechner mit UNIX-Betriebssystemen waren zunächst nur sehr einfache Fenstersysteme mit rudimentären Grafikfunktionen vorhanden, die später als bei den PCs zur Grundlage für grafische Benutzungsoberflächen wurden. Am weitesten ist hier die Oberfläche OSF/Motif verbreitet, die von der OPEN SOFTWARE FOUNDATION, einem Zusammenschluß verschiedener Hardware- und Software-Hersteller, geschaffen wurde. Praktisch nur auf UNIX-Systemen der Firma SUN wurde das im Prinzip hardware- und betriebssystemunabhängige OPEN LOOK eingesetzt, das allerdings von SUN mittlerweile nicht mehr ausgeliefert wird. Beide Benutzungsoberflächen bauen auf dem Fenstersystem X-WINDOWS auf. Ebenfalls im Workstation-Bereich ist das Betriebssystem NeXTStep angesiedelt, das objektorientierte Konzepte aufnimmt.

Für die noch am Markt vertretenen Systeme gibt es jeweils Richtlinien zur Gestaltung der Benutzungsoberfläche (*APPLE*, 1992; *IBM*, 1991; *MICROSOFT*, 1992; *NeXT*, 1992; *OSF*, 1993). Diese regeln, wie Anwendungen auszusehen haben und wie sie zu bedienen sein müssen (**look and feel**). Sie greifen Erkenntnisse der Software-Ergonomie und Forderungen der Normen auf und versuchen, eine einheitliche Umsetzung für verschiedene Anwendungen zu erzielen. Allerdings wird hiermit nur ein Teilbereich der ergonomischen Gestaltung abgedeckt, nämlich die Gestaltung der Ein-/Ausgabe und des Dialogs. Fragen der Werkzeug- und Organisationsgestaltung werden nicht behandelt. *Eberleh* (1994) weist in seiner vergleichenden Bewertung der Richtlinien darauf hin, daß allen genannten Benutzungsoberflächen die Schreibtisch-Metapher zugrunde liegt. Dies kann bei speziellen Anwendungen, wie etwa im Echtzeitbereich, unangemessen sein.

1.3 Grafik in Echtzeitsystemen

Im Bereich der Echtzeitanwendungen werden grafische Systeme bereits seit den siebziger Jahren eingesetzt. Hierbei handelte es sich um semigrafische Farbbildschirme, die in der Regel mit Tastatur und Lichtgriffel ausgerüstet waren (*Grimm u.a.*, 1978). Das Forschungsprojekt "Prozeßleitung mit DV-Anlagen" (*Karl*, 1981) befaßte sich unter anderem mit der Gestaltung der Benutzungsoberfläche für solche Systeme, und zwar insbesondere mit der Gestaltung der Prozeßanzeigen. Auch mit dem Aufkommen leistungsfähigerer vollgrafischer Geräte wurde an den hier entwickelten Konzepten weitgehend festgehalten, wie die Beispiele bei *Risak* (1986) zeigen. Den Anzeige- und Bedienverfahren liegt dabei die Metapher des Mosaikbildes der herkömmlichen Leitwarte zugrunde.

Seit diesen frühen Forschungsarbeiten hat es nur wenige Veröffentlichungen im Bereich der Software-Ergonomie gegeben, die sich mit Echtzeitanwendungen beschäftigen, und ebenso nur wenige im Bereich der Echtzeitsysteme, die sich mit Fragen der ergonomischen Gestaltung der Benutzungsoberfläche beschäftigen. Andererseits können gerade im Bereich der Echtzeitsysteme Benutzungsfehler, die auf eine unzureichende Gestaltung der Benutzungsoberfläche zurückgehen, erhebliche Schäden nicht nur in finanzieller Hinsicht, sondern auch für das Leben und die Gesundheit von Menschen hervorrufen. Es ist daher sinnvoll zu untersuchen, welche neueren Verfahren der Visualisierung und grafischen Interaktion für eine aufgabenangemessene Gestaltung der Benutzungsoberfläche in Echtzeitanwendungen sinnvoll eingesetzt werden sollten (Ergonomie-Aspekt) und wie sich diese unter den speziellen Bedingungen eines Echtzeitsystems realisieren lassen (Implementations-Aspekt).

2 Ergonomische Fragen zur Visualisierung in Echtzeitsystemen

Um feststellen zu können, inwieweit sich die ergonomischen Gestaltungsanforderungen an Echtzeitsysteme von denen an andere Anwendungen unterscheiden, soll zunächst die Rolle der Zeit in der Mensch-Computer-Interaktion untersucht werden. Die Notwendigkeit der rechtzeitigen Reaktion sowohl des Computers als auch des Bedieners rechtfertigt es, von Echtzeit-Mensch-Maschine-Systemen zu sprechen, deren besondere Charakteristika zu Gestaltungsanforderungen führen, die sich mit Hilfe weniger Grundkonzepte umsetzen lassen.

2.1 Die Rolle der Zeit in der Mensch-Computer-Interaktion

Es gibt im wesentlichen drei Aspekte, unter denen der Faktor Zeit in der Mensch-Rechner-Interaktion betrachtet werden kann: Zeit als Kriterium der Benutzbarkeit, Zeit als Teil der Information und Zeit als limitierender Faktor im Sinne von Rechtzeitigkeit.

Bei allen interaktiven Computer-Anwendungen spielt die Anwortzeit des Systems auf Eingaben des Benutzers eine wichtige Rolle für die **Benutzbarkeit** und damit auch für die Akzeptanz des Systems. Darüber hinaus bildet die Zeit, die ein Benutzer zur Bearbeitung einer bestimmten Aufgabe benötigt, ein wichtiges Kriterium für die Güte der Gestaltung insbesondere im Vergleich zwischen Gestaltungsalternativen.

Die **Information**, die in einer Anwendung verarbeitet und dargestellt wird, kann zeitabhängig sein in dem Sinne, daß die Daten nur für einen bestimmten Zeitpunkt oder eine bestimmte Zeitspanne gültig sind. Wenn Daten über ihren jeweiligen Gültigkeitszeitraum hinaus gespeichert werden, muß es Mittel zur Bestimmung der Gültigkeit etwa in Form von Versionen oder Zeitstempeln geben. Bei der Ausgabe solcher Daten muß sichergestellt sein, daß der Benutzer unmittelbar erkennen kann, ob die dargestellten Daten noch gültig sind. Letztlich bilden solche Daten eine Funktion über der Zeit. Hierfür gibt es eine Reihe üblicher Darstellungsmöglichkeiten in Form von Kurven- oder Säulengrafiken.

Zeit als Kriterium für die Benutzbarkeit und Zeit als Bestandteil der Information findet sich auch in Nicht-Echtzeit-Anwendungen. Das besondere Merkmal eines Echtzeitsystems ist dagegen die Forderung nach **Rechtzeitigkeit**. Diese Forderung richtet sich in erster Linie an das Computersystem, das innerhalb einer gegebenen Frist auf äußere Ereignisse reagieren muß. Abhängig von der jeweiligen Anwendung ist es häufig erforderlich, daß auch der Mensch innerhalb einer bestimmten Frist auf Ereignisse reagiert, die ihm über das System angezeigt werden. Wenn die Forderung nach rechtzeitiger Anwort sich sowohl an den Rechner als auch an den Menschen richtet, wollen wir von einem Echtzeit-Mensch-Maschine-System sprechen.

2.2 Charakteristika eines Echtzeit-Mensch-Maschine-Systems

Während das Echtzeit-Computersystem häufig innerhalb von Millisekunden auf Ereignisse antworten muß, liegen die Anforderungen an den Menschen in der Regel im Minutenbereich (z.B. 30-Minuten-Frist bei Atomkraftwerken) bis Sekundenbereich (z.B. Flugzeugführung). Der Mensch findet sich hier meist in der Rolle des **reagierenden Bedieners**, dessen Tätigkeit mit einem dreistufigen handlungsorientierten Modell beschrieben werden kann (Abb. 1): Innerhalb der gegebenen Frist muß der Mensch Anzeigen des Systems erstens wahrnehmen und erkennen, zweitens sie bewerten und entscheiden, welche Reaktion angemessen ist, und drittens die hierfür nötigen Aktionen, meist Eingaben in das System, ausführen.

Bei diesem dreistufigen Vorgang können in jeder Stufe **Engpässe** auftreten. So können wichtige Daten übersehen oder nicht richtig erkann werden, wenn die Ausgabe der Daten schlecht gestaltet ist, etwa indem zuviele Daten gleichzeitig angezeigt werden oder die Anzeige nicht genügend Aufmerksamkeit hervorruft. Insbesondere in Störfällen kann es vorkommen, daß der Bediener zwar alle Daten wahrnimmt und auch den damit beschriebenen Zustand erkennt, aber nicht in der Lage ist, die nötigen Entscheidungen zur Reaktion hierauf innerhalb der gesetzten Frist zu treffen. Falls auch die Entscheidung rechtzeitig erfolgt, kann es immer noch vorkommen, daß er durch eine schlechte Gestaltung der Bedienverfahren und Eingabegeräte daran gehindert wird, alle nötigen Aktionen schnell genug durchzuführen.

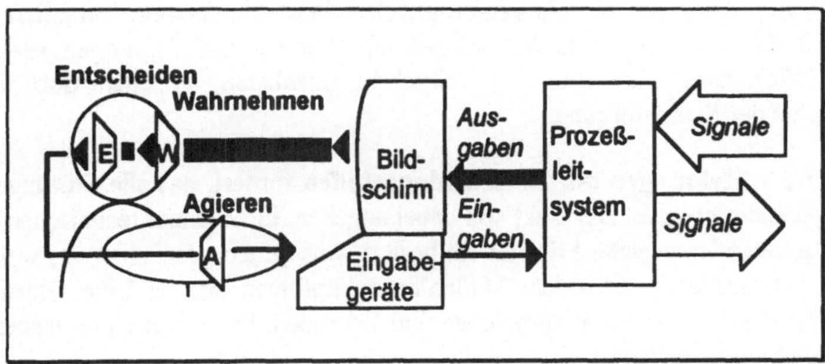

Abbildung 1: Dreistufiges handlungsorientiertes Modell der Prozeßleitung (*Heinecke*, 1985)

Entscheidend für die Visualisierung in Echtzeitanwendungen ist daher zumindest im Bereich der Prozeßleitung nicht so sehr, daß Anzeigen innerhalb kürzester Frist nach dem Ereignis erfolgen, sondern daß sie so gestaltet sind, daß der dreistufige Vorgang der menschlichen Reaktion auf das Ereignis insgesamt minimiert wird. Hierfür ist es wiederum besonders wichtig, daß das Bewerten und Entscheiden unterstützt wird, da dies in der Regel den größten Anteil der gesamten Reaktionszeit beansprucht.

2.3 Konzepte für die ergonomische Gestaltung von Echtzeit-Benutzungsoberflächen

Als **Modellrahmen** für die Umsetzung ergonomischer Forderungen in Echtzeitanwendungen soll hier das weit verbreitete IFIP-Modell der Benutzerschnittstelle dienen (*Dzida*, 1983), das die gesamte Benutzungsoberfläche in die Komponenten Ein-/Ausgabe, Dialog, Werkzeug, Arbeitsorganisation und Systemorganisation einteilt (Abb. 2). Eine ergonomische Gestaltung von Echtzeit-Anwendungen muß dabei alle Komponenten der Benutzungsoberfläche umfassen.

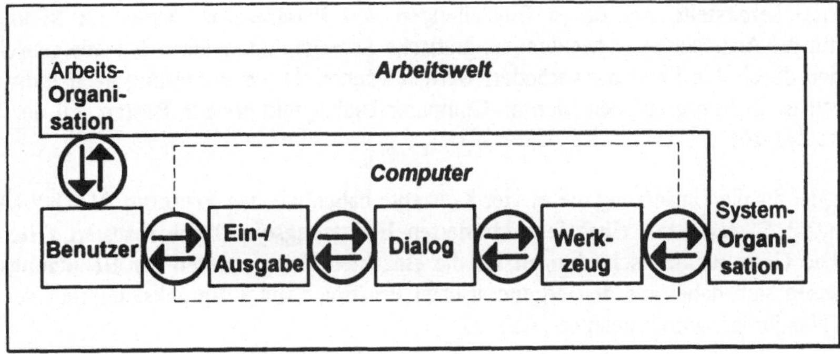

Abbildung 2: Benutzungsoberfläche in Anlehnung an das IFIP-Modell

Ein solcher umfassender Ansatz muß darauf zielen, Überlastungen des Benutzers zu verhindern und ihm eine rechtzeitige und korrekte Wahrnehmung, Entscheidung und Aktion zu ermöglichen. Hierzu ist es sinnvoll, die einzelnen Komponenten der Benutzungsoberfläche weiter zu unterteilen und für diese Teilkomponenten Gestaltungsempfehlungen aus den in den ergonomischen Normen niedergelegten Prinzipien abzuleiten. Diese Vorgehensweise ist in anderen Anwendungsbereichen bereits durchgeführt worden und hat dort zu umfangreichen Empfehlungen geführt (*GI FG 4.2.1 AK 2*, 1992). Für Echtzeit-Anwendungen ist eine solche Arbeit noch nicht bis ins einzelne durchgeführt worden. Wir haben allerdings mit Blick auf die Werkzeug-Komponente vier **Konzepte für ein ergonomisches Prozeßleitsystem** formuliert, die darauf abzielen, daß das Personal möglichst schnell und korrekt auf Störungen reagieren kann (*Heinecke*, 1986). Diese Konzepte sind weitgehend unabhängig von dem dort vorgestellten Anwendungsfall der Schiffsführung.

Das Konzept der **Meldungen mit Entscheidungshilfen** fordert, das alle Störungen in textueller Form gemeldet werden. Der Text soll dabei angeben, in welchem technischen System die Störung aufgetreten ist, welche Priorität sie besitzt, was genau geschehen ist, welche Folgen dieses Ereignis haben kann und welche Maßnahmen empfohlen werden. Eine derartige Darstellung verringert die Zeit für das Wahrnehmen und Erkennen der Störung und insbesondere für die Entscheidung, was zu tun ist.

Notfallbilder sind Anzeigebilder für bestimmte Notfallsituationen, die die in der jeweiligen Situation nötigen Informationen zusammenfassen und Schaltflächen (Buttons) für alle Notmaßnahmen enthalten, die über das Prozeßleitsystem ausgelöst werden können, sowie eine Checkliste der Maßnahmen, die außerhalb des Systems ausgeführt werden müssen. Auch diese Darstellungen zielen darauf ab, die Entscheidungszeit zur verkürzen. Daneben ermöglichen sie eine einfachere Ausführung der nötigen Aktionen und verhindern, daß wichtige Aktionen vergessen werden.

Die **Prozeßführung auf verschiedenen Abstraktionsebenen** wird ermöglicht, indem es verschiedene Sichten mit unterschiedlichem Abstraktionsgrad für die jeweiligen technischen Systeme gibt. Dabei entspricht jede Sicht einem bestimmten Automationsgrad, so daß der Benutzer auch in Abhängigkeit von seiner Belastung durch andere Aufgaben wählen kann, wie detailliert er sich mit dem einzelnen technischen Prozeß auseinandersetzt. Durch dieses Konzept ist es in gewissen Grenzen möglich, die Belastung des Benutzers auszugleichen und eine Über- oder Unterforderung zu vermeiden.

Anpaßbarkeit an persönliche und betriebliche Gegebenheiten bedeutet, daß das System Werkzeuge bereitstellt, mit denen Einstellungen von Parametern, Texte von Meldungen, Regeln für die Auslösung von Meldungen, grafische Anzeigen und andere Systemeigenschaften im Betrieb durch den Benutzer verändert werden können. Diese Forderung nach Individualisierbarkeit ist in bezug auf den Mensch-Computer-Dialog mittlerweile Bestandteil der Norm (*ISO DIS 9241-10*).

Als Beispiel für die Umsetzung dieser vier Konzepte haben wir den **Prototyp** ALCOSY (ALarm and COntrol SYstem) mit einer fensterbasierten Benutzungsoberfläche realisiert (Heinecke, 1988). Die Gestaltungsentscheidungen für die einzelnen Komponenten der Benutzungsoberfläche lassen sich dabei aus den ergonomischen Prinzipien unter Berücksichtigung des dreistufigen Handlungsmodells ableiten (Abb. 3).

In ähnlicher Weise lassen sich Gestaltungsanforderungen auch für andere Anwendungen von Echtzeitsystemen aufstellen, etwa für die grafische Benutzungsoberfläche eines Echtzeitbetriebssystems. Beispielsweise ist für das Fenstersystem hier zu fordern, daß Fenster eine eindeutige Kennzeichnung tragen, ob ihr Inhalt noch gültig ist und wann er erstellt wurde. Eine

Gestaltungsstudie für ein solches System haben wir unter der Bezeichnung GIROS (Graphical Interface for a Real-time Operating System) vorgestellt (*Heinecke*, 1993).

Komponente: Bildschirmaufbau		
Handlung	Empfehlung	Prinzip / Begründung
Wahrnehmen / Erkennen	Störungsmeldungen sollen in einen Fenster an immer der gleichen Stelle des Bildschirms erscheinen.	Erwartungskonformität - schnellere Wahrnehmung
	Das Fenster mit den Störungsmeldungen soll verschiebbar sein.	Steuerbarkeit
	Die aktuelle Fensterposition soll als Standardposition abgespeichert werden können.	Individualisierbarkeit
...	...	...
Agieren / Eingeben	Für Aktionen, die oft und schnell ausgeführt werden müssen, sollen Schaltflächen zur Verfügung stehen.	Aufgabenangemessenheit
	Die Schaltflächen sollen mit eindeutigen Symbolen und Beschriftungen versehen sein.	Selbstbeschreibungsfähigkeit
	...	...

Abbildung 3: Ableitung von Gestaltungsempfehlungen

3 Technische Fragen zur Grafik-Ausgabe in Echtzeitsystemen

Ausgehend von der Überlegung, daß in vielen Echtzeitanwendungen die Zeitanforderungen an die Grafikausgabe zur Visualisierung von Prozeßzuständen nicht sehr streng sind im Vergleich zu den Antwortzeiten des Computers auf Prozeßsignale, sollte für jede Echtzeitanwendung geprüft werden, ob die Visualisierung im Echtzeitsystem integriert sein muß oder aus diesem herausgelöst werden kann. Je nach Ergebnis dieser Prüfung bieten sich verschiedene Möglichkeiten der Realisierung an.

3.1 Integration der Grafikausgabe in das Echtzeitsystem

Es gibt nur wenige Echtzeitanwendungen, bei denen die zeitliche Anforderung an die Visualisierung sehr hoch ist. Eine sehr schnelle Grafikausgabe kann beispielsweise für Navigationsanzeigen in schnellen Fahrzeugen wie Autos und Flugzeugen nötig sein, die nicht von außen gesteuert werden und in denen eine sehr schnelle Reaktion des Führers erforderlich ist. Dies gilt natürlich auch für die Simulation solcher Fahraufgaben. Hierbei muß die gesamte Außenwelt, soweit sie in die Simulation einbezogen ist, in Echtzeit errechnet und dargestellt werden. In diesen Fällen ist eine Integration der Grafikausgabe in das Echtzeitsystem nötig, meist sogar unter Verwendung spezieller Hardware.

Neben der besseren Erfüllung zeitlicher Forderungen kann eine Integration weitere Vorteile bieten. Hierzu gehört ein einfacherer Systemaufbau durch den Verzicht auf einen nicht echtzeitfähigen Teil und die Schnittstelle zu diesem. Insbesondere für die Anwender kann es wichtig sein, daß bei einer integrierten Visualisierung alle Teile des gesamten Systems von einem Anbieter stammen können.

Bei der Integration der Grafikfunktionen in das Echtzeitsystem sind verschiedene Realisierungen möglich. So kann ein Echtzeit-Betriebssystem einige wenige grafische Grundfunktionen bieten, mit deren Hilfe dann alle grafischen Anwendungen programmiert werden müssen. Etwas komfortabler für die Anwendungsprogrammierung ist die Implementation eines Grafik-Standards unter einem Echtzeit-Betriebssystem, wie beispielsweise des Grafik-Standards GKS unter dem Echtzeit-Betriebssystem RTOS-UH für Mikrocomputer. Noch günstiger ist die Realisierung eines kompletten Fenstersystems wie etwa des X-WINDOWS auf dem Echtzeitsystem. X-WINDOWS-Implementationen gibt es beispielsweise für die Echtzeit-Betriebssysteme QNX (IBM-kompatible Computer) und REAL/IX (Workstations).

Aufbauend auf den vorhandenen grafischen Möglichkeiten lassen sich dann mit jeweils unterschiedlichem Aufwand die Benutzungsoberflächen erstellen. Am einfachsten ist dabei die Implementierung der OSF/MOTIF- oder der OPEN-LOOK-Oberfläche, wenn bereits das X-WINDOWS zur Verfügung steht. Folgerichtig wird für die beiden genannten Betriebssysteme QNX und REAL/IX das OSF/MOTIF angeboten, für QNX außerdem OPEN-LOOK. Benutzungsoberflächen für Anwendungen in der Prozeßleitung, die nicht auf Standard-Fenstersystemen aufbauen, haben dagegen ein eigenes "look and feel", das oft keinem der gängigen Standards folgt. Beispiele hierfür sind die fensterbasierten Oberflächen der Prozeßleitsysteme PAS-PLS der Firma WERUM und VIEWSTAR der Firma AEG.

Sind nur grafische Grundfunktionen vorhanden, ist die Implementierung einer vollständigen Benutzungsoberfläche mit erheblichem Aufwand verbunden und nicht immer erfolgreich. So scheiterte die Implementierung einer Benutzungsoberfläche mit gekacheltem Fenstersystem und ortsfesten Popup-Menüs für den Prototyp ALCOSY-P (*Heinecke*, 1990) in PEARL unter dem Betriebssystem RTOS-UH daran, daß das Betriebssystem bei der großen Zahl erforderlicher Tasks nicht mehr stabil lief.

3.2 Trennung der Visualisierung vom Echtzeitbetrieb

Wenn die zeitlichen Anforderungen an die Visualisierung nicht sehr scharf sind, ist eine Trennung der Visualisierung vom Echtzeitbetrieb möglich. Vorteil einer solchen Entkoppelung der Mensch-Computer-Schnittstelle von der Computer-Prozeß-Schnittstelle ist die Möglichkeit, bewährte Grafiksysteme aus dem Nicht-Echtzeit-Bereich zu nutzen. Dies trifft nicht nur auf die grafischen Benutzungsoberflächen selbst zu, sondern auch auf die Verwendung von vorhandenen Programmen zur Datenvisualisierung. Insbesondere ist auf diese Weise die Nutzung von Autorensystemen für multimediale und hypermediale Informationssysteme möglich. Zusätzlich können für das jeweilige Nicht-Echtzeit-System angebotene Anwendungen wie etwa Expertensysteme oder Datenbanksysteme mit genutzt werden. Bei der Entwicklung der Anwendungsprogramme zur Visualisierung und Interaktion für die Echtzeitanwendung können User Interface Builder oder User Interface Management Systeme eingesetzt werden, die eine sprachunabhängige und zum Teil auch plattformübergreifende Erstellung der Benutzungsoberfläche erlauben.

Die Trennung zwischen Echtzeitsystem und Visualisierung kann allein durch Software innerhalb eines einzigen Computers erfolgen. Ein Beispiel hierfür ist das Echtzeit-Betriebssystem SICOMP RMOS der Firma SIEMENS für IBM-kompatible PCs. Hierbei läuft das Betriebssystem MS-DOS mit der Benutzungsoberfläche MS-WINDOWS als eine Task des Echtzeit-Betriebssystems. Für die Visualisierung stehen alle Möglichkeiten der Benutzungsoberfläche MS-WINDOWS zur Verfügung, die Prozeßanbindung erfolgt über Tasks des Echtzeitbetriebssystems RMOS. Der Datenaustausch zwischen Windows-Programmen und RMOS-Tasks erfolgt nach dem gleichen Prinzip, wie es zwischen WINDOWS-Programmen üblich ist (Dynamic Data Exchange DDE).

Für die Visualisierung außerhalb eines Echtzeitsystems können auch intelligente Anzeigeterminals genutzt werden, bei denen es sich häufig um PCs mit einem nicht echtzeitfähigen Betriebssystem handelt, die über eine geeignete Hardware- und Software-Schnittstelle mit dem Echtzeitsystem Daten austauschen. Dieses Konzept lag auch der Implementation des Prototyps ALCOSY zugrunde, bei dem die Visualisierung auf einem ATARI-ST-Computer unter der Benutzungsoberfläche GEM erfolgte. Eine solche Vorgehensweise wird häufig auch bei Mischformen zwischen integrierter und getrennter Visualisierung genutzt.

Mischformen zwischen den beiden Visualisierungsmöglichkeiten werden meist in komplexeren Anwendungen genutzt. Hierbei erfolgt die unmittelbar der Prozeßsteuerung dienende Visualisierung innerhalb des Echtzeitsystems, während die Visualisierung von verdichteten Daten über einen PC ohne echtzeitfähiges Betriebssystem erfolgt. Häufig wird ein Teil der hier darzustellenden Daten erst über eine Datenbank oder ein Expertensystem erzeugt. Als Beispiel sei hier eine solche Anwendung im Bereich der Prozeßdiagnose genannt, bei der das Multimedia-Autorensystem TOOLBOOK unter MS-WINDOWS genutzt wird, um aktuelle Anlagendaten und Datenbankinhalte in Zusammenarbeit mit einem Expertensystem darzustellen. Die aktuellen Daten des Prozeßleitsystems werden dabei über einen Koppel-PC aus dem Echtzeitsystem in das PC-Netz und in umgekehrter Richtung übertragen (*ToolBook Forum*, 1994).

4 Schlußfolgerungen

Bezüglich der Visualisierung in Echtzeitsystemen ist von einem Primat der ergonomischen Gestaltung auszugehen. Diese ist für die Antwortzeit des Mensch-Maschine-Systems in der Regel weit wichtiger als die millisekundengenaue Grafik-Anzeige. Bezüglich des "look and feel" der Benutzungsoberfläche kann an die wichtigsten Benutzungsoberflächen-Standards angeknüpft werden. In Hinblick auf die beste ergonomische Gestaltung besteht dabei aber noch weiterer Forschungsbedarf.

4.1 Primat der ergonomischen Gestaltung

Für die Visualisierung in Echtzeitsystemen ist in allererster Linie die Frage zu klären, was visualisiert werden soll und wie diese Visualisierung gestaltet werden muß. Das bedeutet, daß zunächst die geeigneten Werkzeuge für die Aufgabe des Menschen innerhalb des Echtzeitsystems bestimmt werden müssen, wobei dessen Fähigkeiten und Grenzen ebenso zu berücksichtigen sind wie seine arbeitsorganisatorische Einbindung. Die Werkzeuge müssen den aus ergonomischer Sicht einzigen Unterschied zwischen Echtzeit- und Nicht-Echtzeit-Anwendungen, nämlich die Forderung nach rechtzeitiger (Re-)Aktion des Menschen, so berücksichtigen, daß sie hierfür eine ausreichende Unterstützung anbieten.

Im zweiten Schritt kann dann die ergonomische Gestaltung des Dialogs und der Ein- und Ausgabe erfolgen, die ohne die Berücksichtigung von Werkzeug und Organisation bloße Oberflächen-Kosmetik wäre. Eine alle Komponenten der Benutzungsoberfläche umfassende ergonomische Gestaltung ist auch aufgrund der EG-Richtlinie für die Arbeit an Bildschirmgeräten erforderlich (*EWG*, 1990), die eine Umsetzung der Erkenntnisse der Software-Ergonomie für jede Art von Bildschirmarbeitsplatz zwingend vorgeschreibt. Bei der Gestaltung von Echtzeit-Anwendungen kann insbesondere in Bezug auf die Komponenten Ein-/Ausgabe und Dialog in vielen Fällen auf Erkenntnisse und Methoden der Software-Ergonomie aus anderen Anwendungsbereichen zurückgegriffen werden. Der Faktor Zeit spielt dabei für die Ein-/Ausgabe eine nicht sehr wesentliche Rolle.

4.2 Anpassung an Standards

Die Frage, ob die äußere Gestalt der Benutzungsoberfläche eines Echtzeit-Systems einem etablierten Oberflächen-Standard folgen sollte, läßt sich nicht pauschal beantworten. **Vorteile** wird ein solches Vorgehen besonders in Arbeitsumgebungen bieten, in denen neben dem Echtzeitsystem auch andere Anwendungen laufen, die einem solchem Standard folgen. Dann sollte auch das Echtzeitsystem dem gleichen Standard folgen, um Probleme der Benutzer durch die ständige Umstellung auf unterschiedliche Anzeige- und Bedienverfahren zu vermeiden. Je nach Aufbau des Echtzeitsystems kann die Verwendung eines Standards auch eine Verminderung des Implementationsaufwandes bedeuten.

Möglicherweise bringt die Verwendung solcher Oberflächenstandards für Echtzeitsysteme aber auch **Nachteile**. Alle gängigen Standards sind für den Bürobereich entwickelt worden und folgen der Schreibtisch-Metapher. Benutzungsoberflächen, die speziell für Echtzeitumgebungen entwickelt wurden, sind unter Umständen besser an die Arbeitsaufgabe des Benutzers beispielsweise in der Prozeßleitung angepaßt. Leider gibt es dazu bisher keine vergleichenden Untersuchungen. Wie die Schreibtisch-Metapher im Bürobereich hat allerdings auch die in Echtzeitsystemen häufig genutzte Mosaikbild-Metapher ihre Grenzen, etwa beim Einsatz von Hypermedia oder Expertensystemen. Für derartige Verfahren, die insbesondere im Bereich der Prozeßleitung bereits genutzt werden und auch im ALCOSY-Prototyp vorhanden waren, ist die Suche nach einer geeigneten Visualisierung noch nicht abgeschlossen.

Soll ein Benutzungsoberflächen-Standard zur Visualisierung in Echtzeitsystemen verwendet werden, ist zu entscheiden, welcher der gängigen Standards gewählt wird. Sofern dieser nicht bereits durch die Hardware vorgegeben wird oder dadurch, daß ein bestimmter Standard schon in der Arbeitsumgebung der Anwendung genutzt wird, lassen sich nur schwer Kriterien für die **Auswahl** angeben. Von der derzeitigen Marktpräsenz her sind MS-WINDOWS und OSF/MOTIF führend, während der PRESENTATION MANAGER nach IBMs SAA-CUA-Standard und NeXT-Step zum Teil fortschrittlichere Konzepte aufweisen. Aus den Vorankündigungen neuer Versionen ist allerdings zu ersehen, daß zwischen MS-WINDOWS, OSF/MOTIF und SAA-CUA eine starke Angleichung stattfindet. Ein wichtiger Gesichtspunkt für die Auswahl eines Standards sollte die Unterstützung der Anwendungsprogrammierung durch User Interface Builder und User Interface Management Systeme sein. Solche Systeme werden zur Zeit vornehmlich für MS-WINDOWS und OSF/MOTIF angeboten, wobei teilweise beide Oberflächestile mit einem System erzeugt und bearbeitet werden können.

4.3 Forschungsbedarf

Eine Reihe von Einzelfragen zur ergonomischen Visualisierung in Echtzeitsystemen, insbesondere bei Anwendungen in der Prozeßleitung, sind noch weitgehend offen. So läßt sich beispielsweise fragen, ob Fenstersysteme mit überlappenden Fenstern, wie sie sich im Bürobereich durchgesetzt haben, für Echtzeitumgebungen überhaupt sinnvoll sind, da sich hier ja der Inhalt eines Fensters im Laufe der Zeit verändern kann und solche unter Umständen wichtigen Veränderungen bei teilweise verdeckten Fenstern übersehen werden können. Weitere Fragen betreffen die Verwendung von Farbe, die Gestaltung von Symbolen sowie die Entscheidung zwischen textueller oder grafischer Darstellung (*Heinecke*; 1990).

Für die weitere Diskussion der Visualisierung und Interaktion in Echtzeitsystemen wäre es sinnvoll, analog dem Vorgehen bei der Entwicklung von Gestaltungsempfehlungen für Benutzungsoberflächen von CAD-Systemen (*GI FG 4.2.1 AK 2*, 1992) in interdisziplinärer Arbeit eine detailierte Bestandsaufnahme für alle Komponenten der Benutzungsoberfläche von Echtzeitsystemen zusammenzustellen und so einerseits Gestaltungsempfehlungen bis hin zu Prüfkriterien zu entwicklen und andererseits die offenen Fragen zu bestimmen, bei denen weitere Forschungen erforderlich sind.

5 Literatur

APPLE Computer, Inc.; 1992: "Macintosh Human Interface Guidelines". Addison-Wesley, Reading.

DIN 66234 Teil 8; 1988: "Bildschirmarbeitsplätze - Grundsätze ergonomischer Dialoggestaltung". Beuth-Verlag, Berlin.

Dzida, W.; 1983: "Das IFIP-Modell für Benutzerschnittstellen". Office Management, Sonderheft 31.

Eberleh, E.; 1994: "Industrielle Gestaltungsrichtlinien für graphische Benutzungsoberflächen". In (*Eberleh, Oberquelle und Oppermann*, 1994).

Eberleh, E., Oberquelle, H. und Oppermann, R. (Hrsg.); 1994: "Einführung in die Software-Ergonomie". Walter de Gruyter, Berlin.

EG; 1990: "Richtlinie des Rates vom 29. Mai 1990 über die Mindestvorschriften bezüglich der Sicherheit und des Gesundheitsschutzes bei der Arbeit an Bildschirmgeräten (90/270/EWG)". Amtsblatt der Europäischen Gemeinschaften, 1990 Nr. L 156/14.

Grimm, R. u.a.; 1978: "Bildprogrammierbares Ein-/Ausgabe-Farbbildschirmsystem (EAF) als Warte - Grundprinzipien, Realisierung, Erprobung". Report KfK-PDV 134, Kernforschungszentrum Karlsruhe, Karlsruhe.

GI FG 4.2.1 AK 2; 1992: "Gestaltungsempfehlungen für Benutzungsoberflächen von CAD-Systemen". Gesellschaft für Informatik e.V., Bonn.

Heinecke, A.M.; 1985: "Konzeption eines ergonomischen Prozeßleitsystems mit veränderlicher Mensch-Maschine-Schnittstelle". In: Bullinger, H.-J. (Hrsg.); 1985; "Software-Ergonomie'85". Teubner, Stuttgart.

Heinecke, A.M.; 1986: "Design of a man-machine interface for process control on the bridge of a ship". In: Haase, V.H. und Knuth, E. (Eds.); 1987; "Software for Computer Control 1986 (SOCOCO'86), Selected Papers from the Fourth IFAC/IFIP Symposium". Pergamon Press, Oxford.

Heinecke, A.M.; 1988: "A Desktop Style User Interface in Process Control". In: MacLeod, I.M. und Heher, A.D.(Eds.); 1989; "Software for Computer Control 1988 (SOCOCO'88), Selected Papers from the Fifth IFAC/IFIP Samposium". Pergamon Press, Oxford.

Heinecke, A.M.; 1990: "Visualisation and Graphical Interaction in Process Control Systems". In: Finkelstein, A., Tauber, M. und Traunmüller, R. (Eds.); 1990; "Human Factors in Analysis and Design of Information Systems". North-Holland, Amsterdam.

Heinecke, A.M.; 1993: "Software Ergonomics for Real-Time Systems". In: Grechenig, T. und Tscheligi, M. (Eds.); 1993; "Human Coputer Interaction, Vienna Conference VCHCI'93, Fin de Siècle". Springer-Verlag, Berlin (Lecture Notes in Computer Science 733).

IBM Corp.; 1991: "SAA/CUA guide to user interface design". IBM, Cary.

ISO DIS 9241-10: "Ergonomic requirements for office work with display terminals (VDTs): Dialogue principles". ISO, Genf.

Karl, B.; 1981: "PDV-Literaturübersicht, Kurzfassungen der KfK-PDV-Berichte". Report KfK-PDV 190, Kernforschungszentrum Karlsruhe, Karlsruhe.

König, B.; 1989: "Desktop als Mensch-Maschine-Schnittstelle". Springer-Verlag, Wien (Springers Angewandte Informatik).

MICROSOFT Corp.; 1992: "The windows interface. An application design guide". Microsoft Press, Redmont.

NeXT Computer, Inc.; 1992: "NeXTStep user interface guidelines". Addison-Wesley, Reading.

OPEN SOFTWARE FOUNDATION; 1993: "Osf/Motif style guide release 1.2". Prentice Hall, Englewood Cliffs.

Risak, V.; 1986: "Mensch-Maschine-Schnittstelle in Echtzeitsystemen". Springer-Verlag, Wien (Springers Angewandte Informatik).

Shneiderman, B.,1983: "Direct Manipulation: A Step Beyond Programming Languages". IEEE Computer, August 1983.

ToolBook Forum; 1994: "MultiMedia in der Prozeßdiagnose". ToolBook-Forum 1/1994, albit Technologie-Marketing und Marktforschung GmbH, Mülheim.

Ein skalierbares Grafik- und Multi-Window-System zur Prozeßvisualisierung für das Echtzeit-Betriebssystem RTOS-UH für lokale Grafikhardware und X11

Reinhard Arlt

esd Hannover

Vahrenwalder Str. 205

D-30165 Hannover

1 Einleitung

Die Leistungsfähigkeit der in einem Projekt eingesetzten Prozeßrechner orientiert sich an der zu bewältigenden Aufgabe und den für ein Projekt zur Verfügung stehenden Mitteln. So kann das Spektrum der heute eingesetzten Hardware von einem 12 MHz-68000-Rechner mit wenigen hundert KByte Speicher bis zu einem Verbund von RISC-Workstations reichen. Fast immer wird aber gefordert, daß ein graphisches Benutzerinterface zur Verfügung steht. Auch hier reicht das Spektrum der anzusteuernden Hardware von einem einfarbigen LCD-Display mit einer kleineren Auflösung bis zu einer Anzahl hochauflösender Grafikmonitore. Die Definition und Implementierung einer einheitlichen Grafikschnittstelle für Rechner dieses Leistungsspektrums ist nicht einfach. In diesem Vortrag soll eine Lösung für das Betriebssystem RTOS-UH vorgestellt werden. Zur Zeit können unter RTOS-UH nur Rechner mit Prozessoren der MC68k- und AM29k-Familie verwendet werden. Es muß jedoch möglich sein, diese Rechner von PC's oder Workstations aus zu bedienen und auf diesen das Prozeßgeschehen auch zu visualisieren. Die Grundlage dazu muß die Datenübertragung über ein lokales Netzwerk mit einem weitverbreiteten, offenen Protokoll sein. Hier steht allen RTOS-UH Anwendern das seit Anfang des Jahres freigegebene RTOS-UH TCP/IP zur Verfügung, das ein Bestandteil des Betriebssystems ist.

2 Grafikbibliotheken für RTOS-UH

Es existieren für RTOS-UH neben einer Reihe von kundenspezifischen Lösungen zwei weiter verbreitete Grafikbibliotheken. Dies ist zunächst die in der Arbeitsgruppe von Prof. Gerth am Institut für Regelungstechnik der Universität Hannover definierte und natürlich für verschiedenste Hardware implementierte IRT-Grafik. Daneben existiert z.B. von der Firma esd das Grafikpaket PGRAF.

3 Die Grafikbibliothek IRT-Grafik

Von der Annahme ausgehend, daß sich jede noch so komplizierte Grafikoperation für Rastergrafik auf die Primitive zum Verändern eines Pixels (SETPIX) und zum Auslesen der aktuellen Farbe eines Pixels (GETPIX) abbilden läßt, wurde eine Bibliothek mit folgenden Aufrufen definiert:

SETPIX(X,Y,COLOR) zum Setzten eines Bildunktes,

GETPIX(X,Y) zum Auslesen der Farbe eines Bildpunktes,

LINE(XA,YA,XE,YE,COLOR) zum Zeichnen einer Linie,

CIRCLE(X,Y,RAD,COLOR) zum Zeichnen eines Kreises,

TEXT(XA,YA,COLOR,TEXT) zum Schreiben von Hardwaretext,

CLEAR() zum Löschen des Bildschirms,

GETBLK(,,,) zum Auslesen eines Bildschirmbereiches,

SETBLK(,,,) zum Schreiben eines Bildschirmbereiches,

BLOCK(XA,YA,XE,YE,COLOR) zum Erzeugen eines Blockes, und

MAXPIX(XMAX,YMAX,COLMAX) zum Abfragen der Eigenschaften der verwendeten Grafikhardware.

Wenn diese Hardware mehrere Bildschirmseiten, Fenster, oder unabhängig beschreibbare Objekte zur Verfügung stellt, dienen zu deren Verwaltung die Prozeduren

SCRSET(SCREENNAME) zur Definition des für die Task gültigen Objektes,

SCRCHG(SCREENNAME) zur Anzeige dieses Objektes, und

SCRKILL(SCREENNAME) zum löschen des Objektes.

Dieser Satz einfacher Grafikfunktionen ist den meisten RTOS-UH Anwendern schon viele Jahre vom z.B. vom c't68000 und Atari bekannt. Sie existieren aber auch für eine Reihe von VME-Grafikkarten und die neuen Implementierungen für die Rechner der Apple Performa Serie. Die nicht portablen Routinen SPRITL und SPRITS wurden durch die portablen

Nachfolger GETBLK und SETBLK abgelöst, und das Unterprogramm WIDTH, die nicht die Anzahl der verfügbaren Farben liefert, durch MAXPIX ergänzt. Wie Insider sicherlich wissen, genießen SETPIX und GETPIX als Einbaufunktionen der UH PEARL Compilers die bevorzugte Behandlung eines besonders schnellen Aufrufes. Da die Modifikationsart beim Schreiben eines Pixels in den beiden höchsten Bits des COLOR Parameters codiert ist, ist der einzige Grafikstatus dieser Bibliothek die aktuelle Grafikseite, die im RTOS-UH zum Kontext einer Task zählt. Der Vorteil dieser Routinen ist ihre Geschwindigkeit und einfache Portierbarkeit, ein gewisser Nachteil dagegen, daß die Parameter immer in Gerätekoordinaten anzugeben sind, eine Anpassung an verschiedene Grafikhardware muß in dem Applikationsprogramm selbst erfolgen. Von der Leistungsfähigkeit dieser Routinen zeugt z.B., daß das PEARL-GKS Paket diese Routinen als Driver verwendet.

4 Das Grafikpaket PGRAF

Eine zweite verbreitete Bibliothek ist das PGRAF Paket der Firma esd, das wesentlich mehr und komplexere Funktionen zu Verfügung stellt, in geräteunabhängigen Koordinaten gesteuert werden kann und verschiedene Vektorzeichensätze für die Textfunktionen verwenden kann. Eine Aufzählung der im Augenblick 57 Funktionen und Prozeduren des Paketes würde den Rahmen dieses Berichtes sprengen, doch sollen hier einige funktionelle Besonderheiten erwähnt werden. Auch ohne das Vorhandensein eines Windowmanagers erlaubt das Paket die Ausgabe von Grafiken in bis zu vier Windows, und stellt dem Anwender zusätzlich ein Terminalfenster auf dem Grafikschirm zur Verfügung. Es werden weiter bis zu vier auch unterschiedliche Grafikkarten in einem System unterstützt. Das Anwendungsprogramm und die Grafikhardware müssen nicht auf demselben Rechner befinden, wenn beide über eine leistungsfähige Datenverbindung verbunden sind und auf beiden Rechnern RTOS-UH als Betriebssystem verwendet wird. Ziel der Entwicklung war es, eine modale Grafikschnittstelle für RTOS-UH zu entwickeln, bei der auch mehrere Tasks gezielt Zugriff auf einen Grafikkontext nehmen können. Dies wurde durch die Zusammenstellung von Aufträgen aus vielen Primitiven erreicht. Dazu wird mit GOPEN() ein Buffer für die Ausgabe in ein Grafikwindow eingerichtet, mit Grafikprimitiven gefüllt, und dann mit GSEND() dargestellt. Die Verwendung und Ausnutzung intelligenter Grafikkarten war ein weiteres Entwicklungsziel. Mit einem zugehörigen Grafikeditor können einfach und schnell Bilder fast beliebiger Komplexität erzeugt und als binäre oder ASCII Files gespeichert werden. Die Binärdatei kann mit einem einfachen COPY der Datei zu dem eine Grafikkarte betreuenden Grafikmanager dargestellt werden. Das Paket existiert für eine Reihe von VME-Grafikkarten, die mit Grafikprozessoren vom Typ ACRTC oder GDP ausgerüstet sind. Nur auf eine dieser Bibliotheken aufsetzend, kann man Visualisierungen auf Rechnern aller Leistungskassen aufbauen, wie dies in der Vergangenheit vielfach erfolgreich getan worden ist. Wenn CPU's und Grafikhardware der entsprechenden Leistungsfähigkeit eingesetzt werden, wird von den Anwendern vielfach ein Windowsystem gefordert.

5 Ein Windowmanager für RTOS-UH

Die Implementierung eines Windowmanagers für ein Echtzeitsystem ist viel schwieriger als für klassische Singleuser-Systeme wie Windows, oder auch für Multiuser-Systeme wie UNIX/X11. Alle klassischen Windowsysteme arbeiten nach dem Callback-Prinzip. Der Programmierer der Anwendung muß zu jedem Zeitpunkt damit rechnen, daß durch Aktionen des Bedieners neue Fensterbereiche sichtbar werden, und der Windowmanager das Grafikprogramm auffordert, diese Bereich erneut darzustellen. Damit dies schnell geschehen kann, muß auch das Grafikprogramm und der Windowmanager eine gute Priorität haben. Wenn sich der Bediener einer Anlage etwa in kritischen Situationen einen schnellen Überblick über deren Zustand verschaffen will, kommen hier zusätzliche erhebliche Belastungen auf den Prozeßrechner zu. Daher wurde für den RTOS-Windowmanager WiM das Callback-prinzip nur eingeschränkt verwirklicht und als Konzept zur erneuten Darstellung von verdeckten Bereichen ein modifiziertes Backstoring eingesetzt. Dabei unterscheidet WiM zwischen Fenstern, deren Inhalt allein durch Grafikoperationen erzeugt wird, und Fenstern, deren Inhalt aus Text und grafischen Icons besteht. Die Grafikfenster werden verdeckt komplett aufgebaut, was natürlich die Anzahl der möglichen Fenster einschränkt, und bei Bedarf vom WiM ohne Zutun der Anwenderprogramme in die sichtbaren Bereiche auf dem Desktop kopiert. Auf der Standardgrafikkarte von esd (IGC-2M) können z.B. sieben Grafikfenster, die jeweils die Größe der gesamten Desktops einnehmen können, eingerichtet werden. Für die Textfenster wird nur die Textinformation und Position sowie Aussehen der Icons abgelegt, sodaß sich eine erhebliche Reduktion des notwendigen Speichers ergibt. Da sich die Textfenster im Defaultfall wie TVI-Terminals benehmen, und die Informationen der Grafikfenster mit einer der oben beschriebenen Grafikbibliotheken aufgebaut wird, kann die vorhandene Software zunächst ohne Einschränkungen weiterverwendet, und dann schrittweise an die neuen Möglichkeiten vom WiM angepasst werden.

Es bleibt das Problem des zusätzlichen, erheblichen Rechenzeitbedarfs für das Windowsystem. Natürlich wurde WiM so entworfen, daß er auf einer einfachen passiven Grafikkarte ablaufen kann. WiM läuft dann als Anwendertask mit einer recht hohen Priorität, um dem Bediener den Eindruck einer zügigen Reaktion auf seine Aktionen zu geben. Die Abschätzung des zusätzlichen Rechenzeitbedarfs ist schwierig, sodaß sich für wirkliche Echtzeitanwendungen der Einsatz einer intelligenten Grafikkarte empfiehlt. Da der komplette Windowmanager dann auf der Slave-CPU abläuft, ist in den allermeisten Fällen die Aufrüstung eines bestehenden Systems auf das Windowsystem möglich.

Die über die Fähigkeiten eines Terminals hinausgehenden Features vom WiM werden ebenfalls über weitere Escape Sequenzen an die Windowmanager-Datenstation gesteuert. Dies sind z.B. die Definition und die Darstellung von Icons, die Definition von Menüleisten und Pull-Down-Menüs und die Steuerung aller Eigenschaften der Windows und des Desktops. Über die Position der Maus, Klicks mit der Maus, Änderungen des Zustandes eines Windows und mit der Tastatur eingegebene Zeichen kann das Anwendungsprogramm auf Wunsch über Eventdatensätze informiert werden. Diese Datensätze können z.B. von einem PEARL-Programm mit folgender Anweisung gelesen werden:

```
DCL (IC, CL, HD, DX, DY) FIXED;
DCL  WINDOW  CHAR(8);
...
GET IC,CL,HD,DX,DY,WINDOW FROM WINEB0 BY SKIP,F(1),(2)F(3),(2)F(4),A;
```

Dabei ist WINEB0 eine DATION von TYP ALPHIC, und der Filename bestimmt das Fenster, mit dem gearbeitet werden soll. Der Name der Desktops ist dann 'DESKTOP'. Damit nicht für jedes kleine Fenster oder jede Dialogbox eine eigene Task erforderlich ist, kann man WiM anweisen, die Events eines Fensters über ein anderes lesbar zu machen. Da Mausklicks und Tastatureingaben nun von nur einer DATION einfach zu lesen sind, entfällt für den Programmierer der erhebliche zusätzliche Aufwand, die Daten von den unterschiedlichen Datenstationen für Maus und Tastatur zu bekommen.

Der RTOS-Windowmanager existiert zur Zeit in einer Produktionsversion für Grafikkarten mit den Grafikprozessoren ACRTC und GDP. An einer Version, die eine Hardwareunabhängige Schnittstelle bietet, wird zur Zeit gearbeitet, leider verzögert sich die für Ende des Jahres geplante Fertigstellung.

Damit die Dateneingabe mit Maus und Tastatur für Systeme ohne Windowmanager für den Anwender transparent erfolgt, existiert dazu ein zusätzlicher optionaler Treiber.

6 Fernbedienung der Systeme über ein lokales Netzwerk

Für viele Systeme wird heute gewünscht, daß die Beobachtung und Steuerung des Prozeßgeschehens nicht nur von der Warte oder dem Arbeitsplatz am Rechner im Technikum aus erfolgen kann, sondern auch aus dem Büro des verantwortlichen Mitarbeiters mit dessen Workstation oder dessen PC. Ich vertrete die Meinung, daß zumindest ein PC als einziges Visualisierungsgerät für einen Prozeßrechner nicht geeignet ist, denn die dort nur zu oft verwendete Oberfläche WINDOWS ist dazu sowohl von der Stabilität (besonders im Zusammenhang mit anderen unbekannten Anwendungen) als auch von den Reaktionszeiten her zu unsicher. Neben einem Bedienplatz mit einer direkt in den Prozeßrechner integrierten Grafikhardware ist eine Workstation, oder zur Not auch ein PC, aber ein durchaus brauchbarer alternativer Bedienplatz. Die Ankopplung an den Prozeßrechner wird in der Regel über Ethernet erfolgen. Wenn die Programme des Prozeßrechners (zusätzlich zu ihrer graphischen Oberfläche) über ein textorientiertes Userinterface verfügen, ist ein Login über Telnet in vielen Fällen ausreichend.

Wenn aber auch die Darstellung von Grafiken gewünscht wird, wird oft ein eigenes Protokoll zur Übertragung der darzustellenden Daten zum PC und dort ein eigenes Programm zum Aufbau der Grafik verwendet. Das X11-Protokoll wird wegen des vermeintlich unvertretbar hohen Aufwandes nicht verwendet. Im folgenden möchte ich zeigen, daß die Verwendung von X11 mit moderatem Aufwand möglich ist. Da jede UNIX-Workstation heute mit einem X11 Server ausgerüstet ist und für alle PC-Betriebssysteme X11-Server verfügbar sind, braucht der Systemanbieter auf dieser Seite keine Software für eine Vielzahl von Systemen zu erstellen und zu warten.

X11 beschreibt ein Netzwerkprotokoll, mit dem ein Client-Programm über einen gesicherten Datenkanal mit einem Server-Programm Daten austauscht. Dabei fällt dem Server die Aufgabe zu, aus den über den Datenkanal vom Client eingehenden Requests auf dem Display eine Grafik aufzubauen und den Client über Events von Bewegungen der Maus und von Anschlägen auf der Tastatur zu informieren. Ferner gibt es noch Events, die zum Neuzeichnen bestimmter Bereiche auffordern und die über Statusänderungen an dem der Verbindung zugeordneten Rechteck auf dem Grafik-Display berichten. Errorcodes liefert der Server, wenn er einen Request nicht ausführen konnte. Jedes Programm, das sich an diese Spielregeln hält, ist ein korrekter X11-Client. Verglichen mit den kaum noch zu zählenden

Aufrufen und Messages des MS-WINDOWS API's ist das X11 Protokoll schlicht, es gibt in der im Frühjahr 1994 aktuellen Revision X11-R5 nur 120 Requests, 33 Events und 17 Errors. Und auch der Umfang der zu lesenden Dokumentation findet mit dem X-Protokoll Manual und den notwendigen zusätzlichen Unterlagen bequem in einem dünneren Aktenordner Platz.

X11 gilt oft deshalb als komplex und resourcenfressend, weil besonders auf der Clientseite eine Vielzahl von Tools und Programmbüchereien verbreitet sind. Ein typischer X-Client besteht aus vier Schichten, der X-Library, dem X-Toolkit, einem Widget Set (z.B. OSF MOTIF oder OpenLook) und der eigentlichen Applikation. Jede dieser Ebenen bringt eine Vielzahl neuer Routinen. Oft wird die Anwendung noch in Teilen mit einem der vielen Application-Builder erzeugt. Dieses Vorgehen erlaubt es, besonders auf Maschinen mit UNIX als Betriebssystem mit vertretbarem Aufwand Anwendungen mit gleichartigem Aussehen und identischen Bedieneigenschaften zu erzeugen, ohne daß der Programmierer in die Tiefen der unteren Ebenen von X11 einsteigen muß. Oft benötigen diese Anwendungen aber eine enorme Rechenleistung. Ein Grund dafür liegt in der Strategie, das Grafikbild aus einer Unzahl übereinanderliegender Objekte zu erzeugen. Kleinere Maschinen bieten dann nicht einmal mehr für einen einzelnen Client genügend Rechenleistung. Da auch Bilder von Rechner mit geringer Restkapazität dargestellt werden sollen, schien dies ein Argument gegen die Verwendung von X11 zu sein.

Ein zweiter Grund sprach gegen die direkte Portierung der einzelnen X-Tools für RTOS-UH. Mit der X-Library und dem X-Toolkit kann noch keine der vielen existierenden Grafikprogramme seine Daten auf einem X-Server darstellen. Eine genauere Untersuchung ergab jedoch, daß es mit vertretbaren Aufwand möglich ist, eine PEARL-X-Library zu erstellen, die zunächst noch nicht alle Funktionen des Servers ansteuern, aber auf dessen Events und Errors korrekt reagieren kann. Als erster Schritt wurde ein Tool erstellt, das Grafikbilder, die in einzelnen Fenstern des WiM's dargestellt werden, auch auf einer Workstation unter X11 darstellen, und die Bedieneingriffe aus diesem X-Window auswerten kann. Die Strategie dazu war sehr einfach: Aus der Grafikkarte wird das Image in einen Buffer ausgelesen, und dieser Buffer zum X-Server übertragen. Damit die Datenmenge nicht zu groß gerät, werden die folgenden Strategien zur Datenreduktion angewandt: Die Hintergrundfarbe eines X-Windows braucht nicht übertragen zu werden, also ist die im Image häufigste Farbe als Hintergrundfarbe zu setzten. Dann werden zusätzlich in horizontaler Richtung hintereinanderliegende Pixel gleicher Farbe als Line Befehle übertragen, und nur einzelne Pixel einer Farbe mit der Pixelanweisung. Da weiter zur Entlastung der Übertragungsebene und zur Vermeidung von Overhead durch das X11-Protokoll und die Protokolle der Übertragungsebene immer möglichst große Blöcke zusammengefasst wurden, ist sowohl die Zeit zum Aufbau der Grafik als auch der Updates vertretbar. Änderungen auf dem Grafikschirm werden nur als Differenz zum zuvor übertragenen Bild gesendet. Die zeitlich längste Operation ist dabei das Auslesen des Images aus der Grafikkarte. Daher kann ein Update bei sich verändernden Grafikinformationen nur alle 10 Sekunden erfolgen, ohne die CPU zu sehr zu belasten. Eine Antwort auf einen Request des X-Servers erfolgt dagegen sofort, da hier nur mit Daten des lokalen Images gearbeitet wird. Auf einem 25Mhz 68040 benötigt die Darstellung eines 640x480 Pixel großen Bildes mit der genannten Updaterate etwa 10% der Rechenzeit des Systems. Die eingelesenen Events vom X-Server, die Tastatur und Maus betreffen, können über die Funktion 'Simulate Click' einfach an WiM weitergegeben werden und so von dem dieses Grafikfenster betreuenden Programm transparent ausgewertet werden. Es merkt nicht einmal, daß es dann nicht lokal gesteuert wird. Dies Programm wurde als Prototyp komplett in PEARL geschrieben, in der endgültigen Version erledigen zwei Assembler-Unterprogramme mit zusammen 270 Zeilen Länge das Auslesen der Daten aus dem Feld, in dem das Image abgelegt wurde, und dessen Komprimierung zur Übertragung sowie die Differenzbildung zwischen dem alten und dem neuen Image. Die Notwendigkeit der Assembler-Unterprogramme ergab sich besonders aus dem unglücklichen Format, in dem die PGRAF Routine das aus der Grafikkarte ausgelesene Image ablegt. Etwas lästig bei der Realisierung in PEARL war nur beim Verbindungsaufbau das Fehlen von dynamisch anlegbaren Feldern, sodaß für die Datenstrukturen, die den Server beschreiben, statische Felder mit einer Maximalgröße angelegt werden mußten.

Damit für einen auf einem X-Display ablaufenden Dialog die Dialogbox nicht zuerst in einer Grafikseite der lokalen Grafik angelegt werden muß, wurde der esd Dialogboxmanager des WiM's erweitert, um seine Information direkt auf dem X-Display darzustellen. Da der Dialogboxmanager intern mit der IRT-Grafik Bibliothek arbeitet, wurden hier kompatible Routinen zur Ansteuerung eines X-Servers geschaffen. Dieser Dialogboxmanager ist ebenfalls komplett in PEARL geschrieben. Für Rechner mit 68030 und 68040 CPU stellt dieser Dialogboxmanager keine erhebliche Belastung dar.

7 Ausblick

Zur Zeit befindet sich auf dieser Basis ein X-Client in Entwicklung, der auch ohne Grafikkarte ein RTOS Grafikfenster verwalten kann, um die Möglichkeit zu haben, unterschiedliche Grafiken lokal und im X-Fenster darzustellen. Damit WiM-Applikationen ohne Aufwand direkt in X-Windows ausgeben können, ist ein Treiber geplant, der das WiM API in das X-Protokoll umsetzt.

8 Literatur

[1]   Gerth, W., et al.: Handbuch RTOS-UH. Grafikeinbaufunktionen. IRT 1994.

[2]   N. N.: Handbuch PGRAF. esd 1989.

[3]   Gerth, W., et al.: Handbuch RTOS-UH. Erweiterung WiM. IRT 1993.

[4]   Gerth, W., et al.: Handbuch RTOS-UH. Erweiterung Netzwerkfunktionen. IRT 1994.

[5]   Scheifler, R.: X Window System Protocol, MIT X Consortium Standard, X Version 11, Release 5. MIT 1988.

[6]   Rosenthal, D.: Inter-Client Communication Conventions Manual, Version 1.1, MIT X Consortium Standard X Version 11, Release 5. MIT 1991.

[7]   N. N.: X Logical Font Description Conventions, Version 1.4, MIT X Consortium Standard, X Version 11, Release 5. MIT 1989.

[8]   Nye, A.: X Protocol Reference Manual. O'Reilly&Associates, Inc.1992.

[9]   Comer, D. E.: Internetworking with TCP/IP. Volume 1; Principles, Protocols, and Architecture. Prentice-Hall 1991.

[10]   Comer, D. E., Stevens, D. L.: Internetworking with TCP/IP. Volume 2; Design, Implementation, and Internals. Prentice-Hall 1991.

[11]   Comer, D. E., Stevens, D. L.: Internetworking with TCP/IP. Volume 3; Client-Server Programming and Applications, BSD Socket Version. Prentice-Hall 1993.

Entwurf eines Simulationswerkzeugs zur Analyse von Realzeitkommunikationssystemen

H. Westphal, D. Popović, J.M. Spaus und G. Rhein

Universität Bremen
Institut für Automatisierungstechnik (IAT),
28359 Bremen, Tel.: 0421 218-3344, FAX: -3601
email: westphal@theo.physik.uni-bremen.de

Zusammenfassung. In vielen Fällen ist es schwierig oder unmöglich, komplexe Systeme exakt mathematisch zu modellieren und zu analysieren. Simulation ist dann oft die einzige praktikable Möglichkeit für eine Systemanalyse. Dies gilt z.B. auch für Kommunikationsnetze in der Prozeßautomatisierung. Wird FDDI als Kommunikationsnetz eingesetzt, sind Zuverlässigkeitsuntersuchungen und Rechtzeitigkeitsuntersuchungen notwendig, um bei extremen Lastsituationen und zeitkritischen Anwendungen die Rechtzeitigkeit von Reaktionen innerhalb vorgegebener und *vorhersagbarer* Zeitschranken garantieren zu können. Die Simulation des FDDI-Rings soll die Entwicklung von Tuningalgorithmen für ein FDDI Realzeitkommunikationsnetz unterstützen.

1 Einleitung

Ein wichtiges Kriterium zur Beurteilung moderner Rechnersysteme und Rechnernetzwerke ist neben der Zuverlässigkeit und Benutzerfreundlichkeit vor allem die Leistung (Performance). Leistungsgrößen aus *Anwendersicht* sind z.B. die *Antwortzeit* und die *Bearbeitungszeit* bestimmter Aufgaben, aus *Betreibersicht* der *Durchsatz* und die *Auslastung* der einzelnen Rechnerkomponenten. Die Untersuchung und quantitative Leistungsbewertung von Rechnersystemen wird unter dem Begriff Leistungsanalyse (Performance analysis) zusammengefaßt. Die Leistungsanalyse wird im wesentlichen beim *Entwurf*, bei der *Auswahl* und beim *Tuning* von Rechnersystemen durchgeführt, und erfolgt somit im wesentlichen aus drei Gründen :

- Durch analytische und simulative Vorhersage der Leistungsfähigkeit noch nicht existenter bzw. implementierter Systeme kann deren Funktion und Dynamik bereits in der *Entwurfsphase*, z.B. bezüglich des Realzeitverhaltens, untersucht werden.
- Durch Bewertung und Vergleich der Leistungfähigkeit verfügbarer Systeme kann der Anwender die Rechneranlage *auswählen*, die für seine Zwecke am geeignetsten ist.
- Durch Erkennung, Lokalisierung und Beseitigung von systeminternen Engpässen können gezielte Maßnahmen zum *Tuning* ermöglicht werden.

Die Simulation von diskreten dynamischen Systemen ist ein fester Bestandteil der computergestützten Systemtheorie. Modellbildung und Simulation bedeutet allgemein Systemanalyse am Modell des realen Systems. Der Einsatz von Modellen ist immer dann erforderlich, wenn das System nicht verfügbar ist oder wenn aus Kosten- oder Sicherheitsgründen die Experimente nicht am realen System durchführbar sind. Die exakte mathematische Modellierung von verteilten Systemen, wie z.B von Rechnernetzen, bereitet im allgemeinen Schwierigkeiten, da nebenläufige Prozesse ihre Zustände unabhängig voneinander ändern. Eine *Simulation* erlaubt die isolierte Betrachtung von Teilprozessen, was das Verständnis der globalen Zusammenhänge der nebenläufigen *Prozesse* im verteilten System fördert. Die *Prozeßsimulation* ist unter den oben aufgeführten Aspekten sinnvoll. Man muß aber beachten, daß bei der Modellbildung vom realen System abstrahiert wird und die Simulationsergebnisse somit nur Schätzungen der realen Systemparameter liefern.

In dieser Arbeit werden am Beispiel des FDDI exemplarisch die Anforderungen an ein Simulationswerkzeug zur Analyse von Realzeitkommunikationssystemen für die Fabrikautomatisierung aufgezeigt. Ziel dieser Modellstudie ist es, für unterschiedliche Netzkonfigurationen optimale FDDI-Parameter zu ermitteln, dem Netzwerkdesigner Richtlinien zur optimalen Auslegung zukünftiger Netze zu liefern und Algorithmen zur on-line Adaption der FDDI-Parameter zu entwickeln.

2 Realzeitkommunikationsnetze für den automatisierten Fabrikbetrieb

Die Datenkommunikation hat in den vergangenen Jahren infolge der rasanten Entwicklung der VLSI-(Very Large Scale Integration) Technik im Bereich der industriellen automatisierten Fertigung zunehmend an Bedeutung gewonnen [3]. In Bild 1 ist ein auf FDDI basierendes verteiltes Rechnersystem für die Prozeßautomatisierung dargestellt.

Eine Leistungsanalyse und Leistungsbewertung moderner verteilter Rechnersysteme für die Prozeßautomatisierung kann durch die Berechnung der in [7] hergeleiteten und dort für FDDI quantitativ und qualitativ aufgezeigten *charakteristischen Gütemerkmale* α (Latenz, latency ratio), ρ (Auslastung, resource utilization factor), λ (Ankunftsrate, arrival rate), T_{CPRT} (Antwortzeit, computing process response time), C_{crit} (Bandbreitengrenze, critical bandwidth), r (Realzeitfähigkeit, real-time ability), p (Leistung, performance) durchgeführt werden.

2.1 FDDI-Parameter Adaption

Bild 2 zeigt ein FDDI-Kommunikationsinterface (High Performance Computer System Interface, HPCSI), das mit einer speziellen Meßtechnik (Measurement & Control, M & C) ausgestattet ist und eine Registrierung der Aktivitäten des Systems in Realzeit erlaubt, sowie eine Adaption des Parametervektors $\underline{\theta}_{FDDI}$

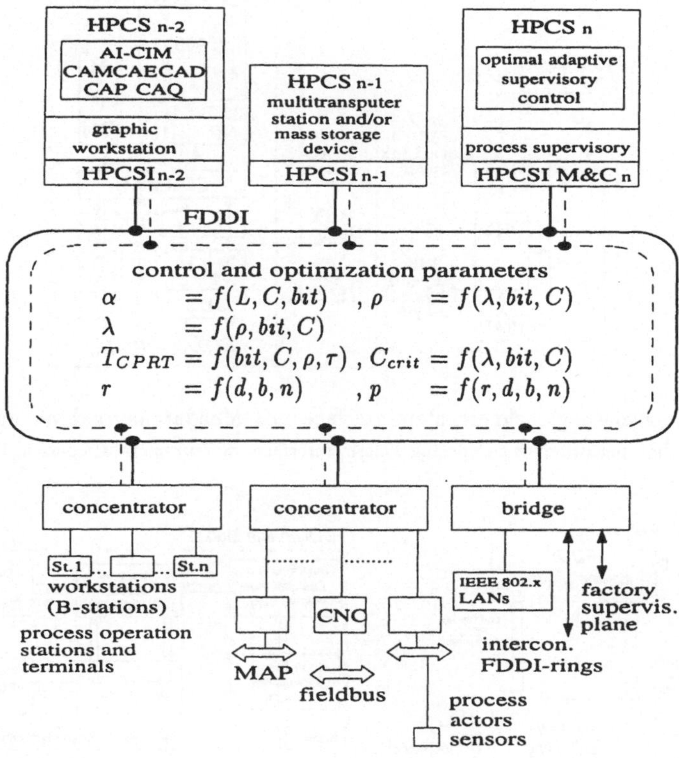

$$\alpha = f(L, C, bit) \quad , \rho = f(\lambda, bit, C)$$
$$\lambda = f(\rho, bit, C)$$
$$T_{CPRT} = f(bit, C, \rho, \tau) \quad , C_{crit} = f(\lambda, bit, C)$$
$$r = f(d, b, n) \quad , p = f(r, d, b, n)$$

Bild 1. Ein verteiltes Rechnersystem für Prozeßautomatisierung und die Regelungs- und Optimierungsparameter des Systems

des FDDI-Kommunikationssystems ermöglicht [6]. Eine *on-line Adaption* der den Datenfluß im FDDI-Ring bestimmenden Parameter ermöglicht eine dynamische Anpassung an sich verändernde Lastbedingungen und/oder Systemkonfigurationen, was zu einem *robusten* Realzeitverhalten des gesamten Kommunikationssystems führt. Die Struktur der optimalen, adaptiven, robusten Regelung des Systems (*optimal adaptive supervisory control*) ist in Bild 3 dargestellt. Eine dedizierte *Supervisory Station* im FDDI-Ring, die mit einem M & C Kommunikationsinterface ausgestattet ist, erfaßt als Monitor den Zustand (*aktuelle Lastbedingungen*) des gesamten Realzeitkommunikationssystems und generiert hieraus einen Lastzustandsvektor $\underline{L}_{FDDI}$, der einem Analysemodul zugeführt wird. Das Analysemodul ermittelt die Netzdynamik mittels des aktuellen- und der vergangenen Lastzustandsvektoren. Die *charakteristischen Gütemerkmale* liefern die Kostenfunktionale zur Optimierung des Parametervektors $\underline{\theta}_{FDDI}$ des Kommunikationssystems. Der errechnete, optimale Parametervektor $\underline{\theta}_{FDDI,opt}$ wird über die Monitorstation den Stationen im Kommunikationssystem zur Verfügung gestellt. Diese Vorgehensweise bezeichnen wir als *Tuning* des Systems.

34

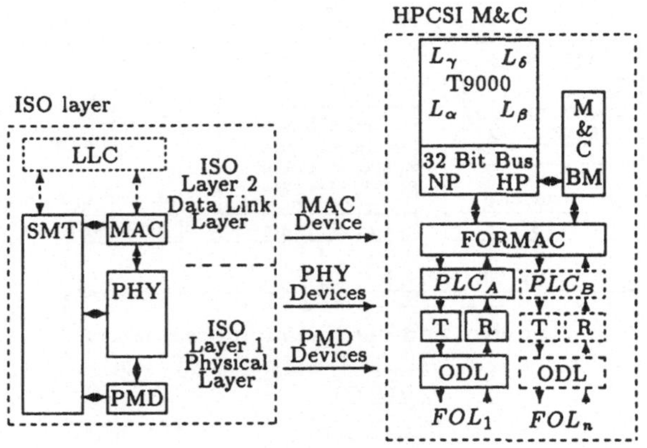

Bild 2. Hochleistungsrechnersysteminterface mit Meßdatenaufnahme und Regelung
(High performance computing system interface, measurement & control, HPCSI M &C)

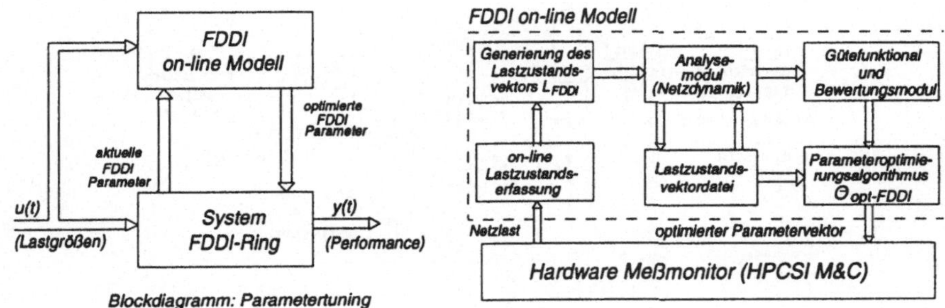

Bild 3. FDDI Parametertuning

2.2 Modellbildung und Simulation

Eine Abschätzung der Wirkungen geplanter Eingriffe in das reale System ist
bei der Entwicklung von Steuerungs- und Regelungsstrategien wichtig. Die analytische Modellbildung und Berechnung der charakteristischen Gütemerkmale
ermöglicht nicht die Analyse der Zusammenhänge im System. Für die Analyse des funktionalen und dynamischen Verhaltens moderner, verteilter Rechnersysteme für die Prozeßautomatisierung (paralleles, verteiltes Rechnen) ist ein
weiteres Modellierungswerkzeug einzusetzen, welches eine verifizierbare Analyse des Systemverhaltens unter verschiedenen Anfangsbedingungen (benötigte
Systembandbreiten) und Randbedingungen (charakteristische Systemparameter) ermöglicht. Ein Simulationswerkzeug zur Leistungsbewertung von Rechnersystemen, das die erforderten Eigenschaften besitzt, sind die Generalized
Stochastic Petri Nets (GSPN's). Mittels GSPN kann das funktionale Verhalten und das dynamische Verhalten des Modells eines verteilten Rechensystems
untersucht werden, wie z.B. gegenseitige Abhängigkeiten von Prozessen. Bild
4, zeigt das verifizierte GSPN-Modell eines FDDI-Realzeitkommunikationsinter-
face. Adäquate Simulationsmodelle helfen dem Netzwerkentwickler, ein besseres
Verständnis über die Funktionsabläufe innerhalb eines Netzwerkes zu erhalten.

3 Die FDDI Modellstudie

Die Spezifikation eines Simulationsmodells erfolgt allgemein in mehreren Phasen und in vielen Fällen nach der Top-Down-Strategie. Der erste Schritt ist das Aufstellen eines Lastenheftes, in dem die Simulationsaufgabe motiviert und die zu erreichenden Ziele eindeutig und vollständig festgehalten werden. Wird die Simulationsaufgabe unklar dargestellt, kann der Modellentwickler nicht sicher entscheiden, welche Systemkomponeten im Modell abgebildet werden müssen und welche er vernachlässigen kann. Auf der Basis des Lastenheftes erfolgt eine erste Erfassung der Systemstruktur, und die Bandbreite der in Frage kommenden Lösungsmöglichkeiten wird abgesteckt. In diesem ersten Abstraktionsschritt werden die relevanten Systemobjekte, ihre Attribute und Beziehungen untersucht, und es wird entschieden, welche Systemaspekte für die gestellte Aufgabe wesentlich sind und welche unberücksichtigt bleiben können. Die relevanten Systemgrößen und ihre Beziehungen werden zunächst informal beschrieben. Hierfür wird meist ein graphisch-deskriptives Medium verwendet, wie z.B. *Perti-Netze*. Im Mittelpunkt dieser Arbeit steht die Simulation eines FDDI-Rings und die Analyse seiner Echtzeiteigenschaften. Wird FDDI in der Automatisierungstechnik eingesetzt, sind Datenpakete zwischen verteilten Prozeßstationen unter Echtzeitbedingungen zu übertragen. Echtzeit bedeutet in diesem Falle, daß die Übertragung und Verarbeitung von Prozeßdaten innerhalb vorgegebener und vorhersagbarer Zeitschranken erfolgt, so daß der Leitrechner den realen Veränderungen im Prozeß unter allen Umständen folgen kann.

FDDI wurde im ANSI Auftrag entwickelt, und es handelt sich um ein Token-Passing Verfahren. Die funktionale Analyse des FDDI geschieht in dieser Arbeit durch Modellierung des MAC-Protokolls [2], das das Medienzugangsverfahren regelt und festlegt, wann eine Station senden darf. Eine FDDI-Station darf Daten senden, wenn sie im Besitz des Tokens (Sendeberechtigung) ist. Die Zugriffsregelung erfolgt zeitgesteuert über das Timed-Token-Rotation (TTR) Protokoll. Der Token-Rotation-Timer (TRT) in jeder FDDI-Station mißt die Zeit, die zwischen dem Aussenden und dem Wiedereintreffen eines freien Tokens vergeht. Die Umlaufzeit des Tokens ist von der Ringlatenz und von der Anzahl der Stationen im Ring, die ihr Senderecht für eine Übertragung nutzen, abhängig. Während der Initialisierungsphase des Rings wird die Target-Token-Rotation-Time (TTRT) festgelegt. Wenn der TRT abläuft, wird der Late-Counter (LC) um eins erhöht. Wenn der LC den Wert zwei erreicht, liegt ein Systemfehler, vor und der FDDI-Ring wird reinitialisiert. Das FDDI-Protokoll unterstützt den synchronen und den asynchronen Datentransfer. Die synchrone Datenübertragung zeichnet sich dadurch aus, daß jeder Station eine feste Bandbreite zugeordnet wird. Für die Übertragung von synchronen Daten, darf unabhängig vom Wert des Late-Counters jedes freie Token genutzt werden, während für die Übertragung von asynchronen Daten der Late-Counter Null sein muß. Es ist offensichtlich, daß der definierte TTRT-Wert einen wesentlichen Einfluß auf die Betriebseigenschaften des FDDI-Rings hat. Kleine TTRT-Werte garantieren kleine Verzögerungszeiten, große TTRT-Werte bewirken entsprechend höhere Wartezeiten an den einzelnen Stationen.

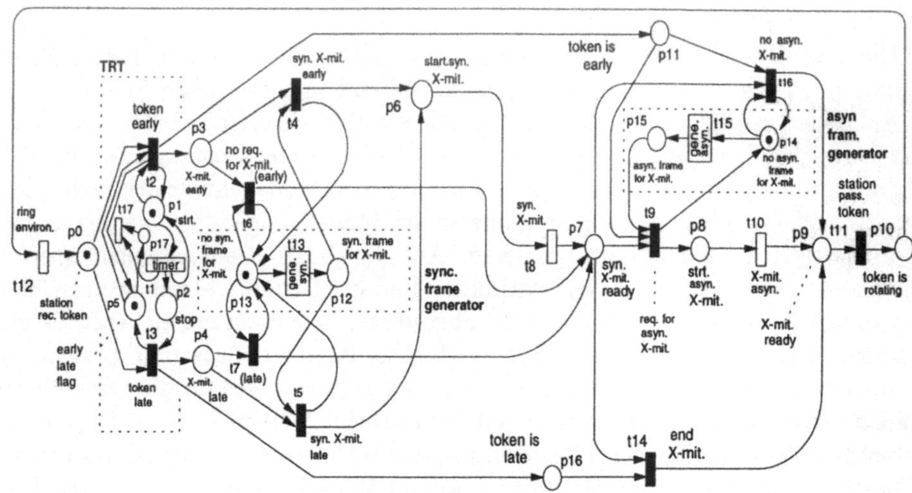

Bild 4. FDDI Petri Netz einer Station

4 Das Petri Netz Modell einer FDDI Station

Petri-Netze stellen die kausalen Zusammenhänge von dynamischen Systemen anschaulich dar, und deshalb wird hier in einem ersten Schritt ein Petri-Netzmodell einer FDDI-Station erstellt und analysiert. Die von C.A. Petri eingeführten Stellen-Transitionsnetze dienen zur funktionalen Analyse von parallelen, nebenläufigen Systemen. Erfüllte Bedingungen oder das Auftreten bestimmter Zustände werden durch Marken dargestellt. Die Dynamik des modellierten Prozesses wird durch den Markenfluß innerhalb des Netzes nachgebildet, und definierte Schaltregeln bestimmen, wann Transitionen schalten können. Um den Zeitbegriff in ein Petri-Netz zu integrieren, werden den Transitionen Zeitfunktionen zugeordnet. Diese Zeitfunktionen können deterministisch oder stochastisch sein, in diesem Fall spricht man von stochastischen Petri-Netzen (SPN). Eine Erweiterung der SPN's sind Generalisierte Stochastische Petrinetze (GSPN), bei denen sowohl zeitbehaftete (timed) als auch zeitlose (immediate) Transitionen im gleichen Netz erlaubt sind. Zeitlose Transitionen modellieren Zustandsübergänge, die in Nullzeit erfolgen. Graphisch werden zeitlose Transitionen in diesem Artikel durch ausgefüllte und zeitbehaftete Transitionen durch unausgefüllte Rechtecke dargestellt. Das Petri-Netz einer FDDI-Station in Bild 4 besteht prinzipiell aus drei Hauptblöcken, dem Token-Rotation-Timer (TRT), dem Synchronous-Frame-Generator (SFG) und dem Asynchronous-Frame-Generator (AFG). Erreicht ein Token die FDDI-Station (Marke auf $p0$), kann es sich dabei um ein *early* oder *late* Token handeln, was vom TRT abhängt. Die Transition $t1$ modelliert die gewünschte Tokenumlaufzeit. Wenn der Token die Station erreicht bevor der TRT abgelaufen ist ($t1$ hat nicht geschaltet), können synchrone und asynchrone Daten gesendet ($t2$, $p3$, $t4$, $p6$, $t8$, $p7$, $t9$, $p8$, $t10$, $p9$, $t11$) werden. Eine Marke auf $p12$ (synchrone Daten) und/oder auf $p15$ (asynchrone Daten)

Transitions		
name	acronym	meaning
t1	• TRT timer (timed)	• fires when TTRT expires
t2	• token early	• fires when incoming token is early (TRT has not expired)
t3	• token late	• fires when incoming token is late (TRT has expired)
t4	• syn. X-mit. early	• fires when synchronous frames are queued for transmission and incoming token was early
t5	• syn. X-mit. late	• fires when synchronous frames are queued for transmission and incoming token was late
t6	• no req. for X-mit. (early)	• fires when synchronous frames are queued for transmission and incoming token was early
t7	• no req. for X-mit. (late)	• fires when no synchronous frames are queued for transmission and token was late
t8	• syn. X-mit. (timed)	• fires when all synchronous frames are transmitted
t9	• req. for asyn. X-mit.	• fires when asynchronous frames are queued for transmission and synchronous transmission accomplished
t10	• asyn. X-mit. (timed)	• fires when all asynchronous frames are transmitted (THT expired)
t11	• station pass. token	• fires when transmission is accomplished
t12	• ring environment	• fires when a token attains the station (t12 models the rest of the ring)
t13	• gene. (syn.) (timed)	• fires when the average synchronous frame generation time expires
t14	• end X-mit.	• fires when synchronous transmission is ready and if the token was late
t15	• gene. (asyn.) (timed)	• fires when the average asynchronous frame generation time expires
t16	• no asyn. X-mit	• fires when no asynchronous frames are queued for transmission

Places		
name	acronym	meaning
p0	• station rec. token	• station receives a token
p1	• TRT start	• TRT timer start position
p2	• TRT stop	• TRT-timer stop position (TRT has expired)
p3	• X-mit. early	• the incoming token is early TRT has not expired
p4	• X-mit. late	• the incoming token is late TRT has expired
p5	• early, late flag	• registrates if token was early or late
p6	• start syn. X-mit.	• station starts the transmission of synchronous frames
p7	• syn. X-mit. ready	• all synchronous frames are transmitted
p8	• start asyn. X-mit.	• station starts the transmission of asynchronous frames
p9	• X-mit. ready	• all frames (synchronous and asynchronous) are transmitted
p10	• token is rotating	• token is rotating on the ring
p11	• token is early	• registrates if token was early
p12	• syn. frame for X-mit.	• synchronous frame generator has frames queued for transmission
p13	• no syn. frame for X-mit.	• synchronous frame generator has no frames queued for transmission
p14	• no asyn. frame for X-mit.	• asynchronous frame generator has no frames queued for transmission
p15	• asyn. frame for X-mit.	• asynchronous frame generator has frames queued for transmission
p16	• token is late	• registrates if token is late

Tabelle1. FDDI PN transition table   **Tabelle2.** FDDI PN place table

bedeutet, daß Daten zur Übertragung gespeichert sind. Erreicht der Token die Station, nachdem TRT geschaltet hat (Token late), darf die Station nur synchrone Daten übertragen ($t3$, $p4$, $t5$, $p6$, $t8$, $p7$, $t14$, $p9$, $t11$). Die Analyse des Petrinetzes erfolgt mittels des Erreichbarkeitsgraphen. Die Frage nach der Erreichbarkeit einer bestimmten Markierung in einem Netzmodell ist die Frage danach, ob das System einen bestimmten Zustand annehmen kann, und wie es diesen Zustand erreicht. Werden die Zustandsübergänge in einer Matrix zusammengefaßt, erhält man die Generatormatrix $\underline{G}$ der dem Petrinetz unterliegenden Semimarkovkette, und durch Elimination der zeitlosen Zustände erhält man die Matrix der Markovkette. Werden die FDDI-Paramater nicht den Lastbedingungen entsprechend eingestellt, können die Warte- und Bedienzeiten an den einzelnen Stationen vorgegebene Zeitschranken übersteigen. Das hat in Stationen, die z.B. Prozeßmeßdaten erfassen, zur Folge, daß Steuer- oder Regelgrößen aus zu weit zurückliegenden Meßwerten berechnet werden. Die Datentransferzeit zwischen zwei Stationen im FDDI Ring kann annähernd durch die folgende

Beziehung beschrieben werden [1] :

$$T_{avg} = \frac{\rho\, E(T_B^2)}{2\,(1-\rho)\, E(T_B)} + \frac{\tau\,(1 - \frac{\rho}{N})}{2\,(1-\rho)} + E(T_B) + t_p.$$ (1)

Der erste Term in der Gleichung beschreibt den Erwartungswert für die Wartezeit eines Paketes in der Stationswarteschlange, der Zweite ist der Erwartungswert für die Tokenwartezeit, $E(T_B)$ ist die mittlere Paketbedienzeit, und tp ist die Signallaufzeit bis zum Adressaten. Für die analytische Untersuchung des FDDI-Systems kann das aus dem Petrinetz abgeleitete Markov-Modell dienen. Das Hauptinteresse bei der Betrachtung von Markovketten gilt stets der Untersuchung auf stationäre Zustände, oder unter welchen Bedingungen ein solcher erreicht werden kann. Ein stationärer Zustand stellt sich dann ein, wenn der Prozeß hinreichend lange aktiv ist und alle Einschwingvorgänge abgeklungen sind. Die Wahrscheinlichkeit für das Eintreten eines Prozeßzustandes ist dann unabhängig vom Anfangszustand und ändert sich nicht mehr mit der Zeit. Ändern sich in einem System die Randbedingungen so schnell, daß ein stationärer Zustand nicht eintreten kann und das System einen transienten Charakter hat, ist zu untersuchen, ob das System durch die Chapman/Kolmogorov Differentialgleichung beschrieben werden kann. Bei sehr komplexen Systemen ist es sehr schwierig oder auch unmöglich, die Chapman/Kolmogorov Gleichung zu lösen. Darum ist die Simulation die einzige Möglichkeit, das dynamische Prozeßverhalten zu untersuchen.

5 FDDI als Basis für AI-CIM

Die hier vorgestellte FDDI-Modellstudie zeigt eine Methodologie zur Optimierung von Kommunikationsnetzen und gibt dem CIM-Anwender Richtlinien zur optimalen Netzwerkgestaltung. CIM (Computer Integrated Manufacturing) steht für die integrierte Prozeßdatenverarbeitung im Produktionsbetrieb. Die Informationsinfrastruktur ist ein wesentlicher Unternehmensfaktor im internationalen Wettbewerb. Die durch Computerintegration bewirkten Kosten- und Zeitvorteile sind eindeutig und die notwendige Flexibilität für kundenspezifische Aufträge ist nur mittels eines vollständig integrierten CIM-Konzeptes, das die Industrie- als auch die Bürofunktionen gleichermaßen berücksichtigt, erreichbar. In den vergangenen Jahren ist versucht worden, ein Vernetzungskonzept für die Realisierung eines durchgängigen Informationsflusses für die rechnerintegrierte Produktion zu entwickeln. Obwohl ein ISO OSI-Standard (Open System Interconnection) definiert wurde und damit ein wesentlicher Schritt in Richtung offener Schnittstellen gemacht wurde, muß der CIM-Anwender in vielen Fällen seine unterschiedlichen CAx-Komponenten (CAx = Computer Aided component) anpassen. Die Organisationsstruktur eines modernen Fabrikbetriebes hat sich dem Auftragsverhalten ihrer Kunden anzupassen. Dieses bewirkt eine ständige Veränderung der Arbeitsaufteilung und des Arbeitsablaufes.

Die Bearbeitung von kundenspezifischen Aufträgen und die *just-in-time* Produktion (*customer-focused enterprise*) erfordern eine flexible Fertigungstechnik

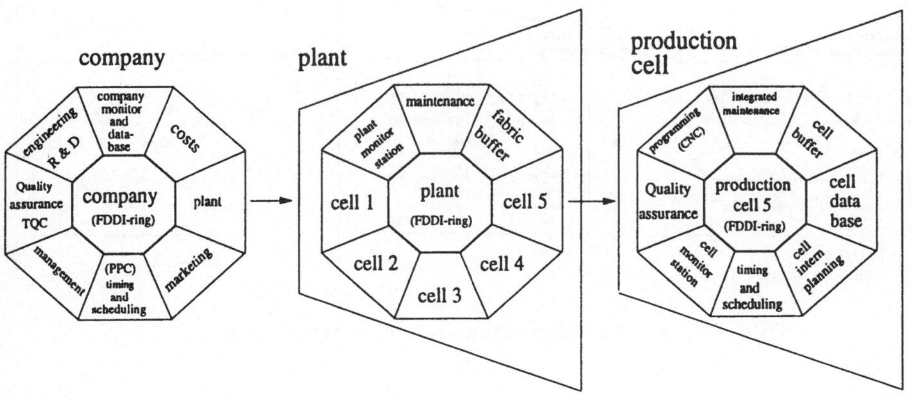

Bild 5. Fraktale Zellenstruktur einer modernen Fabrik

und den Einsatz autonomer Produktionszellen. In großen Unternehmen erfolgt zur Zeit eine Umstrukturierung der internen Betriebsorganisation, wobei die traditionelle kompakte Struktur in kleine autonome Einheiten, sog. Fraktale, aufgeteilt wird, wie in Bild 6 gezeigt. Die Orientierung in Richtung *fraktale Fabrik* [5] erfordert eine intensive innerbetriebliche Kooperation, um rentabilitätssteigernde Effekte für das Unternehmen zu erzielen. Mittels FDDI kann ein modulares Vernetzungskonzept realisiert werden, mit dem in einfacher Weise ein hierarchich organisierter Informationsfluß implementiert werden kann, weil das Gesamtsystem aus identischen Grundelementen besteht (Bild 6). In Zukunft werden auch verstärkt intelligente Steuerungs- und Regelungssysteme (Intelligent Manufacturing Systems) zur Produktionsüberwachung und on-line Diagnose (Total Quality Management) zum Einsatz kommen, was eine zusätzliche Steigerung der betriebsinternen Datenmenge mit sich bringen wird. Die fraktale Informationsstruktur basiert auf einem modularen Konzept, das den jeweiligen aktuellen Betriebsanforderungen entsprechend erweitert und angepaßt werden kann. Zusammen mit intelligenten CIM-Endgeräten wird diese Informationsstruktur mit AI-CIM (Advanced Intelligent Computer Integrated Manufactoring) bezeichnet.

6 Ausblick

Die Entwicklung eines Simulationsmodells ist ein komplexer Vorgang, der aus einer Vielzahl von Einzelschritten besteht. In jeder Phase der Modellbildung können Fehler entstehen, die zu einer teilweisen oder sogar vollständigen Ungültigkeit des Modells führen können. Wenn Simulationsexperimente ein Ersatz für die Untersuchungen am realen System sein sollen, muß die Validität des Modells

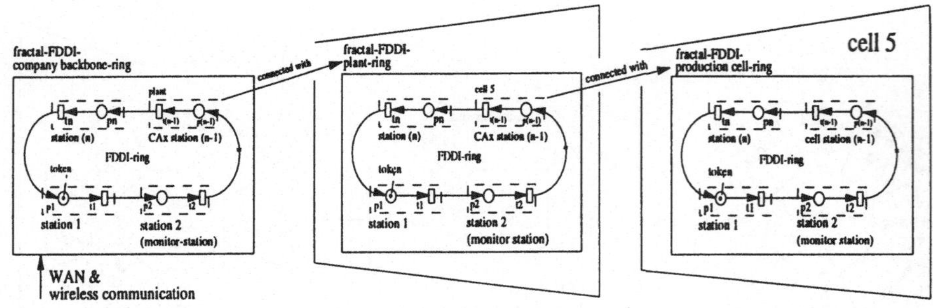

Bild 6. Fraktaler Informationsfluß in einer Fabrikumgebung

sichergestellt sein bevor man zur Implementierung übergehen kann. Die Validierung eines Software-Entwurfs ist schwierig, weil ein Nachweis der Richtigkeit nicht formal beweisbar ist. Sie kann aber durch die Anwendung eines strukturierten Software-Entwurfs und einer systematischen Dokumentation unterstützt werden.

Der Entwurf von Simulationssoftware ist mit dem Entwurf von Software für die Prozeßautomatisierung vergleichbar, da die Echtzeit-Anforderungen ähnlich sind. Dieses dient der Motivation für die geplante Verwendung von PEARL (Process and Experiment Automation Real-time Language) als Entwurfs- und Implementationssprache für ein Simulationswerkzeug zur Analyse und Bewertung von FDDI-Realzeitkommunikationssystemen in AI-CIM Anwendungen. Die Aufgabe vereinfacht sich dadurch, daß PEARL neben der Anwendung als Realzeitprogrammiersprache auch als Entwurfsmittel (PEARL-orientierter Entwurf) eingesetzt werden kann [4].

Literatur

1. G. Bolch. *Leistungsbewertung von Rechensytemen mittels analytischer Warteschlangenmodelle.* B. G. Teubner, Stuttgart, 1989.
2. ISO 9314-2. *Information processing systems - Fibre Distributed Data Interface (FDDI) - Part 2: Token Ring Media Access Control (MAC),* 1989.
3. D. Popović and V.P. Bhatkar. *Distributed Computer Control for Industrial Automation.* Marcel Dekker, Inc., New York and Basel, 1990.
4. G. Thiele. *Software-Entwurf in PEARL-orientierter Form, Realzeit-Anwendungen aus der Prozeßautomatisierung.* B. G. Teubner, Stuttgart, 1993.
5. H.J. Warnecke. *The Fractal Company.* Springer-Verlag, Berlin, 1993.
6. H. Westphal. Implementation and test of an low-cost FDDI ring with control and optimization parameter adaption for real-time process automation. University of Bremen, © Institute of Automation Technology, research, development and test report, system inquiries are welcome: westphal@theo.physik.uni-bremen.de, 1992.
7. H. Westphal. Introduction into fundamentals of Distributed, High-Performance Computing Systems in Engineering. In : *High-performance computing,* Power, H. and Brebbia, C.A. (Eds.), Elsevier Applied Science, London, New York, 1994. Computational Mechanics Publications, Southampton, Boston.

Racoon

—

Unterstützung multimedialer
Echtzeit-Kommunikationsanwendungen

Dirk Husemann*

IMMD IV
Friedrich-Alexander-Universität
Erlangen-Nürnberg

1 Multimediale Datenströme aus Echtzeit-Perspektive

Verteilte multimediale Kommunikationsapplikationen stellen spezielle Anforderungen an die Art und Güte der benötigten Kommunikationskanäle:

- Minimale Verzögerungen,
- maximaler Durchsatz,
- Resourcenmanagement,
- Garantien bezüglich der zur Verfügung stehenden und tatsächlich benutzten Bandbreiten und auch
- multimediale Synchronisation

sind einige Aspekte, die für die Übertragung multimedialer Datenströme von Interesse sind.

1.1 Charakteristika multimedialer Datenströme

Charakteristisch für multimediale Kommunikationssysteme ist vor allem, daß mehrere Medien — Sprache, Stand- und Bewegtbild, Text und Zeichnungen — verwendet werden und die Benutzer eine hohe *Echtzeiterwartung* aufweisen: Die Kommunikation soll als *Dialog* oder gar als *Diskussion* ablaufen, die erwarteten Antwortzeiten sind dementsprechend gering bemessen. Die Anzahl der Kommunikationspartner bewegt sich in einem relativ großen Interval von zwei Teilnehmern (Dialog) über 5–6 (Gruppenarbeit) bis in die Tausende (Konferenzen). Aber auch durch *Video-on-Demand (VoD)* werden ähnliche Anforderungen gestellt, da der Verbraucher ein ähnliches Verhalten des VoD-Servers erwartet, wie er es von einem konventionellen Videorekorder gewohnt ist: Sofortiges Vor- und Zurückspulen, Schnelles Vorspulen, ...

---

* Email: *husemann@informatik.uni-erlangen.de*

1.2 Art und Struktur multimedialer Datenströme

Wie andere Datenströme auch weisen die Daten multimedialer Datenströme eine bestimmte *Struktur* auf, die im wesentlichen durch die verwendete Hardware und Kodierungsverfahren bestimmt ist: Videodaten sind z.B. Frames zugeordnet. Bedingt durch die menschliche Signalverarbeitung sind Datenverluste in Video- und Audiodaten bis zu bestimmten Größen ohne merkbaren Qualitätsverlust tolerierbar. Werden die multimedialen Datenströme hingegen komprimiert, ist in den meisten Fällen ein Datenverlust einem Verlust der übergeordneten Verarbeitungseinheit gleichzusetzen (z.B. das zugehörige Videoframe).

1.3 Anforderungen multimedialer Datenströme an Betriebssysteme und Netzwerke

Den skizzierten Applikationssystemen ist gemeinsam, daß sie folgende Anforderungen an die zu verwendenden Betriebssysteme und Netzwerktechnologien stellen (Abbildung 1):

- *minimale temporale Distanz zwischen Kommunikationspartnern,* d.h. kurze Antwortzeiten,
- *minimale Synchronisationsdistanz,* d.h. die temporale Distanz zwischen *Synchronisationseinheiten* innerhalb des multimedialen Datenstroms,
- *minimale Verlustraten* auf den Übertragungstrecken, um (teuere) Fehlerkorrekturverfahren zu vermeiden,
- *hoher Bandbreiten-Bedarf* (eine Bewegtbildübertragung mit 25 Frames/Sec. beansprucht leicht 1 Mbit/s bei Viertelbildübertragung),
- *Bandbreiten-Garantien* und
- Verarbeitung von *Bursts* (Videobildübertragung erzeugt keinen kontinuierlichen Datenstrom, sondern 25 Bursts hoher Datenmengen pro Sekunde).

Aus Sicht des Dienstanbieters kommen zusätzlich Anforderungen wie *Fairness* der Nutzer (es wird nicht mehr an Bandbreite verbraucht als vereinbart, es bleibt nicht unnötig Bandbreite ungenutzt) hinzu.

Interessant aus dem Blickwinkel der Echtzeit-Datenverarbeitung sind insbesondere die Gewährleistung minimaler temporaler Distanz sowohl zwischen Kommunikationspartnern als auch innerhalb zusammengehörender Synchronisationseinheiten im multimedialen Datenstrom und die in der Regel anzutreffende (für multimediale Kommunikationssysteme typische) *geographische Verteiltheit* der kommunizierenden Systeme.

Betriebssystem und *Netzwerk* sind die beiden wesentlichen Komponenten multimedialer Kommunikationsapplikationen:

- Die Art der vom Betriebssystem zur Verfügung gestellten I/O-Abstraktionen und ihre Leistungsfähigkeit, sowie die Scheduling-Möglichkeiten des Betriebssystems entscheiden darüber, ob und

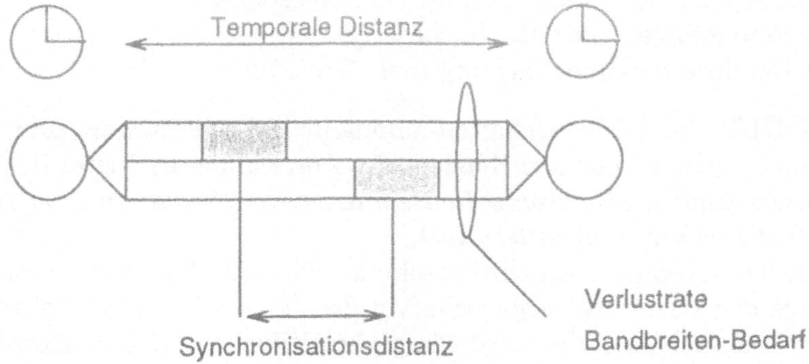

Abbildung1. Anforderungen multimedialer Kommunikationssysteme

wie gut multimediale Kommunikationssysteme prinzipiell auf einer Betriebssystem-Plattform ablaufen können: Ist das Betriebssystem z.B. nicht in der Lage, Videodaten hinreichend schnell vom Netzwerk entgegenzunehmen, zu verarbeiten (dekomprimieren, aufbereiten, filtern, etc.) und an eine Video-Ausgabeeinheit weiterzugeben, erübrigt sich jeder Gedanke an eine Bewegtbildübertragung.

- Die Entscheidung für eine bestimmte Netzwerktechnologie legt gleichzeitig auch die maximal möglichen Dienstgüte-Parameter (*Quality of Service, QOS*) fest: Eine Netzwerktechnologie, die nicht-verbindungsorientiert und nicht-verlustfrei arbeitet, erfordert wesentlichen zusätzlichen Aufwand, um die in Abschnitt 1 gestellten Anforderungen zu erfüllen.

Der Schwerpunkt dieses Artikels liegt auf der verwendeten Netzwerktechnologie.

2 Existierende Netzwerktechnologien

Ein ideales Netzwerk würde verlustfrei arbeiten (*non-lossy*) und unbegrenzte Bandbreite aufweisen. Anforderungen wie minimale temporale Distanz, minimale Synchronisationsdistanz und Fairness wären in einem solchen idealen Netzwerk *a priori* erfüllt.

Ideale Netzwerke sind selten anzutreffen — die meisten Bemühungen und Implementierungen setzen auf der *IP-Internet-Protocol-Suite* auf. Vorwiegend werden *UDP* (User Datagram Protocol) und *RTP* (Real-Time Protocol)[SC93] für multimediale Applikationssysteme verwendet.

Beiden Ansätzen zu eigen ist, daß sie auf der IP Ebene aufsetzen und somit die charakteristischen Eigenschaften des IP quasi "vererbt" bekommen:

- Verlust-behaftete Übertragung (*lossy*),

- nicht-deterministischer Paket-Verlust,
- verbindungslos, und damit inherent einhergehend
- keine Reihenfolgen-Garantie (*disorderly*) und
- keine Bandbreiten-Überwachung und -Kontrolle.

Während UDP diese Eigenschaften unmodifiziert übernimmt und auch darüberhinausgehend nur das Konzept des *Ports* anbietet, kennt das RTP Konzepte wie *Kanäle, Synchronisationseinheiten,* und *Sequenznummern* zur Verlust-Überwachung und *Zeitstempel.*

Alternative Netzwerkschicht-Protokolle wie *ST-II*[Top90] versuchen zwar einige der 'negativen' Eigenschaften des IP — wie z.B. Bandbreiten-Kontrolle — zu beheben, die Kern-Charakteristiken (*lossy* und *disorderly*) weist jedoch auch das ST-II auf. Hinzu kommt, daß die Verwendung des ST-II für weitverteilte multimediale Kommunikationsanwendungen es erforderlich macht, eine große Anzahl existierender Internet-Router für das ST-II-Protokoll zusätzlich auszurüsten. Die Lösung, UDP oder RTP zu verwenden, ist somit akzeptabler und findet sich z.B. in Groß-Experimenten wie dem *MBone*[Dee91] angewendet.

2.1 Fallstudie: *MBone*

Exemplarische multimediale Applikationssysteme, die im MBone eingesetzt werden, sind:

vat: Dient zur Sprachübertragung für Dialog-, Diskussions- und Konferenzapplikationen, unterstützt mehrere Codierungsverfahren,
nv: Dient der Bewegtbildübertragung im Slow-Speed-Bereich (1-10 Frames/Sec.), unterstützt verschiedene Codierungsverfahren
ivs: Bewegtbildübertragung, ähnlich nv
sd: *Session Director*, Werkzeug zur Koordinierung und Anzeige unterschiedlicher multimedialer Sessions,
wb: Eine sogenannte *Whiteboard-Applikation*, ein verteiltes, interaktives Projektionssystem

Typisch für die auf IP-Basis operierenden MBone-Applikationen ist, daß

- die *lossy* Eigenschaft ausgenutzt wird, um die temporale Distanz einfach und kostengünstig — zumindest teilweise — zu minimieren:
  Reicht die Bandbreite nicht aus, um den multimedialen Datenstrom ungehindert durchzulassen, wird dies aufgrund des IP-Protokolldesigns nach kurzer Zeit zu Paketverlusten führen (da die Queues in den Routern überlaufen). Es gehen somit Synchronisationseinheiten verloren, die nicht mehr bei den Empfängern angezeigt werden können, die temporale Distanz verringert sich also.
  Die Minimalisierung der temporalen Distanz läßt sich allerdings nur dann beobachten, wenn die auf IP aufsetzenden Protokolle selber *keine* Neuübertragungen (*Retransmission*) veranlassen, anderfalls

müssen Mechanismen analog den im TCP implementierten *Van-Jacobsen-Algorithmen*[Jac88] verwendet werden, um einem Link-Kollaps vorzubeugen,

- die *Flußkontrolle* somit aus dem Betriebssystem heraus in das Netzwerk verlagert wird, die Applikationen und die beteiligten Gateways keine echte Kontrolle über den aktuellen Datenstrom haben, und damit
- nicht kontrolliert werden kann, *welche* Pakete *wann* verworfen werden, die Verwurfsstrategie ist *nicht-deterministisch*, außerdem
- die Ausnutzung der vorhandenen Bandbreiten durch einzelne Applikationen *nicht begrenzt* werden kann, die Fragestellung der Fairness somit auf den Kooperationswillen der Benutzer angewiesen ist.

Zusammenfassend läßt sich sagen, daß die existierende MBone-Lösung, auf IP-basierende Übertragungsprotokolle für multimediale Kommunikationsapplikationen zu verwenden, durch die für multimediale Datenströme ungünstigen Charakteristika des IP geprägt ist. Wünschenswert wären Übertragungskanäle, die eine bessere Kontrolle der Verwurfsstrategien und der Bandbreitennutzung ermöglichen. Fraglich ist, ob die Lösung der Flußkontroll-Problematik und die Minimierung der temporalen Distanz durch Verlagern auf das Netzwerk im Interesse der Applikationssysteme ist.

3 Das Racoon-Projekt

Die im Abschnitt 2.1 geschilderten Beobachtungen führten zu der Überlegung, daß aufgrund der Struktur der übertragenen Daten (Abschnitt 1.2) *deterministische* Verwurfsstrategien eine wesentliche Verbesserung der bereitgestellten Dienstgüte zur Folge haben sollten. Weitere Verbesserungen lassen sich dadurch erzielen, daß die Router untereinander kooperieren und durch Wissen über ihren *Verbindungskontext* die jeweilige Verwurfsstrategie parametrisiert wird.

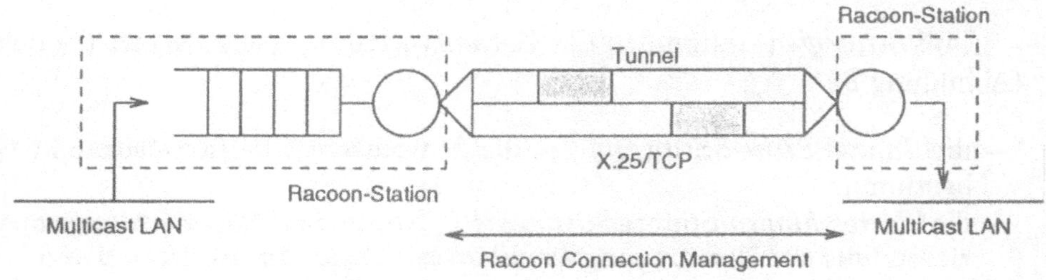

Abbildung2. Struktur des *Racoon*-Systems

Im Projekt *Racoon* wurde versucht, diese Überlegungen prototypisch umzusetzen. Um unter möglichst günstigen Verbindungen zu arbeiten, wurde als Netzwerk eine *verlustfrei (loss-less)* arbeitende Hochgeschwindigkeits-Netzwerktechnik (Hi-Speed CONS) verwendet, so daß fast ausschließlich die in den Routern verwendeten Verwurfsstrategien über die erzielte Leistung bestimmten. Weiteres Entwurfskriterium war die Ausrichtung sowohl auf den LAN- als auch auf den WAN-Bereich, um Messungen sowohl im Labor, aber auch unter Produktionsbedingungen durchführen zu können (siehe Abbildung 2).

3.1 Struktur des Racoon-Systems

Das Racoon-System besteht konzeptionell aus einer Menge kooperierender Racoon-Knoten. Je zwei Knoten spannen einen *Racoon-Tunnel* auf (Abbildung 2): Ein Racoon-Tunnel kann aus einer oder mehreren Netzwerk-Verbindungen (*Single-Link* oder *Multi-Link*) bestehen. Beide an einem Tunnel beteiligten Racoon-Knoten wirken über das *Racoon-Connection-Management-Protocol (CMP)* zusammen. Jeder Racoon-Knoten verfügt über einen oder mehrere Zugangspunkte, eine Warteschlange und einen Tunnel-Zugangspunkt, der aus der Warteschlange bedient wird.

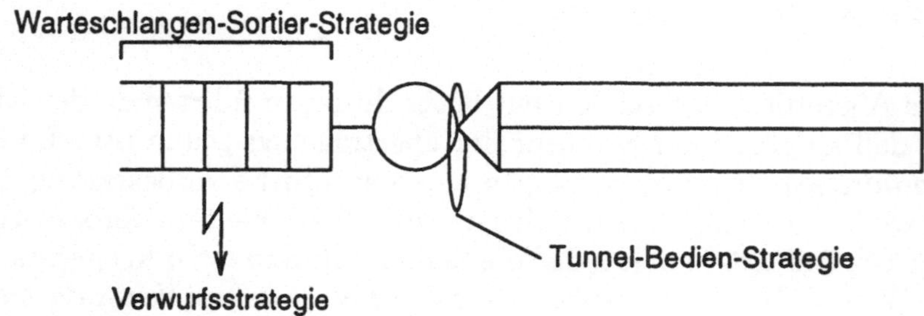

Abbildung 3. Strategien im Racoon

Drei *Strategien* bestimmen das Gesamtverhalten eines Racoon-Tunnels (Abbildung 3):

- die *Tunnel-Bedien-Strategie* S_T, die den nächsten Bedien-Zeitpunkt t_T bestimmt,
- die *Warteschlangen-Sortier-Strategie* S_S, die auf der Warteschlange operierend die zur Übertragung anstehenden Pakete (um-)sortiert, und
- die *Verwurfsstrategie* S_D, die die zuverwerfenden Pakete ermittelt.

Alle Strategien arbeiten im Racoon-System unabhängig voneinander.

Die Konfiguration und Steuerung eines Racoon-Tunnels erfolgt über eine sogenannte Racoon-Shell *Rash*, die in der Lage ist, sowohl den lokalen als auch den entfernten Knoten zu kontrollieren. Parameter-Sets (wie teilnehmende Racoon-Knoten, Start- und Stopzeiten, Protokollierung und Meßwertgewinnung) können Tunnel-bezogen in eigenen Datenbasen gespeichert und später erneut wieder abgerufen werden.

4 Strategien im *Racoon*

Das Konzept der Racoon-Software ist explizit darauf ausgelegt, ein Experimentiersystem zu sein. Die leichte Austauschbarkeit der zuverwendenden Strategien ist dabei ein Kernaspekt. Über die *Rash* können für jeden von einem Racoon-Knoten ausgehenden Tunnel die jeweiligen Strategien einzeln gesetzt werden. Neue Strategien können als Code-Fragment in die Racoon-Software eingebunden werden.

4.1 Tunnel-Bedien-Strategien S_T

Grundsätzlich sind zwei Tunnel-Bedien-Strategien möglich:

- Strategie *AtOnce* (S_T^{AO}) — jedes Paket, das am Anfang der Queue steht, wird sobald wie möglich in den Tunnel geschickt.
- Strategie *Rate Control* (S_T^{RC}) — ein am Anfang der Queue stehendes Paket P_i kann erst dann in den Tunnel geschickt werden, wenn die nach der Rate r_T eigentlich notwendige Sendedauer des Pakets P_{i-1} abgelaufen ist.

Die Strategie S_T^{AO} entspricht der normalen Sende-Strategie IP-basierter Systeme. Ausgehend von den in Abschnitt 1.3 aufgestellten Anforderungen multimedialer Datenströme ist es offensichtlich, das die Strategie S_T^{RC} für die Zwecke multimedialer Kommunikation besser geeignet ist als die Strategie *AtOnce*.

Die Einhaltung der vorgegebenen oberen Tunnelrate r_T läßt sich effizient garantieren. Ausgehend von der durch r_T bestimmten Paketübertragungsdauer $\Delta t_i^p(P_i)$ des Pakets P_i und dessen Länge $l(P_i)$

$$\Delta t_i^p(P_i) = \frac{l(P_i)}{r_T} \tag{1}$$

ergibt sich der nächste zulässige Sendezeitpunkt T_{i+1} aus

$$T_{i+1} = T_i + t_i^p(P_i), \tag{2}$$

und damit die zu einem Zeitpunkt T $(T_i < T \leq T_{i+1})$ noch übrige Wartezeit $\Delta t_W(T)$ zu

$$\Delta t_W(T) = T_{i+1} - T \tag{3}$$

beziehungsweise mit 1 und 2

$$\Delta t_W(T) = T_i + \frac{l(P_i)}{r_T} - T \qquad (4)$$

Durch Auswertung von Gleichung 4 läßt sich dann der Kanal mit der kürzesten Restwartezeit und dem nächsten Bedienzeitpunkt ermitteln, und somit die vorgegebene Rate r_T einhalten.

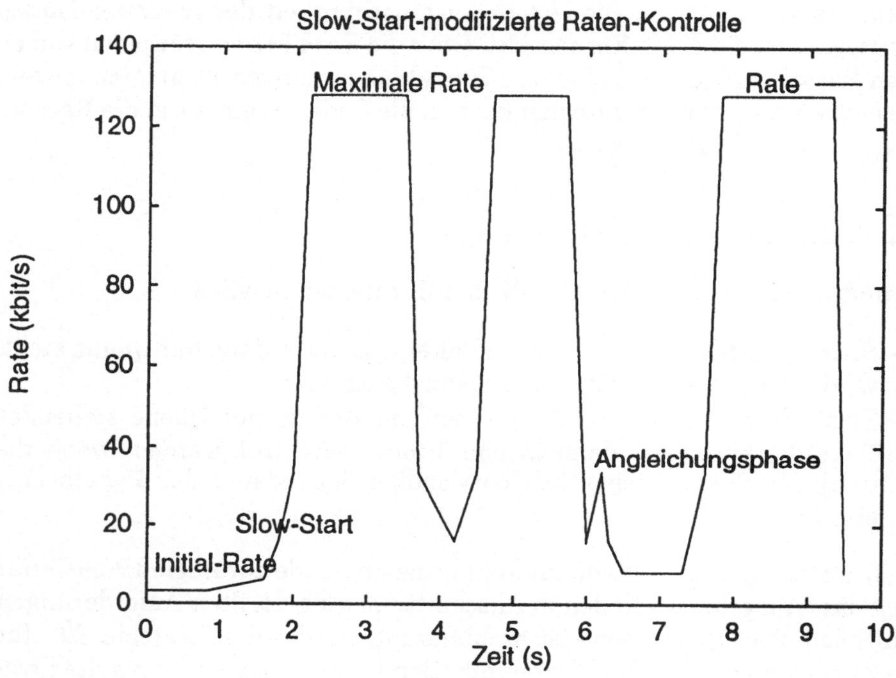

Abbildung 4. Raten-Kontrollierter Racoon-Datenstrom

Das Racoon-System verwendet außerdem eine auf Raten-kontrollierte Systeme angepaßte Variante des *Slow-Start-Algorithmus* von Van Jacobsen ([Jac88]), um die Senderate bei Bedarf (geringere zur Verfügung stehende Bandbreite) zu drosseln. Für die Anwendung des Slow-Start-Algorithmus (auch in seiner modifizierten Form) ist es notwendig, relativ gute Schätzwerte der *Round-Trip-Times (RTT)* zu haben, da aus der zeitlichen Entwicklung der RTT Schlüsse über die aktuell zur Verfügung stehende Bandbreite gezogen werden (und die Senderate entsprechend angepaßt wird). Abbildung 4 zeigt beispielhaft die Entwicklung der Senderate über einen längeren Zeitraum.

4.2 Warteschlangen-Sortier-Strategie S_S

Neben der Tunnel-Bedien-Strategie S_T läßt sich das Verhalten des Racoon-Tunnels durch die Reihenfolge der Pakete in der Warteschlange bestimmen:

- Strategie S_S^{FIFO} — es wird keine Sortierung vorgenommen, die Pakete werden in der Reihenfolge ihres Eintreffens in die Queue übernommen, es resultiert eine FIFO-Abarbeitung — analog zu IP-basierten Netzen.
- Strategie S_S^{MaxD} — die ältesten Pakete (d.h. mit der längsten Verweildauer in der Warteschlange), für die eine *maximale Verzögerung* d_{max} bei Verwendung des nächsten zu verwendenden Kanals (siehe auch Abschnitt 4.1) noch eingehalten werden kann, werden zuerst gesendet.
- Strategie $S_S^{SyncSet}$ — die Pakete werden innerhalb der Warteschlange entsprechend ihrer Zugehörigkeit zu *Synchronisationseinheiten* sortiert, somit also Synchronisationsmengen (*Sync Sets*) gebildet, und die Sync Sets entsprechend ihrer Verweildauer in der Queue.

Die Strategie S_S^{MaxD} bewirkt, daß langsameren Kanälen jüngere und schnelleren Kanälen ältere Pakete zugewiesen werden, und somit die durchschnittliche Verzögerung minimiert wird. Falls nur ein Kanal benutzt wird, oder die maximale Verzögerung hinreichend groß ist, verhält sich S_S^{MaxD} wie S_S^{FIFO}.

Die Bildung von Sync Sets und die entsprechende Sortierung der Queue sorgt für eine Gruppierung von Paketen, die in einer *Synchronizitätsbeziehung* zueinander stehen (z.B. der zu einem Video-Frame gehörende Audioteil), und bewirkt, daß zusammengehörende Pakete priorisiert werden. Die Berechnung der Synchronizitätsrelation erfordert allerdings entweder Wissen über den Aufbau der Pakete oder ein geeignetes Signalisierungs- bzw. Markierungsverfahren. Racoon ist derzeit in der Lage, die in der Warteschlange stehenden RTP-Pakete zu parsen, verfolgt also den ersten Ansatz.

4.3 Verwurfsstrategien

Überschreitet die Ankunftsrate r_A längere Zeit die maximale Tunnel-Bedien-Rate r_T, müssen Pakete aus der Warteschlange verworfen werden, da das Gesamtsystem überlastet ist. Analog zur Sortierstrategie ist auch hier eine Möglichkeit, eine FIFO-Strategie (S_D^{FIFO}) zu verwenden: die ältesten Pakete werden verworfen, da ihr Informationsgehalt wahrscheinlich schon veraltet ist. Anders als bei den Sortierstrategien entspricht die Strategie S_D^{FIFO} *nicht* dem Verhalten IP-basierter Systeme, da dort am Ende der Warteschlange 'verworfen' wird: Ist die Warteschlange voll, werden keine neuen Pakete mehr angenommen, dies entspräche einer LIFO-Strategie.

Eine weitere Möglichkeit besteht darin, *zufällig* Pakete aus der Warteschlange zu verwerfen (S_D^{Random}): diese Strategie simuliert quasi Übertragungsfehler auf den Kanälen. Diese Strategie kann dann günstig sein, wenn die verwendeten Applikationssysteme für ihre Übertragung Vorwärtsfehlerkorrektur-Verfahren benutzen. Eine Variante dieser Strategie stellt die gewichtete Zufallsstrategie dar: mit höherer Wahrscheinlichkeit werden ältere Pakete verworfen (d.h. Pakete am Anfang der Warteschlange).

Analog zur Sortier-Strategie S_S^{MaxD} läßt sich eine Verwurfsstrategie $S_D^{\text{TooLate!}}$ angeben, die genau diejenigen Pakete verwirft, die selbst bei der Verwendung des schnellsten Kanals die maximal zulässige Verzögerung nicht mehr einhalten können.

Aufbauend auf der im vorherigen Abschnitt geschilderten Sortier-Strategie S_S^{SyncSet} läßt sich die entsprechende Verwurfsstrategie S_D^{SyncSet} formulieren: Wird ein Paket verworfen, werden auch alle anderen zum gleichen Sync Set gehörenden Pakete verworfen. Durch geeignete Anwendung der Strategie S_D^{SyncSet} läßt sich die Warteschlangenlänge effizient und effektiv drastisch verringern, da nicht nur ein Paket verworfen werden kann, sondern gleich eine ganzer Satz.

5 Messungen und Beobachtungen

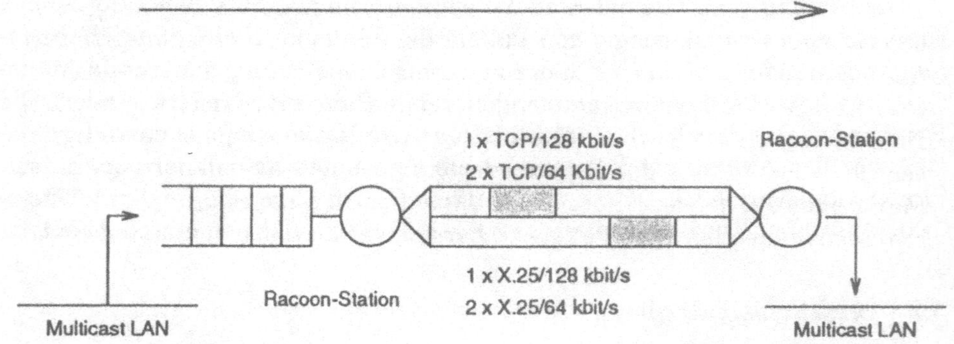

Abbildung5. Testaufbau

Mit Hilfe des Testaufbaus in Abbildung 5 wurden die in Tabelle 1 aufgeführten Strategie-Kombinationen sowohl miteinander als auch mit UDP/IP verglichen.[2] Die Messungen in Tabelle 1 wurden alle im LAN-Bereich gemacht, um klarere Meßergebnisse zu erhalten. Als Tools wurde das in Abschnitt 2.1 erwähnte nv verwendet.

---

[2] Die Kombination der Tunnel-Bedien-Strategie S_T, der Warteschlangen-Sortier-Strategie S_S und der Verwurfsstrategie S_D wird in Tabelle 1 in abgekürzter Form als Tripel dargestellt.

Strategien-Satz	Protokoll/Durchsatz pro Kanal (kbit/s)			
	$X.25/128$	$2 \times X.25/64$	$TCP/128$	$2 \times TCP/64$
RC/FIFO/FIFO	124.7	124	119.2	119.4
RC/FIFO/Random	81.1	76.9	68.5	73.7
RC/FIFO/TooLate!	127.7	126.6	103.1	118.3
RC/MaxD/FIFO	103.8	98.3	98.4	101.0
RC/MaxD/TooLate!	86.5	81.5	79.4	93.5

$d_{max} = 5ms$, $r_T = 128kbit/s$, Sun 4/50 & Sun IPX

Tabelle1. Racoon-Strategie-Kombinationen im Vergleich mit IP-basierter Übertragung

Eine wesentliche Beobachtung ist, daß die Übertragungsleistung bei Verwendung deterministischer Strategien höher ist als beim Einsatz nichtdeterministischer Systeme (RC/FIFO/Random), was unsere diesbezügliche Vermutung aus Abschnitt 2.1 bestätigt.

Außerdem fällt auf, daß die Durchsatzleistungen bei Verwendung von TCP in allen Messungen geringer ausfallen als bei X.25: TCP benutzt ein Fenster-kontrolliertes Flußsteuerungskonzept, das sich der bei X.25 möglichen exakteren Kontrolle durch den Benutzer entzieht, die Übertragung ist insgesamt gesehen "schwammiger".

Eine Analyse der durchschnittlichen Paketankunftszeit-Abstände — für RC/FIFO/Random in Abbildung 6 und für RC/FIFO/TooLate! in Abbildung 7 dargestellt — zeigt weiterhin, daß sich bei Verwendung von RC/FIFO/TooLate! eine gleichmäßigere Paketrate ergibt als bei Verwendung des (dem IP-Multicast ähnlichem) RC/FIFO/Random!

Eine weitere Beobachtung aus den Messungen ist, daß der Übergang vom IP-basierten in das Racoon-System durch den IP-typischen *lossy* Charakter geprägt ist und dementsprechend die Meßergebnisse verfälscht sind. Aussagekräftigere Meßergebnisse würden sich wohl erst mit Applikationen erzielen, deren Übertragungskanäle durchgehend Racoon-basiert sind.

6 Relevanz

Netzwerktechnologien wie ATM weisen CONS-ähnliche Charakteristika auf:

- Hohe Übertragungsqualität (geringe Bitfehlerrate), und
- Verbindungsorientiertes Verhalten.

Obwohl die CONS-Technologie nicht (mehr) State-of-the-Art-Technologie darstellt, eignet sie sich jedoch gut als Experimentiersystem, und die da-

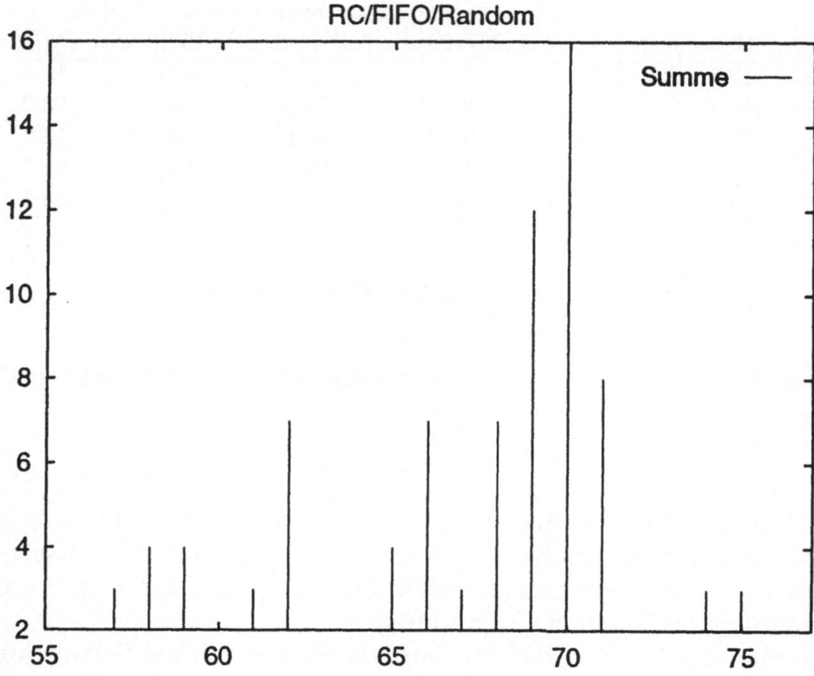

Abbildung6. Delta-Verteilung der Paketankunftszeiten für RC/FIFO/Random

mit erziehlten Ergebnisse lassen sich wohl weitestgehend auf ATM-basierte Netzwerke übertragen.

7 Zusammenfassung

Mit dem Racoon-System existiert sowohl eine Experimentierplattform als auch ein Multicast-Tunnelsystem, daß sich relativ genau kontrollieren läßt, sich "freundlich" im Netz verhält, und es ermöglicht, verschiedene Strategien auf ihre Eignung in Multimedia-Netzwerken zu überprüfen.

Die Vermutung, daß deterministische Strategien die Übertragungsqualität multimedialer Kommunikation im Netz verbessern, konnte experimentell mit Hilfe des Racoon-Systems gezeigt werden.

References

[Dee91] S.E. Deering. *MultiCast Routing in a Datagram Internetwork*. PhD thesis, Stanford University, 1991.

[Jac88] V. Jacobsen. Congestion Avoidance and Control. *Communications of the ACM*, page 314ff., 1988.

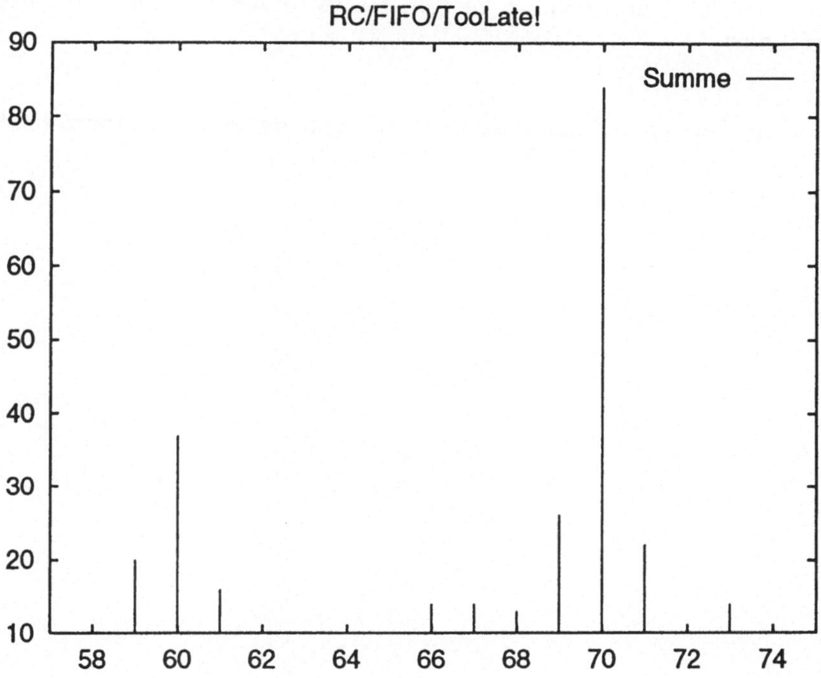

Abbildung7. Delta-Verteilung der Paketankunftszeiten für RC/FIFO/TooLate!

[SC93] H. Schulzrinne and S. Casner. RTP: A Transport Protocol for Real-Time Applications. IETF Internet Draft, Oktober 1993.
[Top90] C. Topolcic. Experimental Internet Stream Protocol, Version II. RFC 1190, Oktober 1990.

A Danksagungen

Der Autor möchte sich für die prototypische Implementierung des vorgestellten Racoon-Systems im Rahmen einer Studienarbeit bei Wolfgang Lehner, für die in Abschnitt 5 vorgestellten Meßergebnisse bei Falko Dreßler, beide Studenten der Informatik, bedanken.

B Verfügbarkeit der *Racoon-Software*

Die Racoon-Software ist per FTP verfügbar:[3]

```
ftp://ftp.uni-erlangen.de/pub/Racoon/Racoon.tar.gz
```

---

[3] Angegeben in URL-Schreibweise.

Eine in HTML[4] aufbereitete Version dieses Artikels ist im *World Wide Web* verfügbar:

```
http://www4.informatik.uni-erlangen.de/Publications/Racoon/
```

---

[4] HyperText Markup Language

PXROS - eine durchgängige Plattform für Steuerungen
Betrachtung aktueller Anwendungen

Rolf Strothmann

Firma HighTec EDV-Systeme GmbH, 66386 St.Ingbert

1. Einleitung

Heutige Steuerungssysteme sind im allgemeinen relativ inhomogen hinsichtlich ihrer Soft- und Hardwarestruktur aufgebaut. Die Inhomogenität der Hardware ergibt sich in vielen Fällen aus der technischen oder kommerziellen Notwendigkeit und ist daher weitgehend unvermeidbar. Die Softwarestruktur dagegen ist jedoch häufig uneinheitlicher als notwendig. Die Folgen sind eine Erhöhung der Komplexität und damit verbunden Minderung der Effizienz, sowie eine Erhöhung der Entwicklungs- und vor allem auch der Wartungs-kosten.

Im Vortrag wird anhand aktueller Realzeitanwendungen gezeigt, wie mit Hilfe des Echtzeitmikrokerns PXROS und seiner Zusatzprodukte eine durchgängige, einheitliche Systembasis für Steuerungen mit hervorragender Echtzeitfähigkeit und Funktionalitäten wie NFS, TCP/IP, Xwindow und UNIX-ABI realisiert wird. Die Struktur von damit realisierten, konkreten Systemen wird erläutert.

Bei einer komplexen Steuerung geht es dabei um Softwarebausteine mit Recht unterschiedlichen Anforderungen: CNC- und SPS-Module auf einer Steuerungshardware - geeignet verteilt auf mehrere Prozessoren; Instanzen zur Systemkontrolle, Visualisierung und Auswertung auf einem Bedienterminal, das wiederum über ein LAN an einen Leitstand gekoppelt sein kann.

Weiterhin wird berichtet, wie ein solches System auf eine neue Hardware-plattform portiert wurde.

2. Struktur des PXROS - Kerns

PXROS ist nach heutiger Terminologie ein sogenannter Mikrokern, der sich durch sehr gute Echtzeitfähigkeit und Portierbarkeit auszeichnet. Seine Funktionalität ist grundsätzlich für alle unterstützten Prozessoren und Mikrocontroller identisch bzw. kann identisch konfiguriert werden. Diese Eigenschaft kommt dem Umstand entgegen, daß in steuerungstechnischen Anwendungen oftmals der Wunsch besteht, je nach Leistungs- und Kostenrandbedingungen unterschiedliche Prozessoren oder geeignete Mikrocontroller einzusetzen.

2.1. Modularisierung von PXROS

Der PXROS - Kern ist selbst modular aufgebaut, so daß er hinsichtlich des Code-umfangs an die Applikation angepaßt werden kann. Die Basis stellt ein sogenannter Nanokern von ca. 3K Größe dar, der durch die notwendigen Funktionsmodule ent-sprechend erweitert wird, in denen die gewünschten Kerndienste enthalten sind. Abbildung 1 zeigt schematisch den Aufbau des Kerns. So ergibt sich je nach den Erfordernissen der Applikation ein Kernumfang von bis zu ca. 30K.

Werden komplexere Dienste benötigt wie Protokollstacks (PXtcp), Filesysteme (PXfile) oder Visualisierung (PXWindow), so werden diese durch ensprechende Server bereitgestellt, deren Dienste über den Aufruf von Kernfunktionen genutzt werden können. Der Kern vermittelt sozusagen die Serverdienste. In dieser Form werden auch die für die Multiprozessorkommunikation erforderlichen Server (Namensserver und Kommunikationsserver) integriert, wie ebenfalls in Abbildung 1 veranschaulicht. Durch entsprechende Erweiterung läßt sich damit - wie unten weiter ausgeführt - eine Funktionalität realisieren, die der von UNIX entspricht.

2.2. Funktionsebenen von PXROS

In herkömmlichen Betriebssystemen für Rechner wird in mehr oder minder starkem Maße die Applikation durch das Betriebssystem von der

Event-
Signalling
Message-
Exchange
Task-
Management
Nano - Kern
3K
Object-
Management
Memory-
Management
Time-
Management
Kanal-
Server
Name-
Server

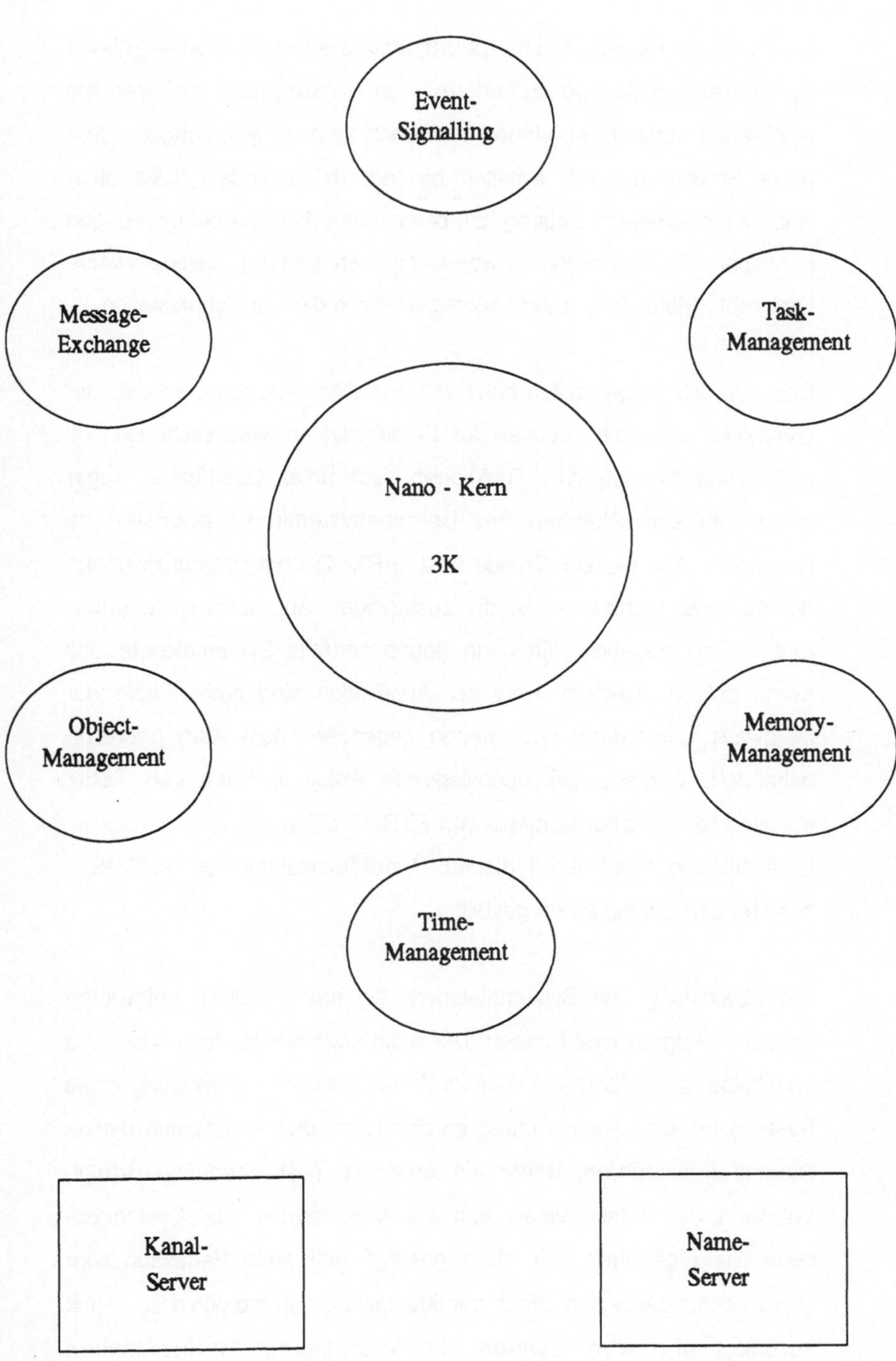

Abbildung 1

Systemhardware isoliert, d.h. das Betriebssystem stellt eine weitgehend hardwareunabhängige Schnittstelle zur Verfügung, auf der die Applikation abläuft. In steuerungstechnischen Anwen-dungen kann diese Struktur nur z.T. erhalten bleiben, da zumindest Teile einer Applikation direkten Zugang zu bestimmten Hardwareeinrichtungen benötigen. Zu derartigen Anwendungsteilen gehören beispielsweise Drehzahl-, Momenten- oder Lageregler sowie digitale Schnittstellen.

Derartige Vorgänge stellen hohe zeitliche Anforderungen, so daß der Overhead, der durch Aktionen des Betriebssystem verursacht wird, oft nicht vertretbar ist, d.h. Funktionen sind unter Umständen sogar gegenüber den Aktionen des Betriebssystemkerns priorisiert zu behandeln. Aus diesem Grunde wird in PXROS bei Unterbrechungen die Kontrolle unmittelbar an die zuständigen Applikationsteile (Inter-rupthandler) gegeben, die dann gegebenenfalls Systemdienste des Kerns nutzen. Kleinere Teile der Applikation sind somit direkt der Hardware zugeordnet, und werden gegenüber dem Kern priorisiert behandelt, während der überwiegende Anteil in Form von Tasks realisiert ist, die unter Kontrolle von PXROS ablaufen.
In Abbildung 2 ist die typische Prioritätsstruktur von PXROS - basierenden Systemen dargestellt.

Die Abwicklung von Systemdiensten, die aus Handlern aufgerufen werden, erfolgt in zwei Phasen. Der erste sogenannte Preservice wird unmittelbar ausgeführt und dient im Wesentlichen zur Erzeugung eines Systemjobs, d.h. einem Auftrag an den Kern, den Postservice dieses Dienste auszuführen, bevor ein erneutes Taskscheduling erfolgt. Während des Postservices wird die Vorbereitung zur Systemjob-behandlung getroffen, d.h. dafür gesorgt, daß nach Verlassen aller Unterbrechungsebenen nicht unmittelbar zur unterbrochenen Task zurückgekehrt wird, sondern die Abarbeitung der inzwischen aufgelaufenen Systemjobs erfolgt.

fallende Priorität
Interrupt Handler Level 0
Interrupt Handler Level 31
PXROS
PXROS Handler
(Software Interrupts)
Tasks, Priorität 0
Steuerung
Regelung
Tasks, Priorität 31
Statistik
Datenhaltung

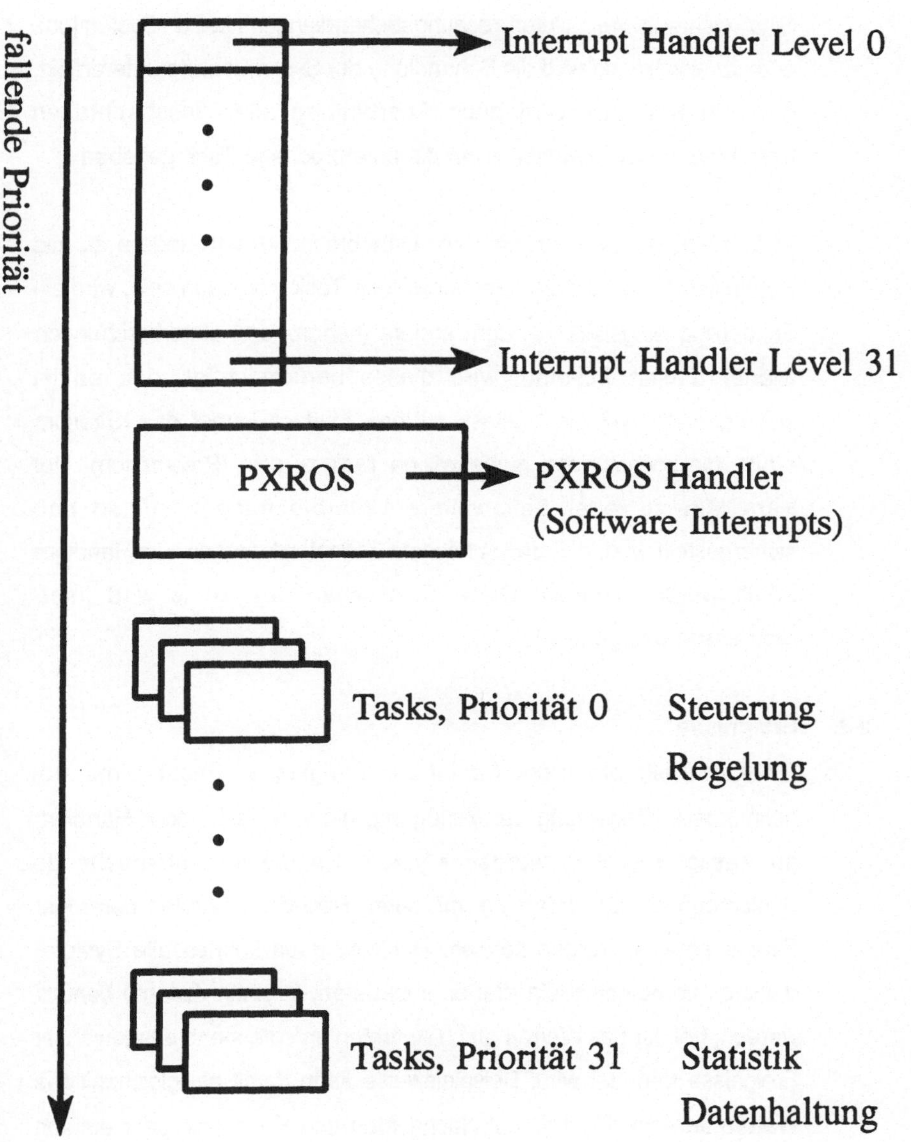

Abbildung 2

Sind während der Unterbrechungsbehandlungen keine Systemjobs erzeugt worden, so wird die Behandlung der Systemjobliste unterdrückt, d.h. die Kontrolle wird nach Abarbeitung aller geschachtelten Unterbrechungen unmittelbar an die unterbrochene Task gegeben.

Falls durch die Behandlung einer Unterbrechung eine andere als die Runtask zur höchstprioren, rechenwilligen Task geworden sein, wird ein Scheduling eingeleitet. Ändern andere (höherpriore) Unterbrechungen wieder diesen Zustand, wird dieses berücksichtigt, d.h. es ist sichergestellt, daß die Runtask zu ihrer Laufzeit immer das Kriterium erfüllt, die höchstpriore, rechenwillige Task zu sein (Preemption). Der Kern läßt zu jeder Zeit weitere Unterbrechungen zu, so daß sichergestellt wird, daß selbst höchste Zeitanforderungen von Handlern erfüllt werden können. Diese Eigenschaft des Kerns wird Interrupttransparenz genannt.

2.3. Ereignisse

PXROS stellt pro Task 32 binäre Ereignisse (Events) mit frei definierbarer Bedeutung zur Verfügung, die von Tasks oder Handlern an Tasks geschickt werden können. Es stehen entsprechende Systemaufrufe zur Verfügung, mit deren Hilfe das Auftreten derartiger Events erwartet werden können. Darüberhinaus können alle Systemdienste, die potentiell ein Warten implizieren, in einer Variante benutzt werden, bei der das Warten durch Auftreten entsprechend ausgewählter Ereignisse beendet wird. Beispielsweise kann damit ein gleichzeitiges Warten an einer Mailbox auf Nachrichten und Ereignisse sehr einfach und flexibel realisiert werden.

2.4. Nachrichten

PXROS stellt ein nachrichtenbasiertes System dar, in dem weitgehend unabhängige Instanzen asynchron miteinander kommunizieren. Synchronität wird mithilfe von entsprechenden Protokollen durch Spezialdienste realisiert.

Nachrichten sind Objekte mit einem Datenbereich, die eine Identität besitzen und zu jedem Zeitpunkt einer Instanz (Task) eindeutig zugeordnet sind. Der Datenbereich wird entweder vollständig von PXROS verwaltet oder von der Applikation zur Verfügung gestellt. Die versendende Task gibt das Zugriffsrecht auf ein Nachrichtenobjekt auf, während die empfangende Task es erhält. Der Austausch von Nachrichtenobjekten erfolgt immer über eine Mailbox, die Nachrichten in zwei verketteten FIFO - Listen (normal und priorisiert) hält. Die Verkettung erfolgt über den Verwaltungsteil von Nachrichtenobjekten, so daß kein Kapazitätsengpaß in einer Mailbox auftreten kann. SEND- und RECEIVE - Operationen führen nur zu Änderungen der Verkettung eines Objektes, so daß kein Kopieren von Information erforderlich ist, solange das Objekt sich im gemeinsamen Adressraum von Sender und Empfänger befindet. Auch wenn diese Voraussetzung nicht erfüllt werden kann, bleibt das dann notwendige Kopieren des Dateninhalts für die Kommunikationspartner unsichtbar.

2.5. Speicherklassen

Freispeicher wird durch PXROS in Speicherklassen mit Blöcken fester oder variabler Länge verwaltet. Für Speicherklassen mit variabler Blocklänge wird ein First-Fit Algorithmus verwendet mit Laufzeit propotional zur Anzahl freier Blöcke. Wie alle PXROS - Objekte können Speicherklassen zur Laufzeit des Systems erzeugt und vernichtet werden. Darüberhinaus besteht die Möglichkeit, Speicherklassen zu erweitern. Zur Unterstützung von Resourcekontigentierung können allen Task bei der Erzeugung eigene Defaultspeicherklassen zugeordnet werden.

2.6. Zeitverwaltung

PXROS bietet einen sehr allgemeinen Mechanismus, um nach Ablauf einer vorgegebenen Zeit, die in Ticks gezählt wird, einen Softwareinterrupt auszulösen und mit einem benutzerdefinierten Interrupthandler zu behandeln. Auf dieser Basis unterstützt PXROS periodische Taskaktivitäten, Warten für eine vorgegebene Zeit, Time-outs und periodische Ereignisse. Da die Periode des Ticks durch die Anwendung definiert wird, kann die zeitliche Auflösung in weiten Grenzen frei gewählt werden. Selbstverständlich können auch Hardwaretimer benutzt werden, wenn höhere Auflösung oder Zeitkonstanz dies erfordern.

2.7. Verwaltung interner Betriebsmittel

Alle intern von PXROS verwendeten Verwaltungsstrukturen sind als sogenannte Objekte an der Anwendungsschnittstelle sichtbar und können von der Anwendung in sogenannten Objektbehältern verwaltet werden. Durch Zuordnung von Objektbehältern mit einer Anzahl von reservierten Objekten für bestimmte Aufgaben kann sichergestellt werden, daß Resourceengpässe in ihrer Wirkung beschränkt bleiben und so keine globale Blockierung des Systems erfolgt. Dies fördert die Isolation verschiedener Anwendungsteile voneinander. PXROS stellt standardmäßig einen systemweiten Objektbehälter zur Verfügung sowie pro Task einen taskspezifischen, der jedoch in speziellen Fällen derselbe sein kann.

3.   PXROS - Multiprozessorkommunikation

Dem Design von PXROS liegt die Vorstellung zugrunde, daß die Tasks einer Applikation weitgehend unabhängig sind und nur über die entsprechenden Systemdienste zum Versenden von Nachrichten und Ereignisse miteinander kommunizieren, d.h. keinen gemeinsamen Speicher explizit benutzen. Grundsätzlich ist es damit auch nicht erforderlich, daß die beteiligten Tasks auf dem gleichen Prozessor bzw. innerhalb eines gemeinsamen Speichers existieren. Alle Einzelheiten der eigentlichen Informationsweiterleitung sind gegenüber den Tasks verborgen und können ohne Änderung der Tasks modifiziert werden. Man könnte sagen, daß eine PXROS - Applikation wie ein Multiprozessor mit loser Kopplung implementiert wird, bei dem jeweils ein Prozessor einer Task zugeordnet ist. Ein solcherart realisiertes System kann ohne großen Änderungsaufwand wahlweise auf Mono- oder Multiprozessor-strukturen abgebildet werden.

Um eine derartige Abbildung weiter zu vereinfachen, führt die Multiprozessorkommunikation sogenannte Kanäle ein. Kanäle können zur Laufzeit mithilfe des Kanalservers errichtet und aufgelöst werden. Kanäle sind unidirektional und dienen der Weiterleitung von Nachrichten und Ereignissen über Systemgrenzen hinweg. Kanäle nutzen die sogenannte Basiskommunikation für den gesicherten Transport der Informationen zwischen den beteiligten Systemen. Die Information kann über eine Folge von Zwischenstationen geleitet werden, wobei unterschiedliche Basiskommunikationen Verwendung finden können, z.B. Dualport - Speicher, serielle Kommunikation aber auch höhere Protokolle wie TCP/IP usw. Es stehen einige Standartbasiskommunikationen zur Verfügung, jedoch können vom Anwender auch spezielle implementiert werden.

Ein wichtiger Spezialfall ist die Kanalkommunikation auf dem gleichen System. Dabei entfallen alle komplexen Kommunikationsschichten und die Kommunikation wird direkt auf den grundlegenden Send/Receive- bzw. Event-Mechanismus abgebildet.

4. Das UNIX - Prozeßinterface

Zu den für PXROS verfügbaren Servern gehört auch das sogenannte Unixprozeßinterface UPI (oder LUPI in der Variante für LINUX - ABI). Mithilfe dieses ABI's wird eine Ausführungsumgebung für UNIX - Prozesse zur Verfügung gestellt, d.h. in Verbindung mit weiteren Servern für Filesystem (PXfile), Kommunikation (PXtcp bzw. PXnfs) und notwendigen Hardwaretreiber ist damit die Ausführung gebundener Objekte auf dem PXROS - Kern möglich. Dieses PXsys genannte System stellt damit eine echtzeitfähige UNIX - kompatible Plattform dar, die alle Eigenschaften von PXROS und insbesondere die Interrupttransparenz erhält. Auf einem solchen System können sowohl komplexe Applikationen wie auch sehr zeitkritische Vorgänge simultan ablaufen.

5.   Eine konkrete Anwendung

Auf der Basis von PXROS und der Multiprozessorkommunikation sowie PXupi sowie weiteren Produkten wurde ein aus mehreren Prozessoren bestehendes Steuerungssystem realisiert, das in Abbildung 3 dargestellt ist. Zur Bedienung, Visualisierung, Auswertung und Netzwerkkopplung kommt ein Industrie - PC (AT386) zur Anwendung, während die Bewegungssteuerung und Überwachung auf einer aus drei Prozessoren (NSC 32000) bestehenden Industrie-steuerungshardware abläuft. Die Kopplung zwischen Industrie - PC und Steuerrechner erfolgt über eine serielle Kommunikation, während die anderen Prozessoren über Dualport - Speicher kommunizieren.

Als Basis der gesamten Steuerung wird die PXROS - Multiprozessorkommunikation benutzt, so daß eine einheitliche Systemschnittstelle für alle Prozesse vorhanden ist. In der Abbildung 4 ist die Softwarestruktur des Systems dargestellt.

6.   Portierung

Ohne großen Aufwand könnte das gesamte Steuerungssystem - geeignete Peripherie und entsprechende Prozessorleistung vorausgesetzt - auf dem Industrie - PC ablaufen. Es würden sich dadurch keine Änderungen innerhalb der Applikationsteile ergeben, nur die Systemkonfigurierung bzw. Initialisierung wäre den geänderten Bedingungen anzupassen.

Ein ähnlich aufgebautes System, nämlich die NC - Steuerung eines namhaften Herstellers, wurde auf die Power - Architektur portiert. Da die Implementierung dieses Systems dem Konzept der Multiprozessorkommunikation konsequent gefolgt ist, konnte die Portierung aller wesentlichen Teile mit einem Aufwand von ca. 10 Tagen durchgeführt werden. Probleme traten in geringem Umfang nur im Zusammenhang mit Speicherabbildungen von Strukturen auf, da die Ausgangsarchitektur eine "Little Endian" - Darstellung benutzt, während die Zielarchitektur "Big Endian" - Darstellung verwendet.

LAN
Serielle Kommun.
Dualport Memory
Visualisierung
Bedienung
LAN-Kommun.
Auswertung
AT386
Kommunikation
Konfiguration
32000
Ablaufkontrolle
32000
Achssteuerung
Positionierung
32000
Bedienfeld
SPS
Maschine

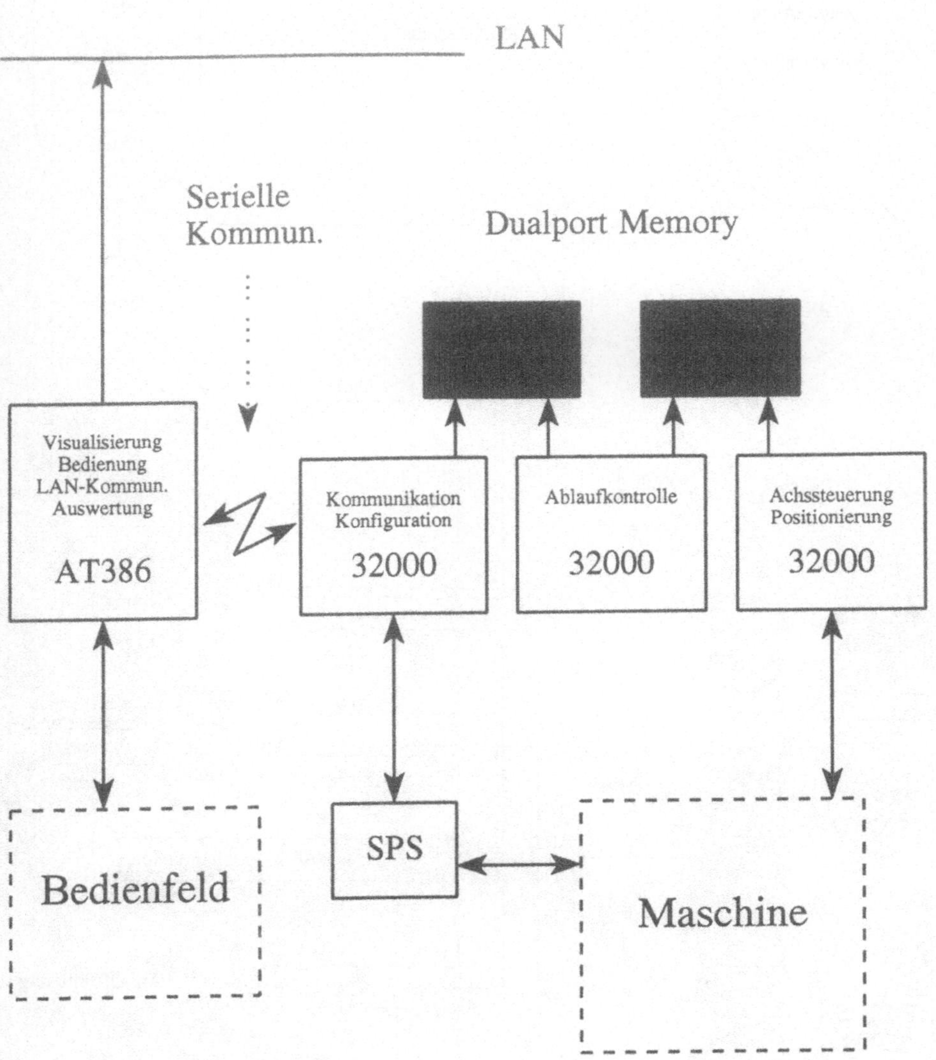

Abbildung 3

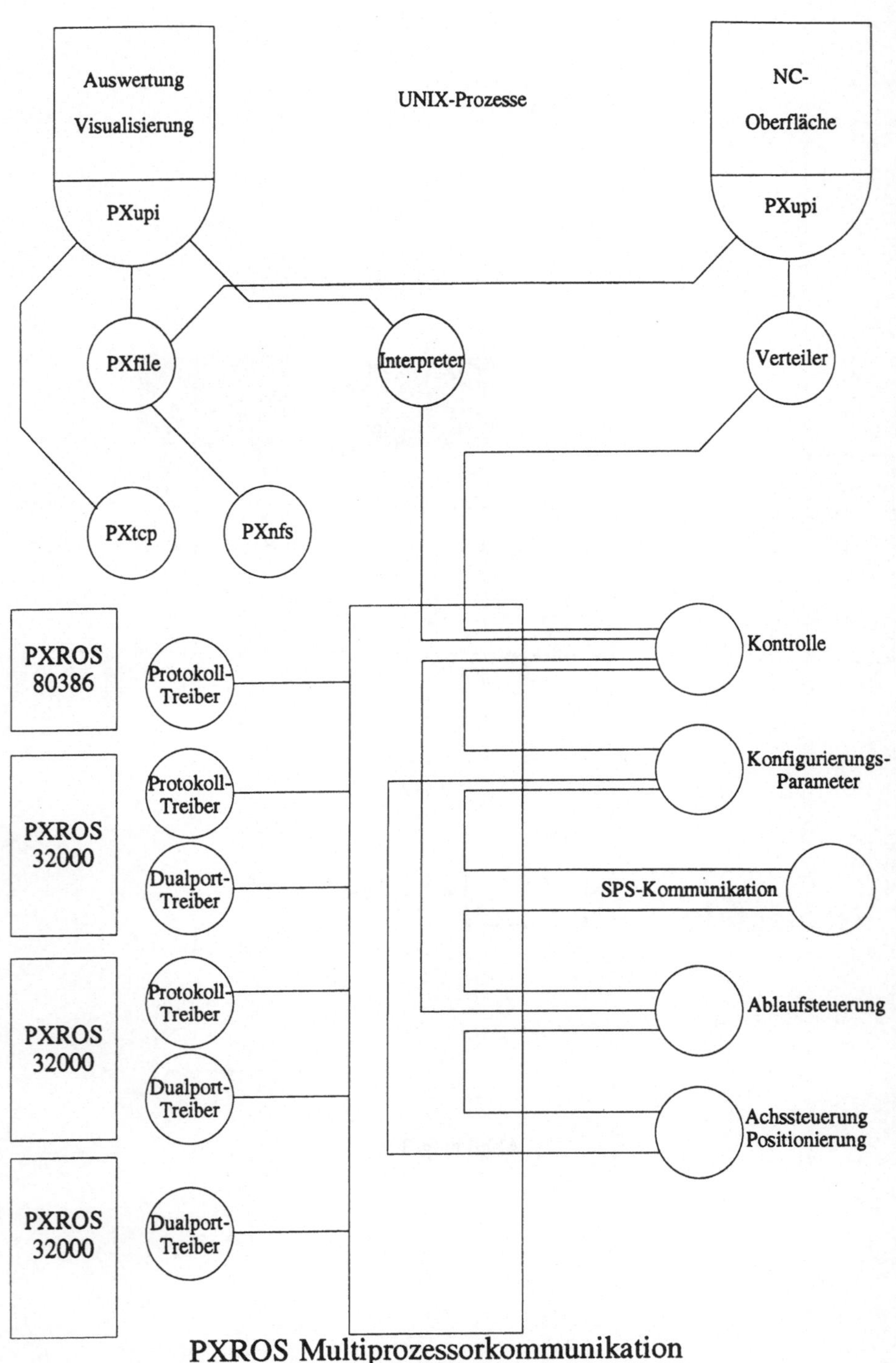

PXROS Multiprozessorkommunikation

Abbildung 4

7. Zusammenfassung

PXROS implementiert konsequent das Konzept nachrichtenorientierter Systeme und schafft damit Freiheitsgrade für die Auswahl geeigneter Hardwarestrukturen. Darüberhinaus erlaubt es die Nutzung verbreiteter und anerkannter ABI's ohne die Fähigkeit zur Behandlung sehr schneller Vorgänge zu verlieren.

Real-Time Debugging
by Minimal Hardware Simulation *

Frank Mueller[1,2], David B. Whalley[1] and Marion Harmon[2]

[1] Dept. of Computer Science, Florida State University,
Tallahassee, FL 32306-4019 (U.S.A.)
[2] Dept. of Computer and Information Systems, Florida A&M University,
Tallahassee, FL 32307 (U.S.A.)
e-mail: whalley@cs.fsu.edu   *phone: (904) 644-3506*

Abstract. This paper describes a debugging environment for real-time applications that supports the querying of the elapsed time at breakpoints. The environment employs hardware simulation at the level of processor cycles. The hardware simulation is limited only to the aspects relevant to processor cycle accounting and includes instruction caching, instruction frequency accounting, and instruction pipelining. This simulation is performed by program instrumentation to minimize the performance impact. Thus, the environment provides the means to debug a real-time application for an embedded system on a regular workstation in an efficient manner.

1 Introduction

Little attention has been paid to the specific needs of debugging real-time systems, although debugging is a central part of the software development cycle and may account for up to 50% of the development time. When debugging real-time applications, it is often necessary to relate the value of a variable to the elapsed time. *Time distortion*, due to the interference of a debugging tool, has to be minimized. *Deadline monitoring* should be supported to detect missed deadlines. *External events* need to be simulated and deadlines should be monitored during debugging.

In the absence of dedicated real-time debuggers, developers often fall back to hardware monitoring (*e.g.* logic analyzers) with limited capabilities or to hardware simulators, which degrades the application performance by about three orders of a magnitude. The simulation overhead of conventional hardware simulators is due to the necessity to capture the entire logic of a microprocessor and the interpretive nature of the simulation process.

We are proposing a framework for a debugger that permits debugging of real-time applications through non-interpretive, minimal hardware simulation. The environment addresses the issues of time distortion, deadline monitoring, and

---

* This work was supported in part by the Office of Naval Research under contract #
N00014-94-1-0006

external events. The hardware simulation is limited to the aspects relevant to processor cycle accounting. These aspects include cache simulation, instruction frequency accounting, and processor pipeline simulation.

2 Related Work

Most commonly used debugging tools do not address the specific demands of real-time debugging. A few debugging tools specifically designed for real-time applications have been described in the literature, some of which focus on multi-processor debugging. For example, Remedy provides the ability to suspend the execution on all processors when a breakpoint is reached [13]. The DCT tool allows practically non-intrusive monitoring but requires special hardware for bus access [3]. Both RED [6] and ART [18] provide monitoring and debugging facilities at the price of software instrumentation. RED dedicates a co-processor to collect trace data and send it to the host system. The instrumentation is removed for production code. In ART, a special reporting task sends trace data to a host system for further processing. The instrumentation code is a permanent part of the application. It will never be removed to prevent alteration of the timing. Debugging is limited to forced suspension and resumption of entities, viewing and alteration of variables, and monitoring of communication messages. DARTS provides remote debugging by replaying portions of a time-stamped program trace, which is produced during program execution [17]. The debugging is limited to a restricted set of events and only supports a subset of the functionality of common debuggers, *e.g.* excluding data queries. The high volume of trace information and the associated overhead of trace generation may also limit its application to programs with short execution times.

In the absence of real-time debuggers, hardware simulators are often used, which run about three orders of a magnitude slower than the actual application [14]. This performance overhead commonly limits the feasibility of extensive software testing and debugging.

3 The Debugging Environment

The debugging environment described in this paper differs from previous work by its close interaction with the back-end of an optimizing compiler VPO (very portable optimizer) [2]. An overview of the environment is given in Figure 1. The back-end of a compiler has been modified to emit control-flow and instruction information. This information is analyzed statically by a simulator. The simulator determines much of the caching and pipeline behavior statically, thereby reducing the overhead during program debugging. It then emits instrumentation code that is incorporated into the executable. The instrumented program can then be debugged by a regular debugger and the elapsed (virtual) execution time can be queried at any point. The virtual execution time is calculated on-the-fly on request by calculating the elapsed number of processor cycles based on the cache and pipelining simulation up to this point. The number of cycles can be inferred from a frequency counter for each basic block and simple state transitions simulating the remaining cache and pipelining behavior that could not be determined statically.

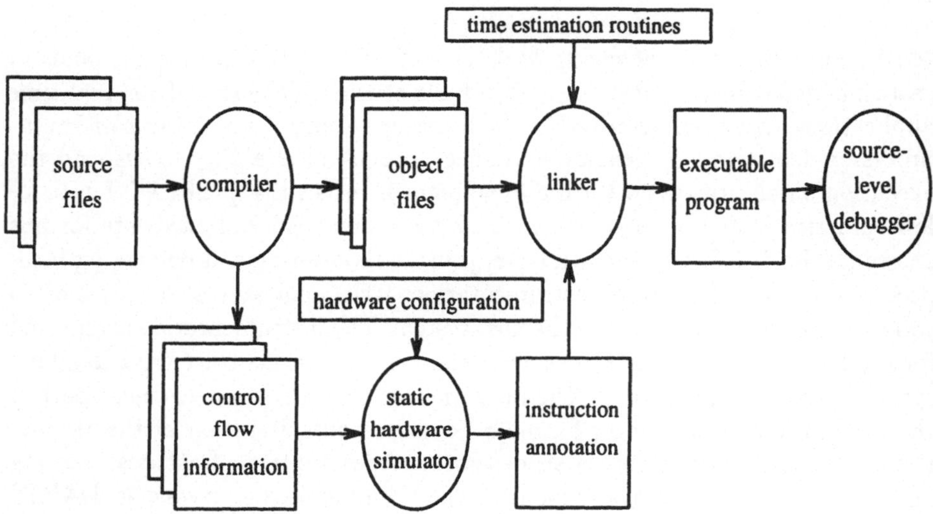

Fig. 1. Overview of the Debugging Environment

4 Instruction Cache Simulation

One part of tracking the elapsed number of cycles is the simulation of instruction caches. We are assuming an on-chip instruction cache of a configurable size with a direct-mapped architecture. Recent results have shown that direct-mapped caches have a faster access time for hits, which outweighs the benefit of a higher hit ratio in set-associative caches for large cache sizes [7]. As a result, current processor designs incorporate direct-mapped caches more frequently than set-associative caches.

The static hardware simulator includes a static cache simulation that predicts the caching behavior of instructions. Each instruction in a program is determined to be in one of the following categories:

- An *always hit* denotes an instruction that always is in cache when referenced, thus resulting in a cache hit.
- An *always miss* denotes an instruction that never is in cache when referenced, thus resulting in a cache miss.
- A *first miss* denotes an instruction that is not in cache on its first reference (cache miss) but is in cache on any subsequent reference (cache hit).

- A *conflict* denotes an instruction that may or may not be in cache on any reference, *i.e.* the caching behavior cannot be determined statically.

The categorization of each instruction is performed via data-flow analysis based on the control-flow information and the cache configuration. Once the static cache simulator has categorized all instructions, it can emit code to instrument the program. The instrumentation includes simple frequency counting to track always hits, always misses, and first misses. It also includes local state transitions similar to a finite state automaton to determine at execution time whether a conflict results in a cache hit or a cache miss. The details of static cache simulation can be found elsewhere [12, 10, 9].

Our prior work dealt with an ideal RISC processor that exhibits a single cycle overhead for an instruction execution on a cache hit and a constant overhead for a cache miss (estimated at 10 cycles). Our current work concentrates on applying the hardware simulation to an existing processor and enhance the simulation to include the effects of pipelining in a retargetable fashion.

The chosen target processor is the MicroSPARC I [16], which is commonly used in Sun SPARCclassic workstations. The processor has an on-chip direct-mapped instruction cache of 4kB with a line size of 8 instructions. Assuming the absence of pipeline stalls (discussed in the next section), the following timing behavior can be assumed for cache hits and misses. A cache hit will generally take one cycle. A cache miss on a cache line causes the first and second instructions of the line to become available after a 7 and 8 cycle delay, respectively, then a dead cycle occurs, and the process is repeated for the remaining instructions of the line (with a repeated dead cycle). A cache miss results in bringing an entire program line into cache. This process cannot be interrupted, even if the instructions in the program line do not coincide with the control flow at some point.

For example, consider a sequence of instructions in a program line containing a label L1 for instruction 3 and an unconditional jump instruction for instruction 5 as depicted in Figure 2. Assume that the current instruction transfers control to label L1 via a branch. Furthermore, assume that the depicted program line is not in cache. The reference to instruction 3 at L1 will cause a cache miss. Thus, instruction 3 will be available after a 7 cycle delay, instruction 4 one cycle afterwards, followed by a dead cycle. The jump instruction 5 and instruction 6 in the delay slot will be available after 10 and 11 cycles, respectively. At this point, control is transferred to L2 but the rest of the program line is brought into cache until cycle 17. The execution may continue in parallel at L2 if the instruction reference at L2 results in a cache hit. Conversely, a cache miss at L2 cannot be resolved until the previous program line is cached. Thus, if a miss occurs for the instruction at L2, a memory fetch is requested only after cycle 17. The instruction at L2 becomes then available for the processor at cycle 24.

The timing overhead of a cache miss depends on the taken control-flow path, as illustrated by the example. The following cases have to be distinguished:

- If instruction i resulting in a cache miss is followed by $8 - i$ sequential instructions without any transfer of control, then the miss overhead can

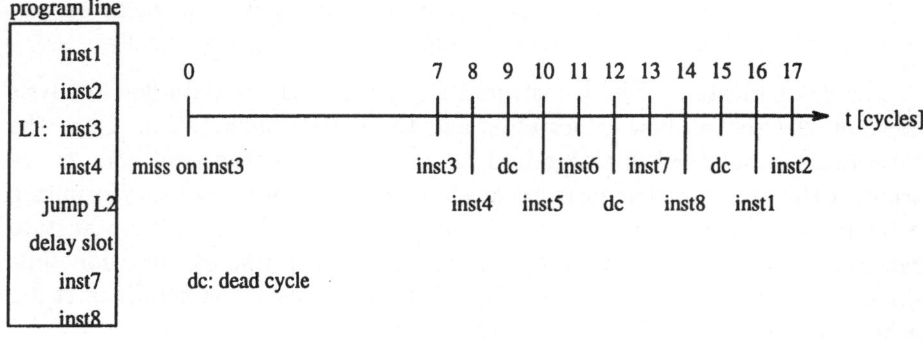

Fig. 2. Cache Miss

be associated with the instruction causing the miss. This overhead would be $10+(i\text{-}1)$ cycles since there is an initial delay of 7 cycles, 3 dead cycles occur during the line fetch, and the first $i-1$ instruction have to be fetched as well.

- If a cache miss on instruction i is followed by a transfer of control in instruction k to an instruction that already resides in cache, the overhead of the miss would be 7 cycles for the initial delay plus $\lfloor (k+2-i)/2 \rfloor$ dead cycles for memory fetches up to the branch delay slot of instruction $k+1$.
- If a cache miss on instruction i is followed by a transfer of control on instruction k to another instruction that does not reside in cache, the overhead of the miss would be $17-k+i$ cycles to cache the entire program line (including the initial delay, 3 dead cycles, and the instruction fetches past instruction k to fill the line).

As mentioned earlier, the cycle accounting for conflict instructions is performed via state transitions at execution time. These transitions have to reflect all possible paths in the control flow if a cache miss occurs. These details can be automatically determined by the static cache simulator based on a configuration file containing the cache configuration and a description of the memory access protocol on cache misses.

5 Pipeline Simulation

During cache hits, most instructions will account for one cycle execution overhead. For some instructions though, the execution takes multiple cycles. Since out-of-order execution is not permitted for the MicroSPARC I, the instruction pipeline will be stalled by such instructions. An instruction timing file can be used to distinguish instructions with varying execution overhead.

The main challenge of the simulation remains in capturing pipeline interlocks. These situations occur when an instruction in the pipeline stalls due to either a result that cannot yet be made available or to a *resource conflict* with another instruction in a later pipeline stage. For example, when a memory load into a register (assumed to be a cache hit) is followed by a reference to the same register, the referencing instruction will stall for one cycle until the value becomes available. This scenario is often referred to as a load-use interlock [5]. The MicroSPARC I interlocks the pipeline for a number of other instruction combinations [8].

The traditional approach to detect pipeline conflicts employs resource vectors and reservation tables [5]. The resource vector for an instruction describes the processor resources during each pipeline stage of the instruction processing. A reservation table is a sequence of resource vectors whose interstruction processing is interleaved for as many pipeline stages as possible. The goal on a RISC processor is to process one instruction per cycle, unless two consecutive instructions try to access the same processor resource during a cycle. The reservation table can be used to detect these resource conflicts. Unfortunately, this traditional approach requires an instruction analysis at the level of pipeline stages. If this analysis was performed statically, one would have to generate reservation tables for instruction sequences along the possible control-flow paths. This approach would possibly impose a considerable overhead.

Our design involves a different approach. Pattern matching (similar to peephole optimization) can be applied to instruction patterns that match specified pipeline interlocks. The current environment includes a modified back-end of a compiler. The compiler back-end could be further modified to recognize patterns of instructions that cause pipeline interlocks. This approach has the advantage that instruction patterns can be determined once and for all for a given architecture and stored in a file. The size of the peephole window is bounded by the maximum delay possible for a pipeline conflict. The window my span instructions along the control-flow paths of the program. Upon detecting a pipeline stall, a pattern of instructions would be annotated with the number of cycles associated with the pipeline stall. The stall cycles could then be reported to the static hardware simulator to include them in the cycle accounting. For example, the patterns to describe a load-use resource conflict would be as follows.

```
ld      *,reg[i]        |       ld      *,reg[i]
*       reg[i],*,*      |       *       *,reg[i],*
```

The patterns describe a load instruction for register i, followed by any instruction referencing register i, either as the first or second operand.

During static hardware simulation, the interaction between pipeline stalls and caching for straight-line code (within a basic block) can be resolved statically as long as the caching behavior can also be determined statically. Pipeline stalls reaching across basic blocks or involving dynamically dependent caching behavior will have to be incorporated into the dynamic simulation process. This can be accommodated by additional state transitions but will impact the dynamic execution overhead.

time without violating a deadline, thereby causing subsequent tasks to miss their deadlines. The debugger will help to find the culprit in such situations. Another option would be to redesign the task set and the schedule, for example by further partitioning of the tasks [4].

8   Current Status and Future Work

We have implemented the debugging environment for an ideal processor with a cache hit time of one cycle and a cache miss time of ten cycles [11]. We are enhancing this implementation according to the design described in this paper to reflect the specifics of the MicroSPARC I instruction cache and to take pipelining into account. The correctness of resulting virtual time accounting during debugging will be verified by comparison with the observed program timing on a stand-alone VME board with a MicroSPARC I under a non-preemptive embedded real-time operating system [1]. The operating system is designed to exhibit predictable execution behavior and to provide more accurate timing than regular operating systems, such as UNIX.

At this point, an instrumented, optimized program runs at about 1-4 times the speed of the uninstrumented, unoptimized version that is typically used for debugging [11]. The number varies according to the ratio of program size and cache size. The additional work due to minimal dynamic pipeline simulation is expected to increase this overhead. Yet, the overhead should still be well below that of conventional hardware simulators.

We are also working on the design of a simulator for data caching. Under certain restrictions (*e.g.*, absence of pointers and heap allocation) many addresses of data references can be calculated statically. This includes global data, local data allocated on the stack (in the absence of recursion), and certain patterns of array references. The effect of data caching should be included into the hardware simulation in a manner similar to the handling of instruction caching.

9   Conclusion

We believe that our work of a minimal hardware simulator for the purpose of cycle accounting is unprecedented. The simulation framework is being designed and implemented for the MicroSPARC I architecture but should be retargetable for other RISC architectures. The application to the debugging of real-time programs provides the means to test an embedded system on a regular workstation using simulation. This facilitates the process of debugging for the user. It supports queries for the elapsed (virtual) time, which can be used to relate debugging output to time information. Time distortion during debugging is minimized and deadlines can be monitored. Thus, a deadline miss can be located and the corresponding task may be tuned by determining where most of the time is spent. Alternatively, the task schedule can be redesigned to meet the deadline requirements. The minimal hardware simulation accounts for the effects of instruction caches and pipeline stalls. The effect of data caches is subject to future research.

6 External Events

The described environment provides debugging capabilities via simulation. Thus, external events have to be simulated as well. The current design assumes that an event table of periodic and aperiodic requests is provided by the user. The corresponding event should be triggered by the simulation environment once the calculated cycle time equals or exceeds the specified event time.

7 Using the Environment

The output shown in Figure 3 depicts excerpts from a debugging session of a program performing fast fourier transformations within the environment using the unmodified source-level debugger *dbx* [15].

```
(dbx) stop at 123 if elapsed_cycles() > 4000000 /* set cond breakpoint */
(dbx) display elapsed_cycles()     /* show return value on breakpoint   */
(dbx) run                          /* start program execution           */
stopped in main at line 123        /* exec stopped on cond breakpoint   */
   123        four(tdata,nn,isign);
elapsed_cycles() = 4015629
(dbx) cont
K = 100    Time = 0.290000 Seconds /* program output                    */
elapsed cycles() = 4095351         /* total number of executed cycles   */
execution completed, exit code is 1
program exited with 1
```

Fig. 3. Annotated Excerpts from a Sample Debugging Session

First, a conditional breakpoint is set on a function call that checks for a deadline miss after 4 million cycles. The display command ensures that the elapsed time estimated in cycles is displayed at each breakpoint. The execution is stopped on line 123 after over 4 million cycles, which indicates that the task could not finish within the given deadline. This conditional breakpoint was placed on a repeatedly executed function call to periodically check this condition. The deadline miss can be narrowed down to an even smaller code portion by setting further conditional breakpoints. At program termination, the final number of processor cycles is displayed.

The timing information can be used during debugging to locate portions of code that consume most of the execution time. This information can be used to hand-tune programs or redesign algorithms.

When a set of real-time tasks is debugged, one can identify the task that is missing a deadline, either by checking the elapsed time or by setting a conditional breakpoint dependent on the elapsed time. The schedule can then be fixed in various ways. One can tune the task that missed the deadline. Alternatively, one can tune any of the preceding tasks if this results in a feasible schedule. The latter may be a useful approach when a task overruns its estimated execution

References

1. T. P. Baker, F. Mueller, and Viresh Rustagi. Experience with a prototype of the POSIX "minimal realtime system profile". In *IEEE Workshop on Real-Time Operating Systems and Software*, pages 12–16, 1994.

2. M. E. Benitez and J. W. Davidson. A portable global optimizer and linker. In *ACM SIGPLAN Conference on Programming Language Design and Implementation*, pages 329–338, June 1988.

3. D. Bhatt, A. Ghonami, and R. Ramanujan. An instrumented testbed for real-time distributed systems development. In *IEEE Symposium on Real-Time Systems*, pages 241–250, December 1987.

4. R. Gerber and S. Hong. Semantics-based compiler transformations for enhanced schedulability. In *IEEE Symposium on Real-Time Systems*, pages 232–242, December 1993.

5. J. Hennessy and D. Patterson. *Computer Architecture: A Quantitative Approach*. Morgan Kaufmann, 1990.

6. C. R. Hill. A real-time microprocessor debugging technique. In *ACM SIG-SOFT/SIGPLAN Software Engineering Symposium on High-Level Debugging*, pages 145–148, 1983.

7. M. Hill. A case for direct-mapped caches. *IEEE Computer*, 21(11):25–40, December 1988.

8. Adolf Leung. Personal communications. Sun Microsystems (Engineering), February 1994.

9. F. Mueller. *Static Cache Simulation and its Applications*. PhD thesis, Dept. of CS, Florida State University, July 1994.

10. F. Mueller and D. B. Whalley. Efficient on-the-fly analysis of program behavior and static cache simulation. In *Static Analysis Symposium*, September 1994.

11. F. Mueller and D. B. Whalley. On debugging real-time applications. In *ACM SIGPLAN Workshop on Language, Compiler, and Tool Support for Real-Time Systems*, June 1994.

12. F. Mueller, D. B. Whalley, and M. Harmon. Predicting instruction cache behavior. In *ACM SIGPLAN Workshop on Language, Compiler, and Tool Support for Real-Time Systems*, June 1994.

13. P. Rowe and B. Pagurek. Remedy: A real-time, multiprocessor, system level debugger. In *IEEE Symposium on Real-Time Systems*, pages 230–239, December 1987.

14. K. So, F. Darema, D. A. George, V. A. Norton, and G. F. Pfister. PSIMUL – a system for parallel execution of parallel programs. *Performance Evaluation of Supercomputers*, pages 187–213, 1988.

15. Sun Microsystems, Inc. *Programmer's Language Guide*, March 1990. Part No. 800-3844-10.

16. Texas Instruments. *TMS390S10 Integrated SPARC Processor*, February 1993.

17. M. Timmerman, F. Gielen, and P. Lambix. A knowledge-based approach for the debugging of real-time multiprocessor systems. In *IEEE Workshop on Real-Time Applications*, pages 23–28, 1993.

18. H. Tokuda, M. Kotera, and C. W. Mercer. A real-time monitor for a distributed real-time operating system. In *ACM/ONR Workshop on Parallel and Distributed Debugging*, pages 68–77, 1988.

GPS-basierte Zeitgeber: Realzeitsysteme werden endlich "echt"zeitfähig

Markus Wannemacher und Wolfgang A. Halang

FernUniversität
Fachbereich Elektrotechnik
58084 Hagen
{markus.wannemacher|wolfgang.halang}@fernuni-hagen.de

Es werden das Konzept sowie die Realisierung eines hochgenauen Zeitgebers präsentiert. Dieser stellt in verteilten Echtzeitsystemen die genaue Uhrzeit bereit und ermöglicht eine komfortable Handhabung von Einplanungszeitpunkten. Es werden keine Synchronisierungen benötigt, da die genaue Zeitinformation via Satellit von dem Global Positioning System (GPS) empfangen wird. Durch die Entwicklung eines anwendungsspezifischen Schaltkreises (ASIC) und die Verwendung eines neuen GPS-Empfangsmoduls ist eine einfache und preiswerte schaltungstechnische Realisierung möglich.

1 Einleitung und Motivation

Herkömmliche Zeitgeber sind ungenau und unbefriedigend. Sie erfüllen vor allem nicht die spezifischen Anforderungen in verteilten Echtzeitsystemen. Es werden Zeitgeber benötigt, die in erster Linie

- hochgenau sind, um damit auch in verteilten Systemen eine exakte Zeitplanung (Rechtzeitigkeit) und wirkliche Gleichzeitigkeit zu ermöglichen,

- den Benutzer von umständlichen Synchronisierungen verschonen,

- weltweit die *gesetzliche*, und damit die einzige maßgebende und "wirkliche", Zeit bereitstellen,

- Zuverlässigkeit und Testbarkeit erhöhen, indem sie alle Funktionen zur Handhabung der Zeit in sich vereinigen,

- Betriebssysteme von ineffektiven Polling-Routinen befreien, indem sie Weckaufträge selbständig und intelligent verwalten,

- Weckaufträge jederzeit verzögerungsfrei entgegennehmen und

- Echtzeitsystemen die Erfüllung von Weckbedingungen komfortabel mitteilen.

Das Konzept der Weckaufträge und ein hochgenauer Zeitgeber, der diese Weckaufträge verwaltet, werden im folgenden vorgestellt. Es wird gezeigt, daß damit alle genannten Anforderungen erfüllt werden.

Durch das satellitengestützte Global Positioning System (GPS) und die fortgeschrittenen Möglichkeiten der VLSI-Technik wurde das Konzept realisierbar. Es stellt damit einen logischen und notwendigen Schritt in der Entwicklung der Echtzeitsysteme dar, indem es die neu verfügbaren Techniken konsequent nutzt.

2 Das Konzept der Weckaufträge

Echtzeitsysteme müssen zu bestimmten Zeiten definierte Aktionen ausführen. Diese Zeiten können als absolute, relative oder periodische Angaben vorliegen. Es können jedoch stets die entsprechenden, absoluten Zeitpunkte ermittelt werden.

Üblicherweise wird ein Intervallzeitgeber benutzt, um periodisch Unterbrechungen zur Handhabung dieser Zeitpunkte zu erzeugen. Die entsprechenden Unterbrechungsantwortroutinen inkrementieren die Zeit- und Datumszähler und überprüfen – zumeist unnötig – ob irgend eine zeitliche Bedingung erfüllt ist.

Jede Unterbrechung erzeugt einen gewissen Overhead, da der aktuelle Registerinhalt gesichert und später wieder restauriert werden muß. Somit werden die Betriebssystemkerne belastet und Systemressourcen vergeudet. Dies kann vermieden werden, indem ein eigener Zeitgeber vorgesehen wird, der diese Aufgaben übernimmt. Sobald die Einplanungszeitpunkte bekannt werden – durch Berechnungen der Programme oder durch externe Ereignisse – werden sie dem Zeitgeber als sogenannte *Weckaufträge* übergeben.

Der Zeitgeber verwaltet alle ihm anvertrauten Weckaufträge selbständig und erzeugt ein Alarmsignal, wenn ein Weckauftrag fällig, d.h. der zugehörige Zeitpunkt erreicht ist. Ein solcher Zeitgeber wurde erstmals in [3] (vgl. auch [4]) und später in [12] beschrieben.

Ein *Weckauftrag* besteht aus einer Weckzeit und einer eindeutigen Auftragskennung. Mit der Auftragskennung ist eine bestimmte Aktion verknüpft, die zu der gegebenen Weckzeit zu aktivieren ist. Der Zeitgeber kann stets verzögerungsfrei neue Weckaufträge vom Echtzeitsystem entgegennehmen und verwaltet diese selbständig.

Alle Weckaufträge lassen sich anhand ihrer Weckzeiten in einer Liste sortieren. Der Zeitgeber braucht nur eine solche Liste zu unterhalten und die nächste erwartete Weckzeit mit seiner Uhr zu vergleichen. Sobald diese übereinstimmen, ist ein Weckereignis eingetreten. Dies wird ohne Verzögerung dem Echtzeitsystem durch ein Signal angezeigt und gleichzeitig die zugehörige Auftragskennung bereitgestellt. Das Echtzeitsystem ermittelt anhand dieser Kennung die entsprechende Aktion und aktiviert diese.

3 Das Global Positioning System GPS

Um die geforderte Genauigkeit zu erreichen, benutzt der Zeitgeber einfach die vom Global Positioning System (GPS) bereitgestellte Zeitinformation. Damit werden gleichzeitig alle umständlichen, software-gesteuerten Synchronisierungen in verteilten Echtzeitsystemen überflüssig. Diese sind ohnehin nicht sehr genau und verbrauchen zudem unnötigerweise Systemressourcen.

GPS ist ein weltweites Satellitennavigationssystem, entwickelt und betrieben vom US-amerikanischen Verteidigungsministerium. Es besteht aus 24 Satelliten und ist seit 1993 in vollem Einsatz. Detaillierte Informationen über den aktuellen und geplanten Stand des GPS können vom U.S. Naval Observatory per anonymen FTP-Zugriff auf den Rechner tychno.usno.navy.mil (192.5.41.239) über das Internet abgefragt werden.

Unter anderem bietet GPS allen Nutzern, also auch zivilen, weltweit und kostenlos den Dienst SPS (Standard Positioning Service). Damit kann die eigene horizontale Position mit einer Genauigkeit von 100 m ermittelt und die offizielle Weltzeit UTC (Universal Time Co-ordinated) mit einer Genauigkeit von besser als 100 ns empfangen werden [1, 2, 5].

Für militärische Anwendungen ist die Genauigkeit wesentlich höher (10 ns). Aber auch durch Differenzmessungen mit einem zweiten Empfänger (Differential Global Positioning System: DGPS) kann die Genauigkeit wesentlich gesteigert werden [10, 11]. Ein zentraler Langwellensender, der entsprechende Differenzsignale bereitstellt, soll 1995 in Deutschland seinen Betrieb aufnehmen und damit eine Positionsgenauigkeit von 5 m ermöglichen.

Preiswerte GPS-Empfangsmodule in kompakter Bauform sind mittlerweile von verschiedenen Herstellern (z.B. Motorola und Rockwell) erhältlich. Sie liefern das Datum und die Uhrzeit mit einer Genauigkeit von 1 μs [7, 8]. Das von uns benutzte Modul NavCore Micro Tracker ist $72 \times 51 \times 14$ mm groß und für unter 600 DM erhältlich.

Es ist ebenfalls eine große Auswahl an GPS Antennen verfügbar, z.B. von Micro Pulse und Matsushita. Diese können aktiv oder passiv ausgeführt sein und werden über ein dünnes RG316-Kabel der benötigten Länge mit dem Empfänger verbunden. Wir benutzen eine aktive Patch-Antenne mit den Abmessungen $40 \times 40 \times 11$ mm, die zu einem Preis von 150 DM erhältlich ist. Es sind stets mindestens vier GPS-Satelliten sichtbar. Damit die Antenne direkten Kontkt zu diesen hat, muß sie mit freier Sicht zum Himmel installiert werden.

4 Der Zeitgeber

Die funktionalen Teile unseres Zeitgebers sind vollständig in Hardware realisiert. Dadurch wird eine hohe Verarbeitungsgeschwindigkeit erreicht. Das Einsortieren eines neu angenommenen Weckauftrags in die Liste kann damit in einer Zeit erledigt werden, die kleiner als die benutzte Auflösung der Uhrzeit ist.

Der Zeitgeber besteht im wesentlichen aus drei Teilen:

- einem ASIC zur Implementierung der Weckauftragsbearbeitung,

- einem GPS-Empfänger mit externer Antenne und

- einem Mikrocontroller, der als Schnittstelle zwischen dem GPS-Empfänger und der Weckuhr im ASIC dient.

4.1 Die Kodierung der Weckzeit

Eine Weckzeit (genauer: ein Weckzeitpunkt) wird mit einer Auflösung von 100 μs in einem 32-bit-Wort kodiert und beinhaltet die Tageszeit in Stunden, Minuten, Sekunden und den entsprechenden Sekundenbruchteilen. Ein vollständiger Weckauftrag besteht aus einer eindeutigen Auftragskennung und der Weckzeit. Abbildung 1 zeigt den Aufbau eines Weckauftrags in 40 bits:

```
39        32 31                                              0
Auftrags-                       Weckzeit
kennung          Std.   Min.   Sek.    10^-4 Sek.
```

Abbildung 1: Aufbau eines Weckauftrags

Da in der gewählten Kodierung keine Information über den Tag, den Monat oder das Jahr enthalten ist, wären nur Zeitpunkte des aktuellen Tages darstellbar. Um dies zu vermeiden, wird eine quasi-absolute Darstellung gewählt. Das bedeutet, daß die dargestellte Zeit je nach der aktuellen Uhrzeit als eine Uhrzeit des vorigen, des laufenden oder des nächsten Tags interpretiert wird.

Um mit dieser Kodierung arbeiten zu können, ist ein spezieller Vergleicher notwendig, der die Uhrzeiten nicht nur rein numerisch vergleicht, sondern eine spezielle Vergleichsoperation durchführt, die anschaulich als *ringförmiger Vergleich* bezeichnet werden kann.

Erhält z.B. der Zeitgeber um 23 Uhr einen Weckauftrag für 2 Uhr, so muß erkannt werden, daß dieser Auftrag erst am *nächsten* Tag fällig ist. Die Vergleichsoperation muß also das Ergebnis liefern, daß 2 Uhr später als 23 Uhr, entsprechend 2 größer als 23 ist.

Mit dieser ringförmigen Vergleichsoperation wird das Problem des „Zeitsprungs" um Mitternacht umgangen. Damit können zu jeder Zeit Weckaufträge erteilt werden, die bis zu 8 Stunden in der Zukunft oder 4 Stunden in der Vergangenheit liegen. Alle anderen Weckzeiten sind nicht erlaubt, da sie zu unbestimmten Ergebnissen führen würden.

4.2 Funktionsbeschreibung

Die Weckaufträge werden mittels eines 8-bit-breiten Datenbusses zum Zeitgeber übertragen und im neu entworfenen *SIFO-Speicher* (*S*mallest *I*nput *F*irst *O*ut) abgelegt. Dieser SIFO ähnelt den bekannten FIFO-Zwischenspeichern, sortiert jedoch zusätzlich die eingehenden Daten und gibt am Ausgang stets das kleinste Datenwort zuerst aus.

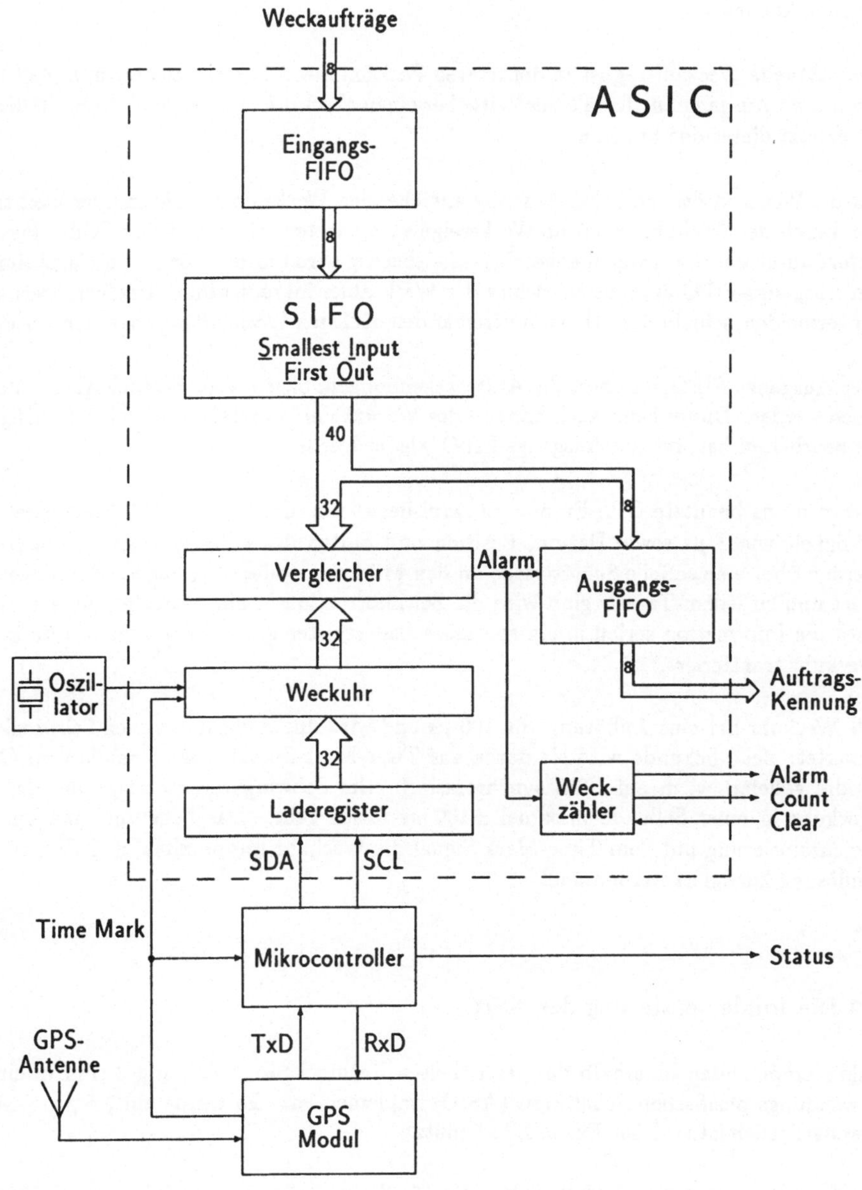

Abbildung 2: Blockschaltbild des Zeitgebers

In unserer Anwendung muß der SIFO allerdings zuerst die byte-weise empfangenen Weckaufträge zu 40-bit-breiten Datenwörtern (vgl. Abbildung 1) zusammensetzen.

Der SIFO arbeitet intern mit einem 10,24 MHz-Takt, um die notwendigen Vergleichs-
und Umspeicheroperationen durchzuführen. Eine Ablaufsteuerung übernimmt dabei das
Einsortieren neuer Weckaufträge. Damit in der dafür benötigten Zeit nicht die Annahme
weiterer Weckaufträge blockiert ist, wurde dem SIFO ein FIFO-Speicher vorgeschaltet.
So ist sichergestellt, daß Weckaufträge synchronisierungsfrei an den Zeitgeber übergeben
werden können.

Der aktuelle Weckauftrag ist in der letzten Position des SIFO gespeichert und liegt stets
an dessen Ausgang an. Erhält der Zeitgeber einen Weckauftrag, der noch früher fällig ist,
so ersetzt dieser den anderen.

Ist die Weckzeit des am SIFO-Ausgang anstehenden Weckauftrags gleich oder kleiner als
der Inhalt der Weckuhr, so ist ein Weckereignis eingetreten. Dies wird dem Echtzeitsystem
sofort durch ein Alarmsignal angezeigt. Gleichzeitig wird die zugehörige Auftragskennung
im Ausgangs-FIFO abgespeichert und der Weckzähler inkrementiert. Um Verzögerungen
zu vermeiden, schiebt der SIFO unmittelbar den nächsten Weckauftrag an seinen Ausgang.

Der Ausgangs-FIFO speichert die Auftragskennungen, bis sie vom Echtzeitsystem ausgelesen werden. Dieses kann auch anhand des Weckzählers feststellen, wieviele Aufträge es
zu bearbeiten hat, bis der Ausgangs-FIFO wieder leer ist.

Das von uns benutzte GPS-Empfangsmodul liefert u.a. die Weltzeit UTC mit einer Genauigkeit von 1 μs sowie Datum, Position und Status des GPS-Systems. Diese Daten
werden über eine serielle Schnittstelle an den Mikrocontroller übertragen. Beim System-
start und zu jedem Tagesbeginn wird die Zeitinformation in die Weckuhr geladen. Dazu
wird die Information seriell in ein spezielles Laderegister geschrieben und von da in die
Weckuhr transferiert.

Die Weckuhr hat eine Auflösung von 100 μs und wird durch einen externen Schwingkreis
getaktet. Jede Sekunde wird sie durch das Time-Mark-Signal, das ebenfalls vom GPS-
Modul geliefert wird, auf UTC synchronisiert. Der Schwingkreis ist so genau, daß die
Weckuhr in einer Sekunde maximal ±100 μs falsch geht. Das bedeutet, daß bei der
Synchronisierung mit dem Time-Mark-Signal die Weckuhr um maximal $\pm$ 1 Einheit der
Auflösung korrigiert werden muß.

4.3 Die Implementierung des ASIC

Alle Komponenten innerhalb des gestrichelten Rechtecks in Abbildung 2 sind in einem
anwendungsspezifischen Schaltkreis (ASIC) implementiert. Es wurde ein 1,5 μm CMOS
Standardzellenentwurf der Firma ES2 benutzt.

Bei einer Kapazität des SIFO-Speichers für 16 Weckaufträge hat der Chip eine Größe von
64 mm^2 und ist in ein 40-Pin-Gehäuse eingebaut. Diese Größe kann durch Verwendung
des neueren 1,0 μm CMOS Prozesses reduziert werden. Gefertigt wurde der Chip im

Rahmen des EUROCHIP MPW Prototyping Service bei der Firma ES2. EUROCHIP ist Teil des ESPRIT-Programms der Europäischen Union.

4.4 Der Mikrocontroller als Interface

Da alle funktionalen Teile unseres Zeitgebers vollständig in Hardware realisiert sind, wird der Mikrocontroller lediglich als Interface zwischen dem GPS-Modul und der Weckuhr im ASIC verwendet. Dazu wurde der Controller 87C52 ausgewählt, ein Derivat der 8051-Familie.

Die Verbindung zum GPS-Modul besteht aus einer asynchronen, seriellen Schnittstelle (TxD/RxD). Weiterhin benutzt der Mikrocontroller das Time Mark Signal des Moduls, das einen Impuls in jeder Sekunde liefert. Über eine getaktete serielle Verbindung wird die Zeitinformation in das Laderegister im ASIC geschrieben. Dazu dienen die Signale SDA (serial data) und SCL (serial clock).

Die Software des Mikrocontrollers fordert die Zeitinformation vom GPS-Modul an, wandelt sie in das Format entsprechend Abbildung 1 um und schreibt sie in die Weckuhr ein. Weiterhin werden der Status des GPS-Systems und der Empfangsstatus ausgewertet und dem Echtzeitsystem bekannt gemacht.

5 Die Systemintegration

5.1 Hardware

Die gesamte Schaltung besteht aus dem GPS-Modul, sowie dem ASIC und dem Mikrocontroller, beide in DIP40-Gehäusen. Diese drei Bauteile passen zusammen mit einem Steckverbinder auf eine 13 × 7 cm große Platine. Diese Platine kann ein bestehendes System erweitern, ebenso können die drei Bauteile auch bei einem neuen Layout in der CPU-Platine integriert werden.

Auf diese Weise kann jeder Prozessor in einem verteilten System mit einem Zeitgeber ausgestattet werden. Dadurch werden die Systemkosten kaum erhöht – im Gegenteil: Alle Aufwendungen für Uhrensynchronisationen werden so überflüssig und entsprechende Kosten eingespart.

5.2 Software

Ein mit einem GPS-basierten Zeitgeber ausgestattete Echtzeitbetriebssystem muß eine unsortierte Liste aller erteilten Weckaufträge verwalten. Ist die Weckzeit eines oder mehrerer Weckaufträge erreicht, so erzeugt der Zeitgeber ein Alarmsignal. Dies kann das Echtzeitbetriebssystem durch Polling erkennen oder das Alarmsignal kann unmittelbar eine Unterbrechung auslösen.

Der entsprechende Prozeß des Echtzeitbetriebssystems liest zuerst den Inhalt des Weckzählers aus und weiß somit, wieviele Weckaufträge zu bearbeiten sind, bis der Ausgangs-
FIFO geleert sein wird. Danach kann der Alarmzähler und der Alarm selbst zurückgesetzt
und mit der Bearbeitung eines Auftrags begonnen werden. Dazu muß in der Liste der
Weckaufträge die zugehörige Aktion ermittelt werden. Der entsprechende Eintrag wird
gestrichen und die Aktion aktiviert.

Sobald ein Weckauftrag im Zeitgeber gespeichert ist, kann er vom Echtzeitbetriebssystem
nicht mehr gelöscht werden. Es besteht jedoch die Möglichkeit, der entsprechenden Auftragskennung eine Null-Aktion (NOP) zuzuordnen. Wird dann die Erfüllung der Weck-
bedingung vom Zeitgeber angezeigt, so kann sie ignoriert werden.

6 Bewertung

In den Anfängen der Echtzeitprogrammierung [6] mußten die grundlegenden Anforderungen nach Rechtzeitigkeit und Gleichzeitigkeit durch den Anwender selbst realisiert
werden. Es wurde die Methode der synchronen Programmierung entwickelt, um innerhalb der Anwender-Software die Ausführung bestimmter Aufgaben zu bestimmten Zeiten
zu gewährleisten. Dazu wurde ein eigenes Organisationsprogramm geschrieben, das im
Wesentlichen aus einer zyklisch zu durchlaufenden Hauptschleife bestand. Es konnte so
mit einfachen Mitteln ein vorhersagbares zeitliches Verhalten erreicht und die Beachtung
zeitlicher Bedingungen garantiert werden.

Später wurde diese Methode durch den flexibleren Entwurf des asynchronen Multitaskings
ersetzt. Einzelne Tasks konnten somit unabhängig von einer Hauptschleife asynchron
gestartet und bearbeitet werden. Die Flexibilität und Eleganz dieses Verfahrens wurde
erkauft durch einen Verlust an Vorhersehbarkeit und garantiertem Zeitverhalten. Der
Zeitgeber wurde entwickelt, um diese Nachteile auszugleichen.

Der wichtigste Faktor zur Bewertung eines Echtzeitsystems ist seine Antwortzeit. Diese
hängt nicht nur von der Verarbeitungsgeschwindigkeit des Systems ab, sondern auch von
der Software-Organisation, im Besonderen vom Betriebssystem. Denn dieses muß sich mit
den Anwenderprogrammen die Systemressourcen teilen und hat somit einen wesentlichen
Einfluß auf die Antwortzeiten des Systems.

Durch die Einführung des speziellen Zeitgebers zur Handhabung der Zeit wird der normale
Programmablauf nur noch dann unterbrochen, wenn es wirklich nötig ist. Trotzdem
werden alle Aktionen rechtzeitig aktiviert und dabei die gerade laufenden Operationen so
wenig wie möglich gestört.

Der Betriebssystem-Overhead wird nicht nur reduziert, sondern er wird gleichzeitig auch
vorhersehbarer, und eine Obergrenze für die Antwortzeit kann unabhängig von der au-
genblicklichen Systemauslastung garantiert werden.

Darüber hinaus bietet der Zeitgeber eine zeitliche Genauigkeit, die jene konventioneller
Echtzeitrechner bei weitem übertrifft.

7 Schlußfolgerung

Das präsentierte Konzept und dessen Realisierung sind ein Schritt hin zu einem intelligenten Zeitgeber. Verfügt jeder Knoten eines verteilten Systems über einen solchen Zeitgeber, so werden alle Uhrensynchronisierungen überflüssig, da alle Uhren genau die offizielle UTC-Zeit anzeigen.

Die zusätzliche Hardware erhöht die Systemkosten nicht, da auf der anderen Seite alle Aufwendungen für Uhrensynchronisierungen eingespart werden.

Die Entwicklung von GPS-Empfängern und des GPS selbst ist nicht abgeschlossen. So werden schon heute durch die mögliche Integration und Mikrominiaturisierung GPS-Empfänger zu einem Preis unter 100 DM erwartet [10]. Ebenso läßt sich die übrige Hardware des Zeitgebers integrieren und damit die Kosten auf ein Bruchteil reduzieren.

Auch die Abhängigkeit vom amerikanischen System GPS wird nicht fortbestehen, da das russische Satellitennavigationssytem GLONASS bereits 1995 seinen lückenlosen Betrieb aufnehmen wird [10] und auch mit einem europäischen System[1] noch in diesem Jahrzehnt zu rechnen ist.

In Anwendungen mit größeren Zeitkonstanten muß die zeitliche Genauigkeit nicht so hoch sein wie beim vorgestellten Prototyp. In diesem Fall kann der GPS-Empfänger durch eine sehr preiswerte Alternative ersetzt werden, die das Signal eines Zeit- und Frequenznormalsenders empfängt.

Alle dargelegten Möglichkeiten und Vorteile würden erhalten bleiben, da das Empfangsteil des Zeitgebers von allen anderen Teilen getrennt ist, wie in Abbildung 2 zu sehen.

In Deutschland betreibt die Physikalisch Technische Bundesanstalt (PTB) den DCF77-Sender in Mainflingen bei Frankfurt/Main. Das Signal dieses Senders kann in weiten Teilen Europas empfangen werden. Viele andere Staaten in Europa und auf der ganzen Welt betreiben ähnliche Sender.

Bei den Empfängern für den DCF77-Sender war in den vergangenen Jahren eine rasante technische Entwicklung bei gleichzeitiger extremer Preissenkung festzustellen, so daß heute leistungsfähige Empfänger schon für weit unter 50 DM erhältlich sind. Eine ähnliche Entwicklung werden – wie oben bereits dargelegt – auch die GPS-Empfänger durchmachen.

Der präsentierte Zeitgeber bietet nur einige Möglichkeiten, kann aber auf einfache Weise erweitert werden. In unserer Implementierung besteht ein Weckauftrag nur aus einem einfachen Zeitpunkt. Genauso wäre es möglich, auch periodische Weckzeiten, spezielle Kalenderfunktionen oder Zeitintervalle zu berücksichtigen. Das würde Echtzeitsysteme noch weiter entlasten.

---

[1]Dies war eines der Themen bei der internationalen GPS-Konferenz der Deutschen Gesellschaft für Ortung und Navigation (DGON) im Juni 1994 in Dresden.

Da alle Zeitfunktionen im Zeitgeber konzentriert sind, ist es auch einfach, einige Testmöglichkeiten durch Manipulation der Weckuhr zu realisieren. Somit könnten Debugging-Hilfen wie Zeitlupe, Zeitraffer oder Haltepunkte bereitgestellt werden.

Es ist völlig klar, daß die Zeit für eine Weiterentwicklung des zeitlichen Verhaltens von Echtzeitsystemen überreif ist. Wenn die neu verfügbaren Techniken und Systeme nicht konsequent genutzt werden, wird die Echtzeitinformatik den Anschluß an andere Entwicklungen verpassen. Betrachtet man andere GPS-Anwendungen wie elektronische Landkarten, Orientierungshilfen für Blinde, Einsatznavigation für Notdienste [9] oder GPS-Empfänger in Kraftfahrzeugen zur Erfassung und Abrechnung von Straßenbenutzungsgebühren [13], so wird dies mehr als deutlich.

Literatur

[1] P. Dana und B. Penrod: The Role of GPS in Precise Time and Frequency Dissemination. *GPS World*, July/August 1990.

[2] B. Gerlach: 24 fixe Sterne, GPS Teil 2. *ELRAD*, Mai 1994.

[3] W.A. Halang: *Ansätze zu funktionsorientierten Prozeßrechnerstrukturen*. Dissertation, Universität Dortmund, 1980.

[4] W.A. Halang und A.D. Stoyenko: *Constructing Predictable Real Time Systems*. Boston-Dordrecht-London: Kluwer Academic Publishers 1991.

[5] B. Hofmann-Wellenhof, H.Lichtenegger und J. Collins: *Global Positioning System, Theory and Practice*. Springer-Verlag 1992.

[6] R. Lauber: *Prozeßautomatisierung*, Band 1, 2. Auflage. Berlin-Heidelberg-New York-London-Paris-Tokio: Springer-Verlag 1989.

[7] Motorola Inc.: *GPS Receiver Technical Reference Manual*. August 1993.

[8] Rockwell International Corp.: *NavCore Global Positioning System, Designer's Guide and Operations Manual*. Oktober 1993.

[9] P. Röbke-Doerr: Wegweisend. *ELRAD*, August 1994.

[10] G. Schänzer: Vierundzwanzig fixe Sterne, GPS Teil 1. *ELRAD*, April 1994.

[11] Trimble Navigation, Ltd.: *Differential GPS Explained*. 55 pp., Sunnyvale, California, 1993.

[12] R.A. Volz und T.N. Mudge: Instruction Level Mechanisms for Accurate Real-Time Task Scheduling. *Proc. 1986 IEEE Real-Time Systems Symposium*, pp. 209 – 215, New Orleans, Dezember 1986.

[13] G. Waizmann, A. Widl, und R. Wolters: Autobahnmaut via GPS-Satellitensystem. Kongreßband *Echtzeit '94*, pp. 323 – 329, Hamburg, ISBN 3-924651-41-8.

Eine subjektorientierte Entwicklungsumgebung für verteilte Realzeitprogramme

Albert Fleischmann
home lab Kommunikationssysteme GmbH
München

Jörg Tischer
3C GmbH
Mannheim

1. Einleitung

In den letzten Jahren wurden zahlreiche Versuche unternommen objektorientierte Sprachen und Software Engineering Systeme für verteilte Programme zu entwickeln (siehe z.B. /YOTO87/, /SCHILL90/). Dabei ist es bisher nicht überzeugend gelungen das Prozeßkonzept in die objektorientierte Philosophie einzubetten /WEG87/, /WEG92/. Insbesondere konnte bisher der Konflikt zwischen dem Vererbungs- und Prozeßkonzept insbesondere für verteilte Systemen nicht effizient gelöst werden /WEG87/, /WGE92/.
Werden objektorientierte Methoden zur Entwicklung verteilter (Realzeit-) Programme benutzt, verwendet man in der Regel die in Betriebssystemen vorhandenen Prozeßkonzepte. Dabei werden Objekte Betriebssystemprozessen zur Ausführung zugewiesen /DODR91/, /BEDR93/. Zur Kommunikation zwischen solchen Prozessen werden dabei die von Betriebssystemen angebotenen Kommunikations- und Synchronisationsmethoden verwendet d.h., es werden somit hybride Ansätze die konventionelle Systeme mit dem objektorientierten Ansatz verbinden verwendet. Im Folgenden wird versucht das Prozeßkonzept und Objektorientierte Ansätze als orthogonal zu einander zu betrachten. In der uns umgebenden Welt gibt es aktive und passive Elemente (Subjekte und Objekte). Warum soll diese Einteilung nicht in der Programmwelt erhalten bleiben?
In diesem Artikel soll näher auf die Auswirkungen dieser zweidimensionalen Betrachtungsweise eingegangen werden. Damit dies aber nicht nur eine philosophische Betrachtung bleibt soll gezeigt werden wie dieser subjektorientierte Ansatz zur Programmentwicklung verwendet werden kann. Es wird deshalb ein diesbezügliches Spezifikationskonzept, die dazugehörigen Entwicklungsschritte und der Prototyp einer Entwicklungsumgebung vorgestellt.

2. Verteilte Objektorientierte Programmierung

Programmiertechnisch sind Objekte durch folgenden allgemein bekannten und akzeptierten Eigenschaften charakterisiert:

- Abstraktion
  Ein Objekt besteht aus Informationen und Operationen mit denen diese Informationen zu gegriffen werden kann. In der Terminologie der Objektorientierten Programmierung werden Operationen durch Messages angestoßen.
- Vererbung
  Objekte gehören einer Objektklasse an, eine Objektklasse kann von einer anderen Objektklasse abgeleitet werden durch hinzufügen, wegnehmen oder verändern von Operationen und/oder Informationen.
- Polymorphie

Polymorphie bedeutet daß statt der angestoßenen Operation einer bestimmten Teilklasse die entsprechende Operation in der übergeordneten Klasse angestoßen wird. Die angestoßenen Operation enthält u.U. nur einen Zeiger auf die anzustoßende Operation in der übergeordneten Klasse.

Heute gehen die Objektorientierten Ansätze zur Programmierung davon aus daß ein Benutzer über eine mehr oder weniger benutzerfreundliche Schnittstelle ein Programm verwendet. Diese Schnittstelle ist objektorientiert und das Programm ist ebenfalls objektorientiert. Die Benutzer von programmierten Objekten befinden sich außerhalb des Computersystems. Das folgende Bild illustriert diese Situation.

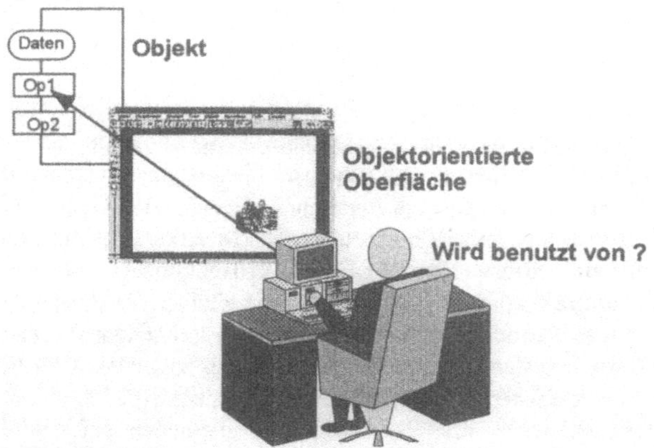

Bild 1: Benutzung von Objekten

Für verteilte Systeme wird der Objektorientierte Ansatz durch Object Broker- und Client Server Konzepte unterstützt.
Object Broker unterstützten dabei das Auffinden von Objekten innerhalb eines verteilten Systems während der Anstoß von Operationen (Methoden) eines Objekts, daß auf einem anderen Knoten eines verteilten Systems lokalisiert ist durch einen Remote Procedure Call (Fernaufruf) erfolgt. Fernaufrufe werden durch den Object Broker insofern unterstützt, daß der Aufrufer nicht explizit feststellen muß auf welchem Knoten sich das entsprechende Objekt befindet /CORBA91/. Client Server- und Object Broker Systeme dienen dazu die Verteilung der Rechnerkapazität vor dem Anwendungsentwickler weitgehend und vor dem Anwender vollständig zu verbergen und erlauben es verteilte Systeme so zu entwickeln und zu benutzen als handle es sich um ein Zentralsystem aus früheren Zeiten (Network Computing /SHWA89/). Die Art der Anwendung legt es oft nahe, ein Programm als ein System kommunizierender und sich synchronisierender Prozesse zu modellieren (Implementieren). Dies ist insbesondere der Fall bei Programmen zur Steuerung von technischen Prozessen und zur Implementierung von Kommunikationssystemen.

Die Struktur von Objekten und auch die Terminologie der OOP legt es nahe diese Konzepte auf die Entwicklung von parallelen und verteilte Programme zu übertragen. Insbesondere der Begriff Message der für das Anstoßen von Operationen verwendet wird legt dies nahe. Im wesentlichen gibt es drei Arten Parallelität in Objekt Orientierten Sprachen einzuführen:
1. Im allgemeinen sind Objekte sequentielle Einheiten. Parallelität wird durch die spezielle Klasse Prozeß eingeführt. Jedes Objekt der Klasse Prozeß wird durch einen 'thread of control' ausgeführt. Ein Beispiel dafür ist Smalltalk80 /GORO83/
2. Grundsätzlich arbeiten alle Objekte parallel. Jedes Objekt ist für sich abgeschlossen und entspricht einem Prozeß d.h. die oben erwähnten Charakteristiken der Objekt Orientierten

Programmierung werden dahin erweitert, daß jedes Objekt auch einer Ausführungseinheit entspricht. Ein Beispiel für eine solche Sprache ist ConcurrentSmalltalk /YOTO87/.

3. Die Parallelität ist außerhalb eines Objekts nicht sichtbar. Mehrere angestoßene Operationen desselben Objekts können parallel ausgeführt werden.

Zur Kommunikation zwischen parallelen Objekten werden entweder Fernaufrufe oder Messages verwendet. In /YOTO87/ werden diese Arten der Kommunikation als synchronous method calls oder asynchronous method calls bezeichnet. Verbunden mit diesen Kommunikationsmethoden zwischen Objekten sind verschiedene Synchronisationskonzepte. Method calls haben oft eindeutige Identifikatoren die dazu benutzt werden später auf die Antwort eines bestimmten Method Calls zu warten (siehe /YOTO87/).

Wie obige Ausführungen zeigen läßt sich genau genommen Parallelität nicht mit den Begriffen der objektorientierten Programmierung ausdrücken. Parallelität läßt sich nicht mit Begriffen wie Datenstrukturen, Operationen, Vererbung und Polymorphie erklären. Die PEARL Sprachkonstrukte START process, RESUME process etc. lassen sich damit auf Anwenderniveau nicht beschreiben.

Des weiteren gibt es einige Probleme mit der Implementierung einer rein objektorientierten Kommunikation zwischen Prozessen:

In reinen objektorientierten Systemen werden zwischen Objekten zum Informationsaustausch Methoden verwendet die als Parameter Objekte haben können d.h., ein Objekt wird von einem Objekt an ein Objekt weitergereicht. Wird ein Objekt an ein Objekt weitergereicht daß auf einem anderen Rechnerknoten eines verteilten Systems lokalisiert ist muß dort der Vererbungsbaum dieses weitergereichten Objekts bekannt sein. Entweder ist der identische Vererbungsbaum dort bereits vorhanden oder muß mit dem Senden eines Objekts komplett zum Zielknoten übertragen werden oder die Klassen des Vererbungsbaums sind ebenfalls über das gesamte verteilte System verteilt so, daß die Verwendung des weitergereichten Objekts wiederum starke Kommunikationsaktivitäten mit anderen Knoten auslöst, was weitere Kommunikationsaktivitäten nach sich ziehen kann, da die nachgeordneten Objektklassen ebenfalls von anderen Objektklassen auf anderen Knoten abhängen kann usw.. Das Weitereichen von Objekten innerhalb eines verteilten Systems kann somit sehr leistungsfähige Kommunikationssysteme notwendig machen.

3. Subjektorientierten Programmierung

3.1 Philosophie

Bild 1 zeigt wie ein Mensch über eine Objektorientierte Oberfläche die Objekte eines Programmmsystems benutzt.

In der deutschen Grammatik (noch viel stärker in der Englischen) gilt die Grundstruktur:

Subjekt + Prädikat + Objekt

Herr Meier erfrägt den Artikelpreis. So könnte eine konkrete Situation entsprechend Bild 1 aussehen.

Subjekte benutzen Objekte. Wie die Objekte benutzt werden wird durch das Prädikat beschrieben. Natürlich wird hier die Grammatik der westlichen Sprachen stark reduziert, z.B ist der Passiv und viele andere mächtigen Konzepte in natürlichen Sprachen damit nicht abgedeckt. Aber wir wollen mit den einfachen Strukturen beginnen.

Subjekte benutzen nicht nur Objekte sondern kommunizieren auch untereinander. Dazu benutzen sie eine ´standardisierte´ Sprache. Das folgende Bild zeigt ein Beispiel wie Objekte miteinander kommunizieren und Objekte benutzten.

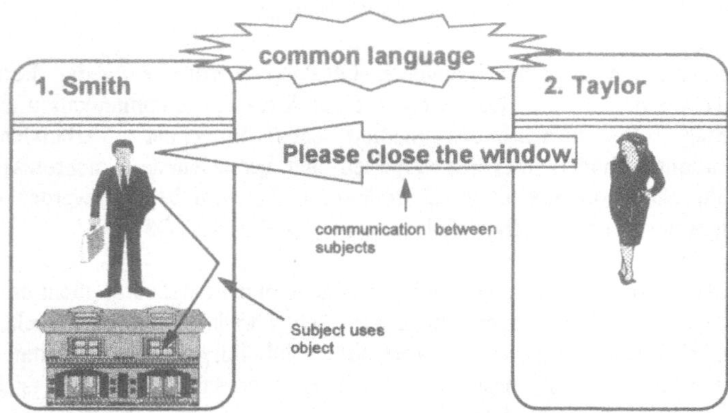

Bild 2: Kommunikation von Subjekten

Das Subjekt Smith führt an seinem privaten Objekt Haus die Operation Fenster schließen aus nachdem es durch ein anderes Subjekt Taylor dazu aufgefordert wurde. Die Subjekte Smith und Taylor kommunizierten dazu miteinander. Die gemeinsame Sprache ist allen kommunizierenden Subjekten bekannt.

Neben der Kommunikation können Subjekte auch Objekte an andere Subjekte weiterreichen. Ein Subjekt füllt ein Formular teilweise aus und reicht dieses Objekt zur Bearbeitung an ein anderes Subjekt weiter.

Subjekte d.h. aktive Elemente können auf verschiedene Weise implementiert sein. Das Subjekt daß ein Objektorientiertes System über eine Objektorientierte Oberfläche ist durch einen Menschen realisiert. Andere Realisierungsmöglichkeiten sind technische Prozesse und Rechenprozesse eines Computerprogramms.

Subjekte handeln parallel zueinander d.h. sie kommunizieren untereinander und benutzen Ihre privaten und gemeinsamen Objekte. Damit ist ein Subjekt charakterisiert durch seine privaten Objekte die es ´besitzt´, die mit anderen Subjekten gemeinsamen Objekte die es mitbenutzt, die Objekte die an andere Subjekte weitergereicht werden und die Nachrichten die es mit anderen Subjekten austauscht.

Häufig wird Programmierung als die Beschreibung eines Ausschnitts der Wirklichkeit betrachtet und schafft aber gleichzeitig eine andere Wirklichkeit. Wenn man die Welt im täglichen Leben mit dem Grundmuster Subjekt + Prädikat + Objekt beschreibt, warum soll man dies nicht auch in der Programmierung ausprobieren wie oben versucht wurde zu motivieren.

Subjektorientierte Programmierung = Parallele Prozesse + Methoden + Objekte

Parallele Prozesse führen somit analog dem Subjekten folgende Basisaktivitäten aus:
- Sie kommunizieren untereinander. Was im wesentlichen heißt:
  - Senden von Nachrichten
  - Empfangen von Nachrichten

  Daraus folgt wiederum daß eine gemeinsame Sprache notwendig ist d.h. die Typen der ausgetauschten Nachrichten und die erlaubten Typen der möglichen Nachrichtentypen sind allgemein bekannt.
- Benutzen von Objekten

Die Benutzung von Objekten wird mit ihren Prädikaten beschrieben. Beim Benutzten von Objekten kann unterschieden werden zwischen privaten und gemeinsamen Objekten. Die Operationen eines privaten Objekts werden exklusiv von einem Subjekt angestoßen, während bei gemeinsamen Objekten mehrere Prozesse dies tun können.

- Weitereichen von Objekten
  Ein Subjekt kann ein Objekt an ein anderes Objekt weiterreichen. Dem anderen Objekt muß dann allerdings die Klasse dieses Objekts bekannt sein. Ein Subjekt daß ein Objekt von einem anderen Subjekt erhält kann verschiedene Operationen auf diesem Objekt ausführen und es dann an ein anderes Subjekt weiterreichen.

- Synchronisation
  Um ein gemeinsames Ziel zu erreichen muß die Zusammenarbeit von Objekten organisiert bzw. synchronisiert werden. Die Synchronisation ist verbunden mit dem Austausch von Nachrichten, dem Zugriff auf gemeinsame Objekte und dem Herumreichen von Objekten.

- Verhalten
  Das Verhalten eines Subjekts wird durch die Reihenfolge in der Nachrichten und Objekte ausgetauscht werden bzw. Operationen von Objekten ausgeführt werden.

3.2 Eine Methode zur Subjektorientierten Programmierung

Im folgenden soll ein erster Ansatz für die Subjektorientierte Programmierung eingeführt werden. Die wesentlichen Aspekte sollen an Hand eines Beispiels beschrieben werden. Eine vollständige Beschreibung findet sich in /FLEI95/.

Bei dem Beispiel handelt es sich um die bedarfsorientierte Steuerung einer Ampel an einer Kreuzung. Standardmäßig soll die Richtung Ost/West immer auf grün und die Nord/Süd-Richtung immer auf rot geschaltet sein. Nur falls ein Auto die Kreuzung in Richtung Nord/Süd überqueren möchte wird die Ampel umgeschaltet. Zur Registrierung von Autos gibt es eine Induktionsschleife. Das folgende Bild zeigt die Struktur der Ampelsteuerung.

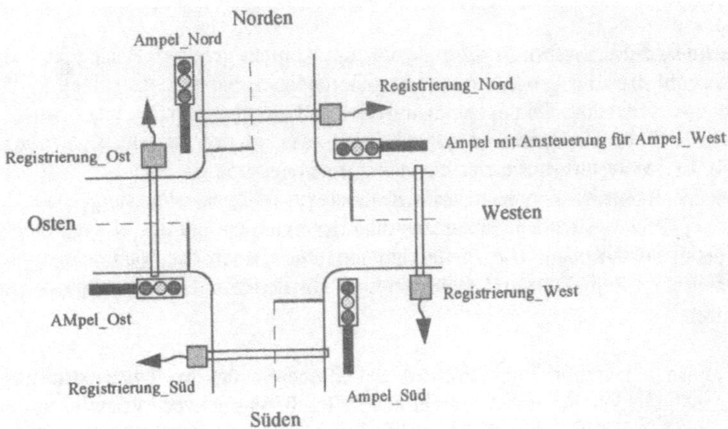

Bild 3: Ampelsteuerung

Im Weiteren wird nun ein Programm zur Steuerung der Ampel entwickelt. Zunächst wird der Kontext des zu entwickelnden Programms beschrieben, danach die Subjekte (Prozesse) des Programms festgelegt sowie die, deren Kommunikation untereinander bzw. mit den Subjekten des Kontext. Danach wird das Verhalten der Subjekte und die benutzten Objekte definiert.

3.2.1 Systemstruktur

Die Systemstruktur beschreibt die Entities die nicht zum zu entwickelnden Programm gehören, die Element des Programms und deren Kommunikation untereinander. Die Systemstruktur der Ampelsteuerung zeigt folgendes Bild. Zur Beschreibung der Systemstruktur wird eine Technik verwendet mit dem Namen SAPP (=Structured Analysis for Parallel Programs, siehe /FLEI94/).

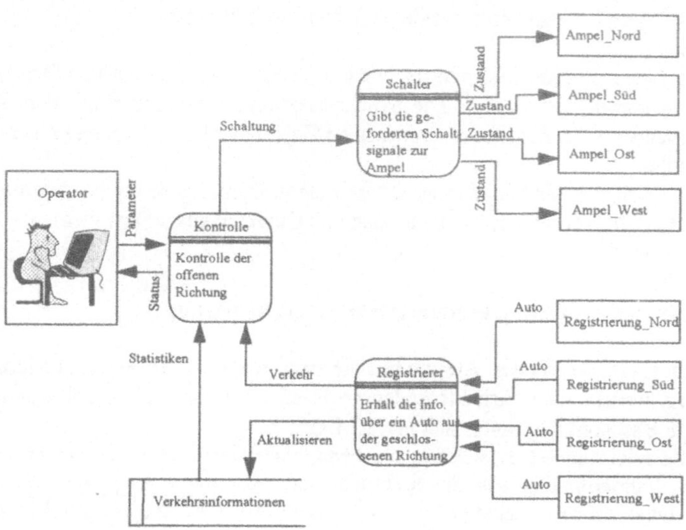

Bild 4: Systemstruktur der Ampelsteuerung

Rechtecke sind das Symbol für Entities die zum Kontext gehören. Rechtecke mit abgerundeten Ecken zeigen die zum Programmsystem gehörenden Subjekte. Das offene Rechteck zeigt ein Objekt das von den Subjekten Kontrolle und Registrierer benutzt wird. Das Subjekt Registrierer führt die Operation Aktualisieren aus und das Subjekt Kontrolle die Operation Statistik. In der Systemstruktur erscheinen nur gemeinsame Objekte.
Entities des Kontexts können technische Systeme (Ampelansteuerung) oder Menschen sein (Operator). Pfeile zwischen Subjekten und/oder externen Entities zeigen, daß sie mit diesen Nachrichten austauschen. Die Pfeile sind mit den Namen der Nachrichtentypen beschriftet. Pfeile zwischen Subjekten und Objekten sind mit den Namen der aufgerufenen Operationen beschriftet.

Neben diesen einfachen Möglichkeiten der Beschreibung der Systemstruktur gibt es noch weitere Möglichkeiten zur hierarchischen Beschreibung von komplexen Systemen. Ein komplexes System kann zunächst in mehrere Ebenen von Subsystemen zerlegt werden. Subsysteme wiederum können durch Komponentenebenen strukturiert werden. Komponenten bestehen aus mehreren Subjekten (Prozessen). Ebenso können Nachrichten zu Nachrichten-Sets zusammengefaßt werden.

3.2.2 Spezifikation von Subjekten

Nach der Beschreibung der Systemstruktur werden die einzelnen Prozesse beschrieben. Die Beschreibung der Prozesse gliedert sich in drei Teile:

- Der Input Pool beschreibt in welcher Weise ein Prozeß Nachrichten erhält. Hier wird festgelegt ob Nachrichten synchron, asynchron oder semiasynchron an dieses Subjekt gesendet werden können.
- Die Verhaltensbeschreibung legt fest in welcher Reihenfolge welche Nachrichten gesendet bzw. empfangen werden und in welcher Reihenfolge welche Operationen auf welchen Objekten ausgeführt werden oder welche Objekte wann an welches Subjekt weitergereicht werden.
- Die Beschreibung der von einem Subjekt benutzten Objekte.

Das folgende Bild zeigt die Spezifikation des Prozesses Registrierer mit der Methode PASS (Parallel Activity Specification Schema, siehe /FLEI94/). PASS erlaubt es auf sehr flexible Weise die Art des Nachrichtenempfangs zu spezifizieren und verwendet für die Verhaltensbeschreibung ein erweitertes Zustandsmodell.

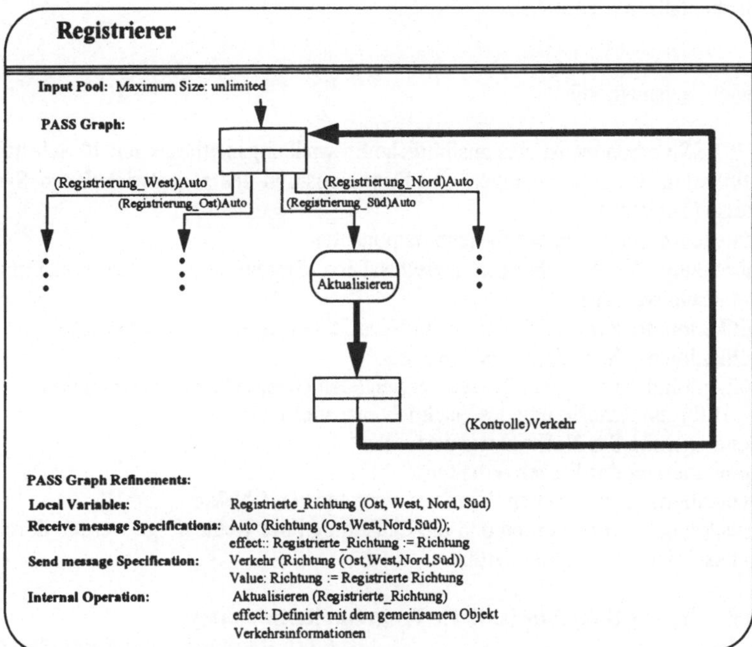

Bild 5: Spezifikation des Subjekts Registrierer

Die Input Pool Klausel beschreibt, daß der Prozeß Registrierer Nachrichten asynchron empfängt. Eine Input Pool Größe von Null würde z.B. dem synchronen Nachrichtenaustausch entsprechen. Es gibt die Möglichkeit eine bestimmte Anzahl von Plätzen für Nachrichten von bestimmten Prozessen im Input Pool zu reservieren. Ein Input Pool kann somit strukturiert werden, außerdem sind verschiedene Blocking und Ersetzungsstrategien bei vollem Input Pool möglich (Details dazu siehe /FLEI94/).
Der PASS Graph beschreibt das Verhalten eines Prozesses. Der Prozeß Registrierer wartet zunächst auf Nachrichten von den Registriersystemen (Der Anfangszustand ist mit einem kleinen Pfeil gekennzeichnet). Erhält er z.B. von Registrierung_Süd die Nachricht Auto wird der entsprechende Übergang in den nächsten Zustand ausgeführt.

Zu jedem Nachrichtentyp der empfangen werden kann gibt es eine sogenannte Receive Message Specification. Dies ist eine Operation eines Objekts. Diese Operation wird immer ausgeführt wenn eine Nachricht angenommen wurde d.h. aus dem Input Pool entfernt wurde. Damit wird der Effekt beschrieben den die Annahme einer Nachricht auf die lokalen Objekte hervorruft. In unserem Beispiel bedeutet dies lediglich, daß der Nachrichtenparameterwert in eine lokale variable übernommen wird.

Nach dem Empfang der Nachricht Auto wird die Operation Aktualisieren des Objekts Verkehrsinformationen ausgeführt. Die Ausführung dieser Operation führt in den nächsten Zustand wo die Nachricht Verkehr an den Prozeß Kontrolle gesendet wird (Übergangspfeil ist dicker). Zu jeder gesendeten Nachricht gibt es eine Send Message Specification. Dies ist eine Operation die immer angestoßen wird wenn die zugehörige Nachricht gesendet wird. Damit werden die Parameterwerte der gesendeten Nachricht ermittelt.

Das obige Beispiel zeigt nur einen geringen Ausschnitt der Möglichkeiten von PASS. PASS hat die Möglichkeit Übergängen Prioritäten zuzuordnen, Übergänge zeitlich zu überwachen, Makros für gleichartige Abläufe zu beschreiben, Subjekttypen festzulegen usw.. Details dazu finden sich ebenfalls in /FLEI94/.

3.2.3 Entwicklungsmethodik

Mit SAPP/PASS verbunden ist eine ausführliche Entwicklungsmethodik mit 10 Schritten:
1. Identifikation des Systemkontext und Dekomposition des zu entwickelnden Systems in Prozesse (Subjekte)
2. Informelle Beschreibung der Systemkomponenten
3. Beschreibung der Beziehungen zwischen den Systemkomponenten (Nachrichten die ausgetauscht werden)
4. Spezifikation der Synchronisation beim Nachrichtenaustausch (Input Pool)
5. Spezifikation des Verhaltens der Prozesse
6. Spezifikation der von einem Prozeß verwendeten Objekte bzw. Objektklassen
7. Entwurf für die Realisierung des Nachrichtenaustauschs
8. Implementierung des Nachrichtenaustauschs
9. Implementierung des Prozeßverhaltens
10. Implementierung der von den Prozessen verwendeten Objekte

Diese Entwicklungsschritte werden und die Einhaltung ihrer Reihenfolge werden durch das im Folgenden beschriebene Tool unterstützt.

4. Werkzeuge für die Subjektorientierte Programmentwicklung

Zur Unterstützung von Programmen mit SAPP/PASS stehen mehrere Werkzeuge zum Erstellen von Spezifikationen und erzeugen von Code zur Verfügung.

Die Werkzeuge unterstützen nicht alle Aspekte der Subjektorientierten Programmierung wie oben ausgeführt. Insbesondere ist das Weiterreichen von Objekten nicht möglich.

Im folgende wird die Funktionalität der Werkzeuge SYSMAN und PROCMAN kurz erläutert.

SYSMAN: Spezifikation der Systemstruktur

Mit SYSMAN wird der Kontext und die Struktur des zu realisierenden Systems beschrieben. Externe Entities, Subjekte (Prozesse) und die ausgetauschten Nachrichten können damit erfaßt werden. PROCMAN erlaubt auch die Einführung von Prozeßtypen.

Im Message Dictionary werden die ausgetauschten Nachrichten und ihre Parameter erfaßt.

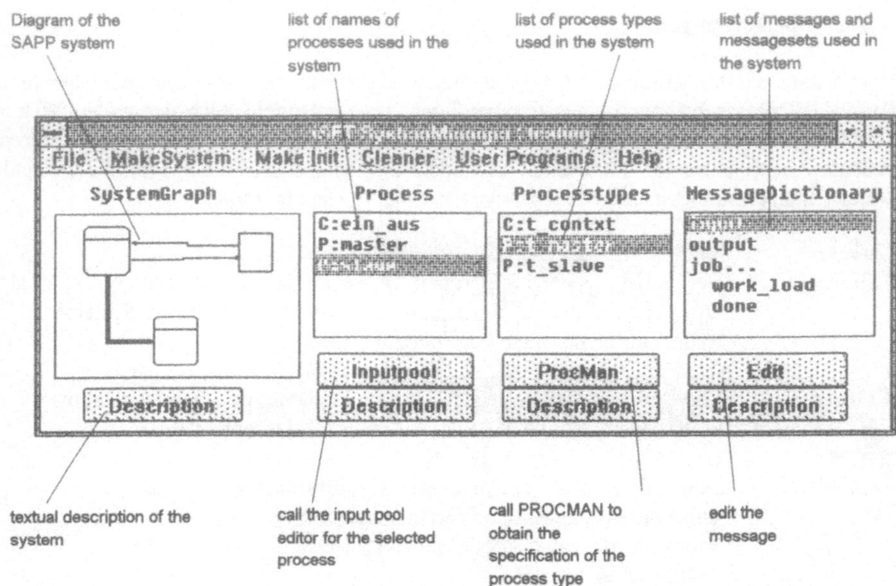

PROCMAN: Spezifikation von Subjekten

Mit PROCMAN werden die einzelnen Subjekte bzw. Subjekttypen detailliert beschrieben. Insbesondere wird die Spezifikation des Input Pools und des PASS Graphs unterstützt. Der Output von PROCMAN ist der Input für den Codegenerator. Für die Input Pools und die PASS Graphen kann unabhängig vom Zielsystem C-Code erzeugt werden.

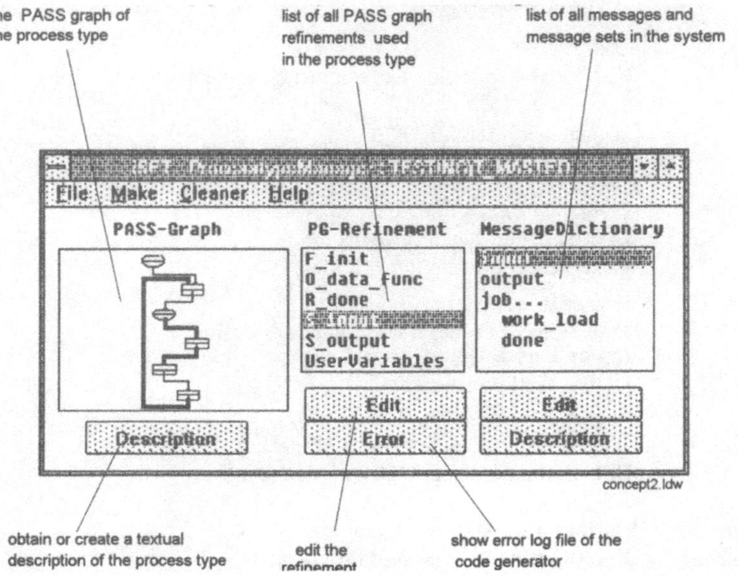

Zur Spezifikation der Objekte die in von einem Subjekt verwendet werden kann eine der üblichen Methoden und zugehörigen Werkzeuge für die Objektorientierte Programmierung verwendet werden.

5. Schlußbemerkungen

Der Ansatz der Subjektorientierten Programmierung erlaubt es, die Konzepte Objekte und Parallele Prozesse orthogonal zusammenzufügen. Dies entspricht auch der realen Welt wo zwischen aktiven und passiven Elementen unterschieden werden kann. Wenn Programmierung bedeutet, Ausschnitte der Wirklichkeit zu modellieren, dann sollten die Programmiertechniken dieser Unterscheidung in aktive und passive Elemente Rechnung tragen.

Literatur:

/BEDR93/ Berghoff J., Doemel P., Drobnik O., Feldhoffer M., Fleischmann A., et. al.
Development and Management of Communication Software Systems
Report of the University of Frankfurt, 1993

/CORBA91/ The Common Object Request Broker: Architecture and Specification
OMG Document No. 91.12.1 Revision 1.1; December 1991

/DODR91/ Doeml P., Drobnik O., Feldhoffer M., Fleischmann A., et. al.
Concepts for the Reuse of Communication Software
Report of the University of Frankfurt, 1991

/FLEI94/ Fleischmann A.
Distributed Systems, Software Design and Implementation
Springer Verlag, Berlin 1994

/GORO83/ Goldberg A., Robson D.
Smalltalk-80: The Language and Ist Implementation,
Addison Weseley, 1983

/SCHILL90/ Schill A.
Distributed Application Development: Problems and Solutions
Proceedings, International Networks and Data Communications
Lillehammer, March 1990

/SHWA89/ Shatz S.; Wang J.-P.
Distributed Software Engineering
IEEE Press, Washington 1989

/WEG87/ Wegner P.
Dimensions of Object-Based Language Design
OOPSLA 87 Proceedings

/WEG92/ Wegner P.
Dimensions of Object Oriented Modelling
IEEE Computer, Oct. 1992

/YOTO87/ Yonezawa A., Tokoro M. (Ed.)
Object Oriented Concurrent Programming
The MIT Press, Cambridge, MA 1987

Versions– und Konfigurationskontrolle komplexer Anwendungen mit Hilfe von VICO

Christian Sommer
Werum Datenverarbeitungssysteme GmbH
Erbstorfer Landstraße 14
21337 Lüneburg

1. Überblick

Die Thematik der Versions– und Konfigurationskontrolle und –verwaltung stellt sich typischerweise bei prozeßorientierten (Realzeit–)Anwendungen. Bei der Softwareentwicklung und –pflege für Produkte, aber auch innerhalb projektspezifischer Lösungen, ergibt sich oft die Notwendigkeit, die Programme weiterzuentwickeln bzw. speziell zu modifizieren und gleichzeitig die ausgelieferten Versionen für z.B. Wartungsarbeiten weiterhin bereitzuhalten.

Bedingt durch die unterschiedlichen Aufgabenteile z.B. eines Prozeßüberwachungssystems mit den Komponenten

- Datenerfassung
- Datenhaltung
- Visualisierung
- Evaluierung
- Dialogführung

ergeben sich schnell sehr komplexe Strukturen und Abhängigkeiten. Weiterhin haben diese Systeme oft ein heterogenes Umfeld, z.B. durch

- unterschiedliche Hardwareplattformen
- verschiedene Programmiersprachen je nach Teilaufgabe
- Einsatz von Tools für Dialoge und Visualisierung
- SQL–Datenbanken
- Reportgeneratoren
- usw.

Berücksichtigt man zusätzlich, daß die Aufgaben üblicherweise von mehreren Personen parallel im Team bearbeitet werden, erhält man ein Umfeld, das ohne den Einsatz eines effizienten Verwaltungswerkzeugs kaum noch überschaubar ist.

Wesentliche Aspekte für ein solches Verwaltungswerkzeug sind dabei:

- Schnittstellenkontrolle
- Variantenverwaltung

- Konsistenzsicherung
- Wiederverwendbarkeit
- Mehrbenutzerfähigkeit
- Offenheit für die Integration von Tools wie
  - -- Editoren
  - -- Compiler, Linker
  - -- Dialogerstellung
  - -- Datenbanken
  - -- Reportgeneratoren
- Berücksichtigung von Mehrsprachigkeit
- Dokumentation

Im folgenden wird anhand von einfachen Beispielen aufgezeigt, wie solche Aufgaben mit Hilfe des Werkzeugs VICO (Version, Interface and Configuration Control) durchgeführt werden.

2. Softwarestrukturierung

Ein komplexes Programmsystem wie z.B. das zuvor erwähnte Prozeßüberwachungssystem gliedert sich in weitgehend unabhängige Teilkomponenten (z.B. Datenerfassung, Visualisierung, usw.) Abhängigkeiten werden durch Schnittstellendefinitionen (Routinen, Datentypen) festgelegt. Die Implementierung der Funktionalität ist dabei von der Schnittstelle getrennt.

Die Modularisierung schafft die Voraussetzung für

- die Wiederverwendung von Softwarekomponenten in anderen Programmsystemen mit ähnlicher Aufgabenstellung

- den Austausch der Implementierung eines Moduls ohne Änderungen in den Programmen, die die Schnittstelle dieses Moduls benutzen

Ein typisches Beispiel ist ein Modul zur File−Ein/Ausgabe, der einerseits unverändert in verschiedenen Programmsystemen eingesetzt werden kann, der andererseits aber auch bei gleicher Schnittstelle einmal mit Hilfe von UNIX−, ein weiteres Mal mit Hilfe von VMS−Aufrufen implementiert werden kann.

VICO unterstützt diese Strukturierung der Software. Ein System kann sich aus beliebigen Subsystemen, die wiederum Subsysteme enthalten können, aufbauen. Subsysteme sind unabhängige Komponenten, die eine bestimmte Funktionalität erfüllen und z.B. als Library zur Verfügung gestellt werden können. Subsysteme können von mehreren Systemen benutzt werden. In dem folgenden Beispieldiagramm wird das Subsystem Datenhaltung von den beiden Systemen Prozeßüberwachung und Instandhaltung gemeinsam benutzt.

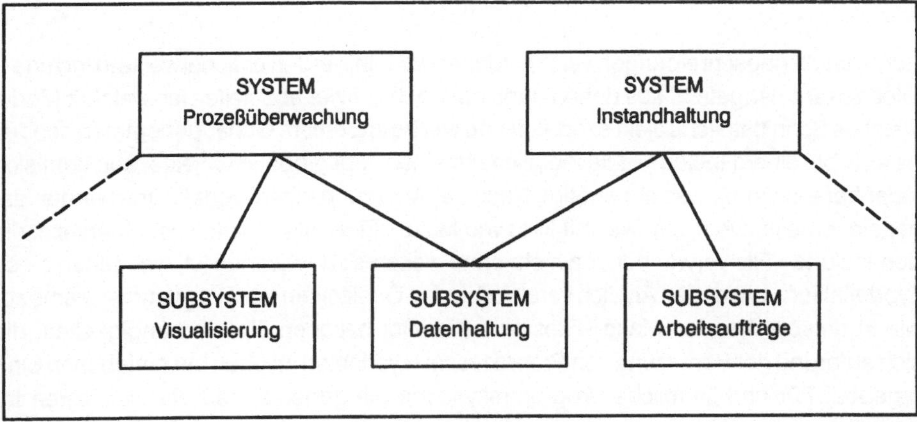

Bild 1: Systeme, Subsysteme

Die Objekte, Systeme und Subsysteme können beliebig viele Moduln enthalten. Ein Modul wird durch seine Schnittstelle (EXPORT Objekt, bereitgestellte Funktionalität) charakterisiert. Andererseits benutzt ein Modul Funktionen eines anderen (IMPORT Objekt), indem eine Referenz zu dessen Schnittstelle aufgebaut wird.

Für die Implementierung der Funktion stehen Objekte vom Typ FRAME zur Verfügung. Die Objekte OBJECTCODE bezeichnen die Ausprägungen (Ergebnisse) eines Moduls nach der Produktion (Compilation aber auch z.B. Ergebnis eines Reportgeneratorlaufs, s.u.).

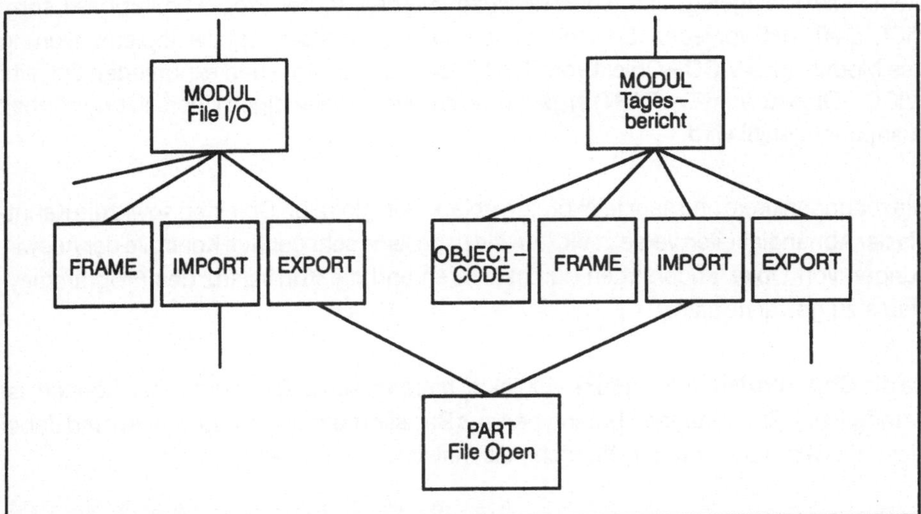

Bild 2: Moduln, Import, Export, Frame, Objectcode

3.   Schnittstellenkontrolle

Schnittstellenbeschreibungen verschiedener Moduln werden üblicherweise in Include–Files zusammengefaßt, aus denen dann nur noch schwer abzuleiten ist, welcher Modul welches Schnittstellenobjekt exportiert und wer es importiert. Genaugenommen handelt es sich bei einem Include–File lediglich um einen Topf globaler Objekte, aus dem sich jeder herausnimmt, was er benötigt. Nach der Änderung einer Typdefinition werden daher sicherheitshalber, zumeist mit Hilfe von Make–Files, alle Quellen neu übersetzt, die den Include–File verwenden, da nicht ohne weiteres zu erkennen ist, wer genau diese Typdefinition verwendet. Ähnlich versteckt in den Quelltexten des Programmsystems sowie in entsprechenden Make–Files sind die Informationen über Abhängigkeiten, die sich aufgrund der Benutzung von Preprozessor–Variablen im oben beschriebenen Sinn ergeben. Für herkömmliche Programmsysteme gilt generell, daß die exaktesten Informationen über Abhängigkeiten in zahlreichen Quell–, Include– und Kommando–Files versteckt werden.

Zur Unterstützung der Schnittstellenkontrolle sieht VICO eine textuelle Trennung der Schnittstelle z.B. eines C– oder PEARL–Moduls von der Implementierung dieses Moduls vor. Die Schnittstelle wird definiert durch globale Objekte wie Typen, Konstanten, Variablen, aber auch durch Prozedurköpfe. Alle globalen Objekte oder Gruppen von globalen Objekten können als eigenständige VICO–Objekte in die Datenbank eingetragen werden. Daraufhin hat der Systementwickler explizit die Import– und Exportbeziehungen festzulegen.

Damit kann in der Feinspezifikationsphase die modulare Struktur des Programmsystems exakt festgelegt und jederzeit erfragt werden. In der Programmierphase sorgt VICO dafür, daß vor jedem Editiervorgang und jeder Übersetzung die Implementierung des Moduls (das VICO–Objekt vom Typ FRAME) um die im– und exportierten Objekte (VICO–Objekte vom Typ PART) ergänzt und zu einer vollständigen Übersetzungseinheit zusammengefaßt wird.

Die redundanzfreie und sehr feinkörnige Ablage von globalen Objekten sowie die Kenntnis der Abhängigkeiten versetzt VICO in die Lage, eine sehr genaue Kontrolle der Auswirkungen von Objektänderungen durchzuführen und die Konsistenz des Programmsystems zu gewährleisten.

Da die Objektbeziehungen (PART–Objekte) hierarchisch aufgebaut werden können, ist es möglich, z.B. strukturierte Datentypen aus Basiskomponenten aufzubauen und dabei diese Basiskomponenten nicht nochmals definieren zu müssen.

Wird z.B. in dem folgenden Beispiel der Datentyp 'Dateiname' modifiziert, so wird diese Veränderung sowohl für die Schnittstelle 'File Open' als auch für die Schnittstelle 'Druckauftrag erstellen' registriert.

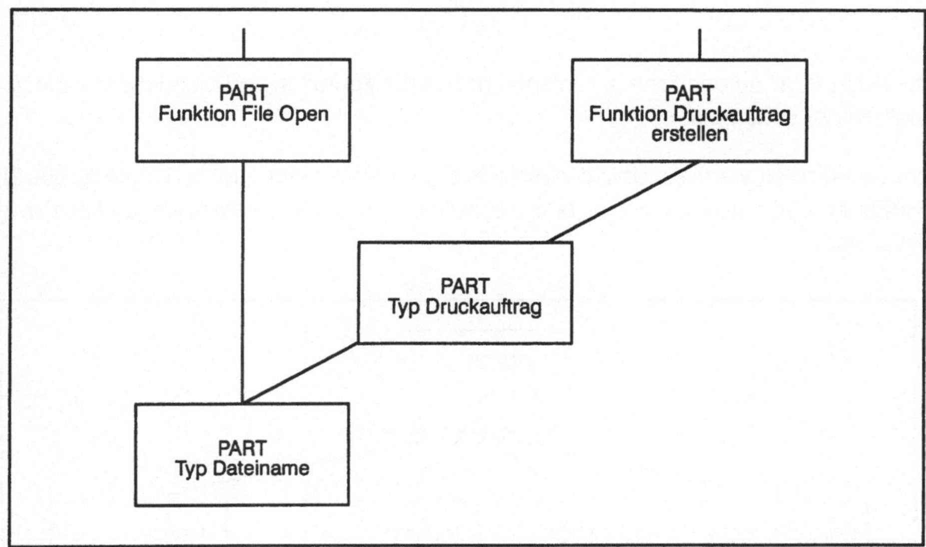

Bild 3: Hierarchische Parts

4.   Variantenverwaltung

Alle VICO—Objekte (insbesondere VICO—Objekte vom Typ FRAME und PART) können
in beliebig vielen Versionen vorliegen. Damit hat der Systementwickler zahlreiche Möglichkeiten, ein ablauffähiges Programm zusammenzustellen. Zur Erzeugung und Verwaltung dieser verschiedenen Programm—Konfigurationen stellt VICO ein spezielles Konfigurationskonzept zur Verfügung.

Das Versions— und Konfigurationskonzept soll an dieser Stelle anhand eines Beispiels
erläutert werden.

In einer Datenerfassungskomponente ist ein Ringpuffersystem einer bestimmten Größe,
z.B. 100 Werte, vorgesehen. Der Datentyp und die entsprechende Konstante sind in einzelnen PART Objekten abgelegt. Der Ringpuffer wird in dem Modul 'Puffer' verwaltet. Der
Objektcode 'Puffer' wird durch Übersetzung des Moduls gebildet.

In einem anderen Projekt ist es notwendig, die Puffergröße auf 150 zu erhöhen. Hierfür
wird eine neue Version (hier Nr. 2) des Parts 'Puffergröße' erzeugt und neben der bisheri-
gen (Nr. 1) bereitgestellt. Weiterhin wird eine zweite Version des Objektcodes 'Puffer' gebildet, die das Puffersystem mit dem größten Puffer umfaßt.

Zur Unterscheidung, welche Puffergröße für welchen Objektcode benutzt werden soll,
werden zwei Konfigurationen definiert. Objekte, die in beiden Konfigurationen benutzt
werden, z.B. der Part 'Ringpuffer', werden in beide eingefügt. In dem Moment, wenn auf
einen der beiden Objektcodes zugegriffen wird (z.B. beim Editieren oder Compilieren)

focusiert VICO automatisch die entsprechende Konfiguration und blendet somit die Varianten der anderen aus.

Im anderen Fall, wenn ein Objekt, das nur in einer Konfiguration liegt (z.B. Puffergröße 2), verändert wird, wird auch nur der entsprechende Objektcode dieser Konfiguration (Nr. 2) invalidiert.

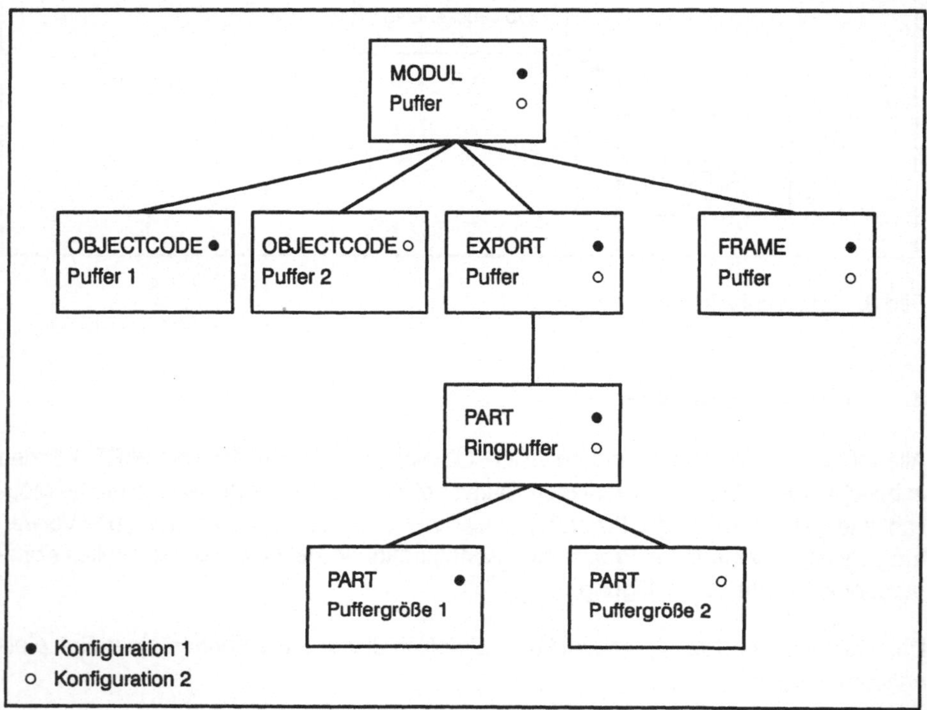

Bild 4: Version, Konfiguration

Durch die verschiedenen Möglichkeiten, Versionen und Konfigurationen zu bilden und zu kombinieren, ist es möglich, komplexe Abhängigkeiten übersichtlich zu definieren und zu verwalten. Für eine ausgelieferte Version eines Programmpakets (Release) kann z.B. eine Lieferkonfiguration definiert und gesperrt werden, um diesen Stand zu fixieren.

Dadurch, daß die Versionen der einzelnen Objekte dieselben Beziehungen zu dem Umfeld haben, kann auf diese auch gemeinsam zugegriffen (z.B. editiert) werden. Andererseits kann durch Focusierungen die Sicht des Anwenders auf bestimmte Konfigurationen eingeschränkt werden.

5. Versionen durch mehrere Programmiersprachen

In dem Umfeld der Prozeßdatenverarbeitung kommt es oft vor, daß einzelne Programmteile in unterschiedlichen Programmiersprachen realisiert werden. Dabei müssen z.B. die Schnittstellenbeschreibungen in mehreren Varianten erstellt und gepflegt werden. Abhängigkeiten sind dabei meist schwer zu kontrollieren.

Durch entsprechende Objektdefinition und Konfigurationseinstellung können solche Probleme mit Hilfe von VICO vermieden werden. Zur Verdeutlichung soll das nächste Beispiel dienen.

Eine Schnittstellendefinition liegt sowohl in PEARL als auch in C vor. Neben den Routinenköpfen sollen auch die Datentypen verwaltet werden. In VICO wird jeweils ein PART für die PEARL— und die C—Ausprägung angelegt. Weiterhin sind die Konfigurationen PEARL und C definiert. Die Konfigurationszuordnung ist aus dem folgenden Bild zu ersehen:

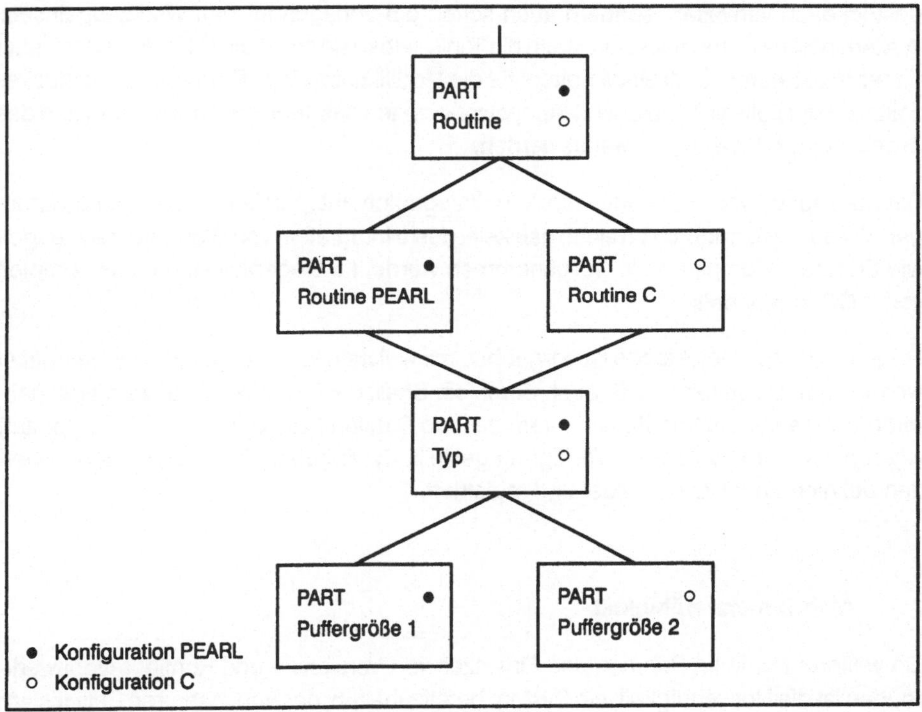

Bild 5: Mehrsprachigkeit

Sowohl für den Datentyp als auch für die Routine wird ein zusätzlicher Part, der in beiden Konfigurationen liegt, als Strukturierungsknoten eingefügt. Dieser kann auch Daten enthalten, die für beide Varianten benötigt werden (z.B. beschreibende Kommentare). Der Vorteil dieser Strukturierungsknoten liegt darin, daß Referenzen aus anderen anwendenden Teilen auf den Datentyp oder die Routine zunächst ohne das Wissen der unterschiedlichen Varianten aufgebaut werden können. Erst die Konfiguration, die in dem Objektcode des anwendenden Moduls festgelegt ist, bestimmt die Auswahl der Variante.

6. Integration von Tools

Für die Programmerstellung werden heutzutage neben der eigentlichen Programmierung mit Compilern und Linkern immer mehr Werkzeuge zur Generierung von Programmteilen aus deskriptiven Formen oder per Dialogsystem eingesetzt. Beispiele hierfür sind u.a. Dialogerstellungstools, Reportgeneratoren oder aber auch SQL−Precompiler. Die Ergebnisse dieser Werkzeuge werden dann mit den "klassischen" Programmteilen zusammengefügt.

Im Rahmen einer vollständigen Versions− und Konfigurationsverwaltung ist es wünschenswert, nicht nur die Ergebnisse dieser Werkzeuge, also die generierten Codestücke, zu verwalten, sondern auch schon die Vorlagen für den Werkzeugeinsatz. Weiterhin ist es wünschenswert, auch die Tools selbst wie sonst die Compiler oder Linker direkt zu aktivieren. Statt eines Editors für die Modifikation eines Programmcodestückes sollte z.B. im Falle von Dialogerstellungswerkzeugen das Tool gestartet werden und das Ergebnis (z.B. Savefile) verwaltet werden.

Die Konzeption von VICO unterstützt Toolintegration entsprechend den o.g. Forderungen. Dieses wird dadurch erreicht, daß keine feste Integration von Standardwerkzeugen wie Editoren, Compilern etc. vorgenommen wurde. Im Gegenteil sind diese komplett von VICO entkoppelt.

Für jeden Modul/Objektcode ist vorgebbar, mit welchen Werkzeugen dieser bearbeitet werden soll. Dieses kann z.B. auch durch ein Shellscript mit Kombinationen aus mehreren Tools sein. Die benötigten Parameter und Dateien (teilweise temporär aufgebaut) werden von dem System zur Verfügung gestellt. Die Ergebnisse der Operationen werden definiert an VICO gemeldet und registriert.

7. Mehrbenutzerfähigkeit

Ein weiterer Punkt im Rahmen des Einsatzes von Versions− und Konfigurationswerkzeugen ist die Notwendigkeit, ein System bereitzuhalten, das von mehreren Entwicklern gleichzeitig benutzt werden kann. Neben den zwangsläufigen Forderungen, den konkurrierenden Zugriff auf gemeinsame Ressourcen zu lösen, gehören hierzu aber auch Aspekte wie ein umfangreiches Auskunftssystem, um vorhandene Teile zu finden oder Abhängigkeiten aufzudecken. Ferner ist es wichtig, daß Aktivitäten protokolliert werden.

Das Verwaltungswerkzeug VICO arbeitet datenbankgestützt. Durch die Server/Client−Mechanismen können die parallelen Zugriffe gut unterstützt und die Konkurrenzen gelöst werden. Basierend auf den Datenbankeinträgen sind effiziente Abfragemöglichkeiten gegeben.

In umfangreichen Projekten kommt es oft vor, daß Pflegearbeiten von einem auf den anderen Mitarbeiter übergehen. Ein Verwaltungswerkzeug, das die Software in einer homogenen Weise unabhängig von dem Umfeld wie Rechner oder Betriebssystem dem Anwender präsentiert, kann die Einarbeitungszeit stark reduzieren.

Dieses wird allein schon dadurch erreicht, daß die Art der Softwarestrukturierung ähnlich ist. Die notwendigen Operationen wie Make oder Edit sind projektunabhängig und überall in gleicher Art und Weise aktivierbar. die hierarchischen Objektabhängigkeiten lassen sich am besten durch eine grafische Darstellung des Strukturierungsbaumes anzeigen (vgl. Abbildungen).

8. Literatur

[1]   Krömker, D.; Steusloff, H.; Subel, H.−P.: "PRODIA und PRODAT. Dialog− und Datenbankschnittstellen für Systementwurfswerkzeuge." Springer Verlag Berlin Heidelberg, 1989.

[2]   Subel, H.−P.: "Datenbankgestützte Versions− und Konfigurationsverwaltung mit VICO". Software−Entwicklungs−Systeme und −Werkzeuge, TAE Esslingen, 1989.

[3]   Werum: "VICO, Benutzerhandbuch Version 4", Lüneburg, 1994.

Fuzzy-Regelung mit einem PEARL-basierten freikonfigurierbaren Automatisierungsgerät

J. Becker, H.J. Beestermöller, G. Thiele, D. Popović

Universität Bremen, Institut für Automatisierungstechnik, FB1, Kufsteinerstraße,
D-28334 Bremen, e-mail: beester@theo.physik.uni-bremen.de

Zusammenfassung. Bei der Automatisierung technischer Prozesse
werden in der prozeßnahen Ebene in modernen Speicherprogrammierba-
ren Steuerungen (SPS) neben konventionellen Reglern (z.B. PID) zunehmend auch Fuzzy-Regler eingesetzt. Die Verwendung von Fuzzy-Regelungen ist u.a. dann vorteilhaft, wenn technische Prozesse geregelt werden
sollen, für die ein analytisches Modell schwer ermittelbar ist. Bei einem
Fuzzy-Regler tritt dabei an die Stelle des analytischen Modells das in
Form von WENN-DANN-Regeln formulierte Prozeßwissen.

In diesem Beitrag wird gezeigt, wie es mit dem in [3] als „PEARL-SPS"
vorgestellten Automatisierungsgerät möglich ist, neben konventionellen
Regelungen und Steuerungen auch Fuzzy-Regelungen funktionsblockori-
entiert zu konfigurieren, wobei nur drei zusätzliche Funktionsblocktypen
benötigt werden.

Besondere Eigenschaften des hier vorgestellten Systems sind u.a. die
Online-Konfigurierbarkeit und -Parametrierbarkeit, die Durchgängigkeit
der Konfigurierung mit beliebigen Funktionsblocktypen und die Einplan-
barkeit der konfigurierten Regler und Steuerungen als konkurrierende
Tasks mit beliebig wählbarer Abtastperiode und Priorität unter der pre-
emptiven PEARL-Taskverwaltung. Die gesamte Software der „PEARL-
SPS" ist in PEARL auf einem VMEbus-Rechner (MC 68020, 16 MHz)
unter RTOS-UH implementiert.

Im Hinblick auf die Anwendung in der Ausbildung ist die Konfigurierung
mit der für die konventionelle Regelung in der PEARL-SPS verwendeten
Windows-orientierten Benutzeroberfläche auch ohne zusätzliche Fuzzy-
Konfigurierungsunterstützung möglich.

Die Funktionsweise der neu implementierten Fuzzy-Funktionsblöcke wird
durch Vergleich des Verhaltens simulierter typischer Regelkreise mit konventioneller und mit Fuzzy-Regelung verifiziert.

1   Einleitung

Speicherprogrammierbare Steuerungen werden heute von einer Vielzahl von Herstellern angeboten und dominieren neben Kompaktreglern die Feldebene verteilter Automatisierungssysteme. Seit dem Vorjahr liegt die internationale Norm
IEC-1131 [1] vor, die in ihrem Teil 3 die Konzepte zweier textueller und zweier
graphischer Programmiersprachen für SPS-Systeme, jeweils eines niederen und
eines höheren Niveaus, vorschlägt. Von besonderer Bedeutung für die Erstellung zuverlässiger Realzeit-Software ist die Funktionsblock-Diagramm-(FBD)-

Sprache mit der Option der Petri-Netz-orientierten Darstellung sequentieller Steuerungen (Sequential Function Chart, SFC). In der Norm ist auch ein Task-Modell „mittleren" Niveaus sowie die Möglichkeit der Task-Kommunikation auf Funktionsblock-Niveau vorgesehen. Beide Leistungsmerkmale gehen i.a. über die Eigenschaften kommerziell verfügbarer Speicherprogrammierbarer Steuerungen deutlich hinaus [2].

Die in [3] vorgestellte PEARL-SPS ist einerseits ein vollständig offenes Software-System, andererseits weitgehend konsistent mit der IEC-1131. Sie beschränkt sich allerdings auf die FBD-Sprache (graphische Konfiguration) entsprechend ihrer Zielsetzung der anwendungsorientierten Erstellung zuverlässiger Realzeit-Software durch graphische Konfigurierung. Die Konfigurierung von Steuerungen ist durch die Einführung entsprechender Standard-Funktionsblökke (u.a. „SCHRITT-Block") in dieser Darstellungsform vorgesehen, so daß eine durchgängige Konfigurierung von Regelungen, Verknüpfungs- und Ablaufsteuerungen in der FBD-Sprache ermöglicht wird. Innerhalb von Funktionsblock-Diagrammen können Funktionsblöcke (FB) beliebigen Typs „gemischt" werden.

Funktionsblockdiagramme, die durch Konfigurierung „abgeleiteter" Funktionsblöcke (Derived Function Block) [1] vereinfacht werden können, sind implizit PEARL-Tasks. Dies geht über das Task-Modell der IEC-1131 hinaus, da jetzt alle Möglichkeiten der Task-Steuerung von PEARL [4, 14] zur Verfügung stehen. Insbesondere können Tasks sowohl zyklisch periodisch als auch zyklisch aperiodisch eingeplant [3, 14] werden. Task-Synchronisationen sind auf Funktionsblock-Niveau durch die Verwendung der an Mehrrechner-PEARL [5] orientierten Kommunikations-Funktionsblöcke mit parametriertem No-Wait-Send-Protokoll möglich [22]. Von besonderer Bedeutung ist im Konzept der PEARL-SPS, daß alle Konfigurierungen auf die Parametrierung vorprogrammierter Tasks abgebildet werden. Dadurch ist nicht nur die Online-Parametrierung, sondern auch ganz allgemein die Online-Konfigurierung von Tasks möglich, was eine hohe Flexibilität bei Änderungen im laufenden Betrieb bedeutet.

Die wachsende Bedeutung von Fuzzy-Regel-basierten Komponenten für die Automatisierungstechnmik legt eine Erweiterung der Funktionsblock-Bibliotheken um entsprechende Standard-Funktionsblöcke durch die SPS-Hersteller nahe [6, 7, 8]. Dabei wird die Transparenz der Fuzzy-Regler-Konfigurierung außerordentlich erhöht, wenn man die funktionelle Gliederung nach Fuzzifizierung, Regeln und Regelinferenz sowie Defuzzifizierung bei der Einführung von Fuzzy-Funktionsblöcken berücksichtigt [9, 18], ein Aspekt der bei der Akzeptanz durch den Anwender wie bei der Ausbildung, z.B. von Studenten, eine wesentliche Rolle spielt. Aus diesem Grunde wurde bei der PEARL-SPS diese Strukturierung in Anlehnung an [9] nicht nur übernommen, sondern über die graphische Konfigurierung auch zugänglich gemacht.

In den folgenden Abschnitten werden die Konzepte zur strukturierten Konfigurierung von Fuzzy-Reglern mit der PEARL-SPS sowie der aktuelle Stand der Eigenschaften der graphische Oberfläche zur Konfigurierung, zum Debugging sowie zur Online-Visualisierung und -Parametrierung prinzipiell und an Hand konkreter Automatisierungsbeispiele vorgestellt.

2 Projektierung von Fuzzy-Regelungen

In Automatisierungssystemen, in denen eine graphische Konfigurierung von Regelungen mittels Funktionsblöcken möglich ist, wie dies auch in der Norm IEC 1131-3 mit der FBD-Sprache vorgesehen ist, kann Fuzzy-Regelung durch Erweiterung der Funktionsblock-Bibliothek um geeignete Funktionblock-Typen ermöglicht werden. Dabei kann die gesamte Fuzzy-Regler-Funktionalität in einem einzigen Blocktyp „verschweißt" werden [7], oder es können Fuzzy-Regler aus elementaren Standard-Funktionsblöcken konfiguriert werden [6, 8, 10, 13]. Die zweite Variante bewahrt die Transparenz im Sinne der funktionellen Komponenten Fuzzifizierung, Fuzzy-logische Verknüpfung der Regelvorbedingungen und Regelinferenz sowie Defuzzifizierung. Diese kann zwar durch die Definition abgeleiteter Funktionsblöcke im Sinne der IEC 1131-3 in eine „Ein-Block-Darstellung" überführt werden, deren innere Struktur auf Anforderung aber offengelegt wird. Die strukturierte Konfigurierung von Fuzzy-Reglern eignet sich deshalb auch insbesondere für die Ausbildung. Sie liefert eine didaktisch geeignete Darstellung, weil die Regeln in der Verbindungskonfiguration der Standard-Funktionsblöcke jederzeit graphisch transparent sind. Darüber hinaus können Zugehörigkeitsfunktionen und methodische Parameter explizit den entsprechenden Funktionsblöcken zugeordnet werden. Dieses Konzept ist selbst dann von Vorteil, wenn man aus Gründen der graphischen Auflösung bei komplexeren Problemen die entsprechenden Konfigurationen aus den etwa verbal einzugebenden Regeln mit Unterstützung von zusätzlichen Tools ableitet. Derartige Tools können allerdings darüber hinaus z.B. mit Komponeneten zur Verifikation durch Simulation ausgestattet werden [7, 12, 13].

Oberflächen mit komfortableren Eigenschaften, i.a. aber geringerer Transparenz, werden häufig bei konfigurierbaren und nichtkonfigurierbaren Systemen eingesetzt, um Quellcode von Fuzzy-Reglern für entsprechende Zielrechner zu generieren [11, 12].

3 Konzept der Fuzzy-Regelung bei der PEARL-SPS

3.1 Grundlegende Eigenschaften

Eine geeignete Strukturierung des Fuzzy-Reglers in einzelne funktionelle Komponenten, wie sie benötigt werden, damit eine Konfigurierung im Sinne der IEC 1131-3 als FBD möglich ist, wurde in [9, 18] vorgeschlagen. Hierbei wird der Fuzzy-Regler in die drei elementaren Komponenten Fuzzifizierung, Regelwerk und Inferenz/Defuzzifizierung zerlegt. Diese Funktionen sind in entsprechende Funktionsblöcke FUZ, RULE und DFUZ umgesetzt worden.

Das angegebene Konzept ist für den Entwurf sowie die Implementierung und Integrierung von Fuzzy-Funktionsblöcken in die Funktionsblock-Bibliothek der PEARL-SPS übernommen und zum Teil ergänzt worden.

Der für die Fuzzifizierung eingesetzte FUZ-Funktionsblock, wie er in Abb. 1 dargestellt ist, ermöglicht es, bis zu sieben Zugehörigkeitsfunktionen (Fuzzy-Sets) zu definieren. Über den Parameter „typ" kann die Form der Zugehörigkeitsfunktionen selektiert werden. Implementiert sind Glocken- und Exponential- sowie Dreieck-, Trapez- und Rechteckfunktionen. Der Wert der Zugehörigkeit der Eingangsgröße x zu den jeweiligen Fuzzy-Sets wird an den zugeordneten Ausgängen $m_1, \ldots, m_7$ und zu den jeweiligen Komplementär-Sets an den Ausgängen $\overline{m}_1, \ldots, \overline{m}_7$ zur Verfügung gestellt. Die „anz" Zugehörigkeitsfunktionen der drei letztgenannten Typen werden über jeweils 4 Stützstellen $x_{i,1}, \ldots, x_{i,4}$ parametriert.

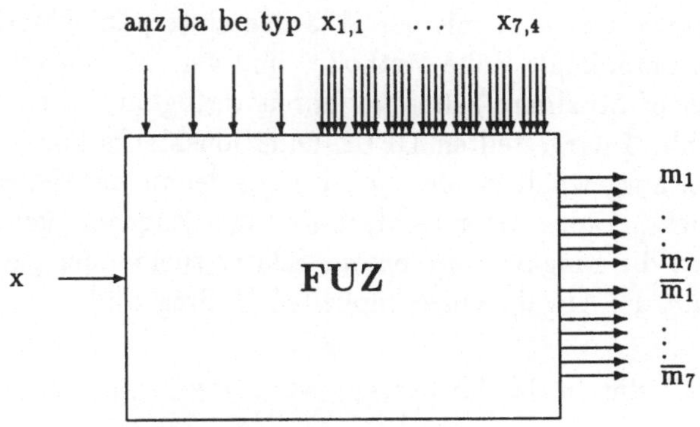

Abb. 1. FUZ-Funktionsblock

Für den Aufbau des Regelwerkes wird der in Abb. 2 dargestellte RULE-Funktionsblock verwendet. Mit diesem Funktionsblock ist es möglich, bis zu 20 Wahrheitswerte, die über die Eingänge $m_1, \ldots, m_{20}$ eingelesen werden, miteinander zu verknüpfen. Die logische Verknüpfung (UND/ODER) zweier aufeinanderfolgenden Eingänge wird über die Parameter $uo_1, \ldots, uo_{19}$ selektiert. Der Ausgang m_w des RULE-Funktionsblocks liefert den Wahrheitswert des WENN-Teils einer Regel.

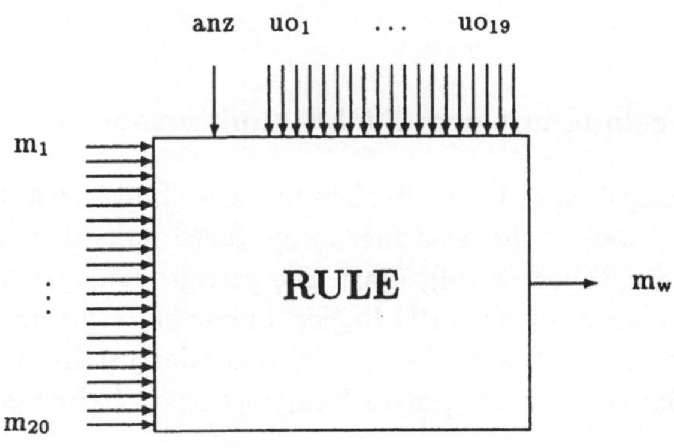

Abb. 2. RULE-Funktionsblock

Aus dem Wahrheitswert eines WENN-Teils (Vorbedingung) wird nun aufgrund des DANN-Teils (Folgerung) anteilig der zugehörige Ausgangs-Fuzzy-Set gefolgert. Durch „Komposition" der Folgerungen der einzelnen Regeln gewinnt man schließlich eine unscharfe Aussage über den Ausgang, die durch Defuzzifizierung auf eine scharfe Aussage abgebildet werden muß. Da die Form der Ausgangs-Fuzzy-Sets Parameter der Defuzzifizierung ist, ist es sinnvoll, den DFUZ-Funktionsblock auch das Ermitteln der regeldefinierten Anteile sowie deren Komposition mit übernehmen zu lassen. Als Inferenz-Methoden stehen die beiden gebräuchlichsten Methoden „Max-Min" und „Max-Prod" zur Verfügung. Für die Defuzzifizierung sind mit der „Flächenschwerpunkt-Methode" (Center of Gravity), der „Maximale-Höhe-Methode" und der „Mittelwert der Maxima"-Methode (Mean of Maximum) drei Verfahren verfügbar. Über den Parameter „dm" des in Abb. 3 dargestellten DFUZ-Funktionsblocks können die verschiedenen Verfahren ausgewählt werden. $y_{i,1}$ bis $y_{i,4}$ definieren wiederum die Stützstellen von dreick-, trapez- oder rechteck-förmiger Zugehörigkeitsfunktion. Mit g_1 bis g_7 können die Eingänge m_1 bis m_7 relativ zueinander gewichtet werden und „inr" erlaubt die Angabe einer impliziten Nullregel [9].

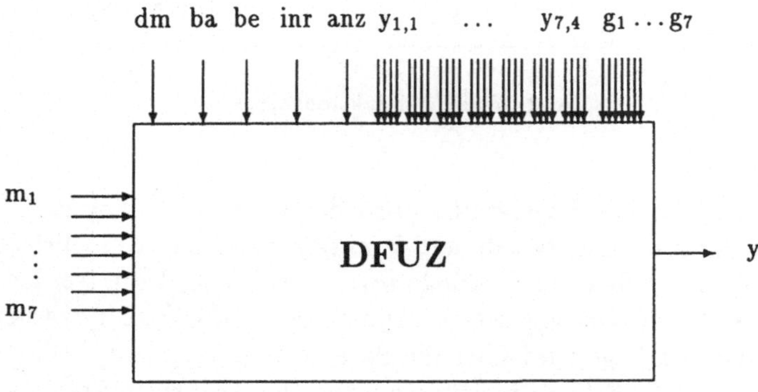

Abb. 3. DFUZ-Funktionsblock

3.2 Fuzzy-Regelung mit dem RULE-Funktionsblock

Ein einfaches Beispiel eines Fuzzy-Reglers mit zwei Eingängen und einem Ausgang ist in Abb. 4 dargestellt. Das zugehörige Regelwerk ist in WENN-DANN-Formulierung in der Tabelle 1 aufgeführt. Die gezeigte Reglerstruktur entspricht qualitativ einem konventionellen PD-Regler. In einem Verifikationsbeispiel, welches in Abschnitt 4 näher beschrieben ist, wird der dargestellte Fuzzy-Regler zur Regelung einer Strecke mit integralem Übertragungsverhalten eingesetzt (Abb. 5).

Als Eingänge des Fuzzy-Reglers dienen die Regeldifferenz e und deren zeitlichen Ableitung $\dot{e}$. Beide Größen werden zunächst mittels eines zugeordneten FUZ-Funktionsblocks fuzzifiziert. Für die Fuzzifizierung sind jeweils drei Zugehörigkeitsfunktionen (Fuzzy-Sets) definiert. Das Regelwerk des Fuzzy-Reglers

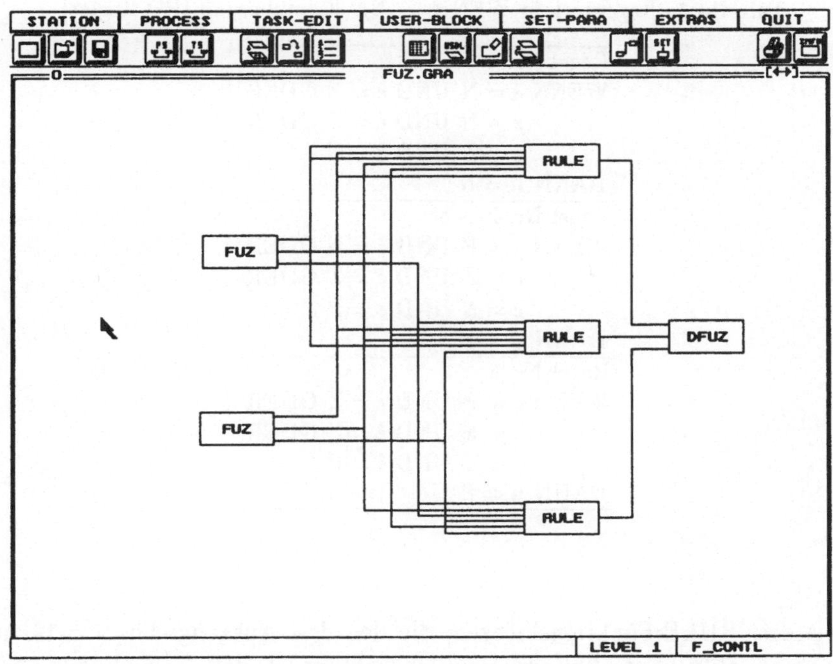

Abb. 4. Beispiel eines Fuzzy-Reglers mit RULE-Funktionsblock

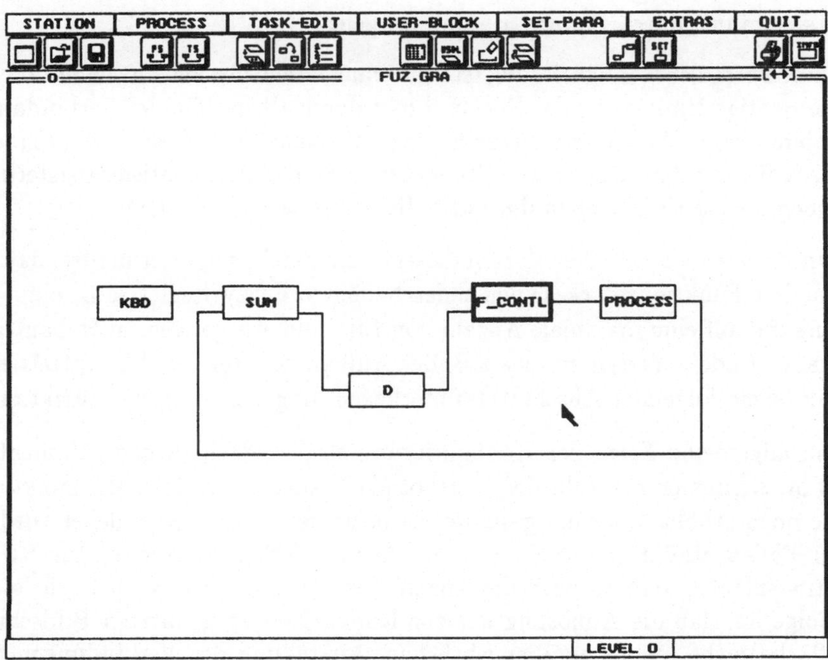

Abb. 5. Regelkreis und Fuzzy-Regler als „abgeleiteter Funktionsblock"

Tabelle 1. Regelwerk in WENN-DANN-Formulierung (PD-Regler)

Regel Nr. 1
WENN $e = $ N UND $\dot{e} = $ N ODER
$e = $ N UND $\dot{e} = $ Z ODER
$e = $ Z UND $\dot{e} = $ N
DANN $u = $ N
Regel Nr. 2
WENN $e = $ P UND $\dot{e} = $ N ODER
$e = $ Z UND $\dot{e} = $ Z ODER
$e = $ N UND $\dot{e} = $ P
DANN $u = $ Z
Regel Nr. 3
WENN $e = $ P UND $\dot{e} = $ Z ODER
$e = $ P UND $\dot{e} = $ P ODER
$e = $ Z UND $\dot{e} = $ P
DANN $u = $ P

ist mit drei RULE-Funktionsblöcken, die den drei Ausgangs-Fuzzy-Sets zugeordnet sind, aufgebaut (Abb. 4). Deutlich sichtbar ist, daß die Bedingungen des WENN-Teils einer Regel, entsprechend der in Tabelle 1 angegebenen Regeln, auf eine korrespondierende Verbindungskonfiguration abgebildet werden. Die logischen Verknüpfungen der Eingänge der RULE-Funktionsblöcke werden, wie bereits erwähnt, durch Parametrierung festgelegt.

Diese Form der Konfigurierung ist sehr transparent für den Anwender, da dieser die richtige Umsetzung der Regeln direkt durch Übrprüfen der Verbindungen verifizieren kann. Auf Grund dieser Eigenschaft eignet sich diese Verfahren auch sehr gut für die Ausbildung von Studenten, z.B. der Automatisierungstechnik, um einen leichten Einstieg in die Fuzzy-Regelung zu ermöglichen.

Ein weiterer wesentlicher Vorteil dieser Form der Konfigurierung ist, daß mit diesen drei Funktionsblock-Typen jeder beliebige Fuzzy-Regler, d.h. ohne Beschränkung auf eine maximale Anzahl von Ein- und Ausgängen, aufgebaut werden kann. Andere Verfahren, wie z.B. der Aufbau des Regelwerkes mittels einer Matrix (siehe folgender Abschnitt), unterliegen hingegen einigen Restriktionen.

Die allgemeine Form der Konfigurierung stößt jedoch in dem Moment an Grenzen, wenn sich die Zahl der Zugehörigkeitsfunktionen der FUZ-Funktionsblöcke noch erhöht, oder die gesamte Struktur des Reglers komplexer wird. In diesen Fällen erhöht sich nicht nur die Anzahl der zu verwendenden RULE-Funktionsblöcke, sondern auch die Anzahl der Verbindungen wächst sehr stark. Die Folge ist, daß die Auflösung der zur Konfigurierung genutzten Bildschirm-Oberfläche nicht mehr zur übersichtlichen Darstellung der Verbindungen ausreicht. Als Folge daraus muß zu anderen Darstellungsformen übergegangen werden, was i.a. eine Reduzierung der Transparenz mit sich bringt.

3.3 Fuzzy-Regelung mit dem MATRIX_RULE-Funktionsblock

Viele regelungstechnische Probleme können mit einem Fuzzy-Regler mit zwei Eingängen und einem Ausgang gelöst werden. Neben der im vorigen Abschnitt beschriebenen Methode wird von einigen Herstellern auch die bereits angedeutete Methode der Eingabe des Regelwerkes über eine Matrix [8], auch als Karnaugh-Diagramm bezeichnet [21], angeboten. Die Anzahl der Spalten- bzw. der Zeilenelemente der Matrix wird durch die Anzahl der Eingangs-Fuzzy-Sets des jeweils zugeordneten FUZ-Funktionsblocks bestimmt. Die Schlußfolgerung einer Regel mit einer UND-Verknüpfung des i-ten Fuzzy-Sets des ersten FUZ-Funktionsblocks mit dem j-ten Fuzzy-Set des zweiten FUZ-Funktionsblocks wird als i, j-tes Element der Matrix eingetragen. Die Umsetzung der in Tabelle 1 angegebenen Regeln in die entsprechende Matrix-Darstellung ist in Abb. 6 dargestellt. Enthalten WENN-DANN-Regeln eine ODER-Verknüpfung im Bedingungsteil, führt dies zu der selben Schlußfolgerung in mehreren Elementen der Matrix, gleichbedeutend mit der Aufspaltung in entsprechend viele Einzelregeln ohne ODER-Verknüpfung.

$\dot e$ \ e	N	Z	P
N	N	N	Z
Z	N	Z	P
P	Z	P	P

Abb. 6. „Regelwerk" in Matrixform

Konfiguriert wird das Regelwerk bei dieser Variante mit dem in Abb. 7 gezeigten MATRIX_RULE-Funktionsblock. Über die Eingänge $m_{1,1}, \ldots, m_{1,7}$ und $m_{2,1}, \ldots, m_{2,7}$ erhält der MATRIX_RULE-Funktionsblock die jeweiligen Wahrheitswerte der fuzzifizierten Eingangsgrößen, deren Verbindungskonfigurierung hier vorgeschrieben ist.

Die Dimension der Matrix wird, basierend auf der Anzahl der jeweiligen Eingangs-Fuzzy-Sets der FUZ-Funktionsblöcke, über die Parameter „anz1" und „anz2" bestimmt. Die Zuordnung der Matrixelemente zu einem von sieben möglichen Ausgangs-Fuzzy-Sets wird über die Parameter $zf_{1,1}, \ldots, zf_{7,7}$ vorgenommen. Die Wahrheitswerte der ODER-verknüpften WENN-Teile der Regeln mit gleicher Schlußfolgerung werden an den Ausgängen $m_{w1}, \ldots, m_{w7}$ zur Verfügung gestellt. Damit ist auch die Verbindungskonfigurierung der MATRIX_RULE-Ausgänge mit den Eingängen des DFUZ-Funktionsblocks hier eindeutig vorgeschrieben.

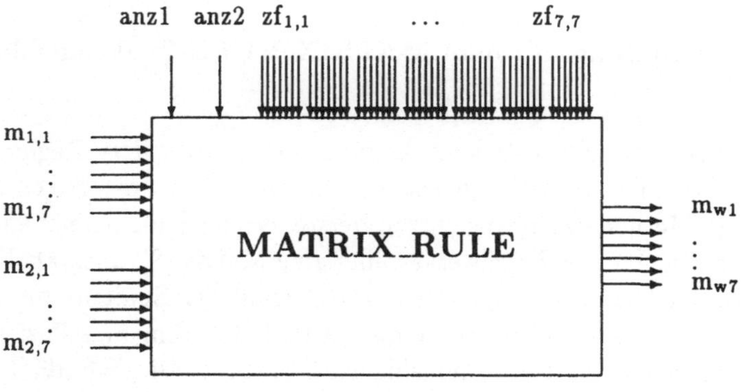

Abb. 7. MATRIX_RULE-Funktionsblock

3.4 Debugging und Visualisierung

Ein beim Entwurf eines Fuzzy-Reglers nicht zu unterschätzendes Problem liegt in der Wahl der geeigneten Regler-Parameter. Zu diesen Parametern zählen u.a. die Fußpunkte der Zugehörigkeitsfunktionen der FUZ- und DFUZ-Funktionsblöcke, deren Kurvenform sowie Inferenz- und Defuzzifizierungsmethode der DFUZ-Funktionsblöcke. Im allgemeinen wird ein Fuzzy-Regler konfiguriert und vorparametriert. Im Anschluß hieran wird sein Verhalten mittels Simulations-Tools verifiziert, bevor der Regler, u.U. auch direkt am Prozeß, „feinabgestimmt" wird. Einige Hersteller bieten für die Unterstützung der Simulation und Visualisierung des Regelverhaltens entsprechende Oberflächen an [6, 7, 8], die dem Anwender das Parametrieren des Fuzzy-Reglers erleichtern. Die Simulation des Fuzzy-Regler-Verhaltens kann bei dem hier vorgestellten System einerseits als Verifikation des Reglers durchgeführt werden, indem der Eingang des Reglers mit einem Funktionsgenerator-Funktionsblock und der Ausgang des Reglers mit einem Protokoll-Funktionsblock verbindungskonfiguriert werden. Mit Hilfe von Programmen wie EXCEL oder GNUPLOT [17] kann dann das Kennlinienfeld des Reglers veranschaulicht werden. Andererseits ist aber auch eine Validierung des Fuzzy-Reglers möglich, indem durch Verwendung eines Funktionsblocks zur Simulation des Streckenverhaltens, wie dies auch von einigen Herstellern [16] angeboten wird, ein geschlossener Regelkreis aufgebaut wird. Entsprechende Funktionsblöcke sind auch in der Funktionsblock-Bibliothek der PEARL-SPS enthalten.

Das Debugging und die Visualisierung des Fuzzy-Reglers werden bei der hier vorgestellten PEARL-SPS durch eine graphische Oberfläche unterstützt. Diese Oberfläche wurde unter RTOS-UH auf Basis des Window-Managers der Firma „esd" [15] entwickelt.

Dieses Tool bietet nicht nur die Möglichkeit, die Augenblickswerte der FUZ- bzw. DFUZ-Funktionsblöcke, sondern im Falle des MATRIX_RULE-Funktionsblocks auch die jeweils aktiven Regeln zu visualisieren. Weiterhin ist auch online eine Reparametrierung des Fuzzy-Reglers möglich, was die Flexibilität des Gesamtsystems erheblich erhöht. Beim DFUZ-Funktionsblock können u.a. auch die Defuzzifizierungsmethode sowie beim MATRIX_RULE-Funktionsblock die Verknüpfung der Eingangsgrößen reparametriert werden.

4 Verifikation der Fuzzy-Funktionsblöcke

4.1 Verifikations-Szenario

Für die Verifikation der FUZ-, RULE- (MATRIX_RULE) und DFUZ-Funktionsblöcke ist es zweckmäßig, ein Szenario mit reproduzierbarem und transparentem
Referenzverhalten zu verwenden. Diese Transparenz ist z.B. bei einem Regelkreis
mit konventionellem Regler mit transparentem Einfluß auf das Übertragungsverhalten gegeben. Die Reproduzierbarkeit der Ergebnisse kann am einfachsten
durch digitale Simulation der Regelstrecke in der. SPS selbst erreicht werden.

Die Untersuchungen werden zunächst unter Verwendung des MATRIX_-
RULE-Blocks (Abb. 7) durchgeführt, um gegen dieses Ergebnis denselben Regelkreis unter Verwendung des (allgemeinen) RULE-Blocks (Abb. 4) bei entsprechender Verbindungskonfiguration zu verifizieren.

4.2 Verifikations-Beispiel

Im hier betrachteten Beispiel wird eine Regelstrecke mit IT_1-Verhalten [19]
(Verzögerung und Integration) als typisches Modell für Lage-Regelstrecken gewählt. Das im – zur Simulation verwendeten – Strecken-Funktionsblock PRO-
CESS (Abb. 8) implementierte zugehörige Abtastmodell beschreibt die Regelstrecke in den Abtastzeitpunkten exakt. Als konventionelle Regler werden P-
Regler und PD-Regler gewählt. Die Übergangsfunktionen (Sprungantworten) der
geschlossenen Regelkreise mit konventionellen Reglern dienen jeweils als Referenz zum Vergleich mit dem Übergangsverhalten der gleichen Regelkreise, wenn
stattdessen Fuzzy-P-Regler bzw. Fuzzy-PD-Regler verwendet werden (Abb. 8).
Zugunsten höherer Transparenz werden für Ein- und Ausgangsgrößen der Fuzzy-
Regler jeweils nur 3 Fuzzy-Sets verwendet (Abb. 9).

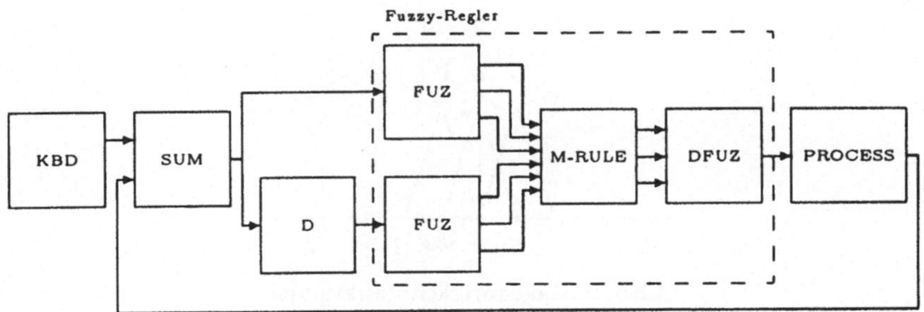

Abb. 8. Konfiguration des Fuzzy-Reglers mit dem MATRIX_RULE-Funktionsblock
(M_RULE)

4.3 Entwurf des Fuzzy-PD-Reglers

Der PD-Regler bestimmt die Stellgröße nicht an Hand der Regeldifferenz e allein, wie es beim P-Regler der Fall ist, sondern bezieht die Kenntnis der zeitlichen Ableitung der Regeldifferenz $\dot{e}$ mit ein.

Falls sich e nicht ändert ($\dot{e} = 0$), ist die qualitative Reaktion wie die des Fuzzy-P-Reglers [3], was der mittleren Spalte der „Regelmatrix" des MATRIX-RULE-Blocks in Abb. 6 entspricht (identisch zur e-Spalte). Falls e verschwindet, folgert man aus der Kenntnis der zukünftigen Werte von $\dot{e}$ die Identität der zweiten Zeile der Regelmatrix mit der $\dot{e}$-Zeile. Das „nordwestliche" Diagonalelement ergibt sich, weil $\dot{e} = N[egativ]$ dazu führt, daß e weiter ins Negative „getrieben" wird. Das „südöstliche" Diagonalelement ergibt sich, weil $\dot{e} = P[ositiv]$ e weiter ins Positive treibt. In den beiden äußersten Nebendiagonalelementen bewegt sich e bereits in die „richtige" Richtung, so daß als Stelleingriff $u = Z[ero]$ gewählt werden kann.

Durch Überlappung der Fuzzy-Sets, die durch entsprechende Zugehörigkeitsfunktionen für die Regler-Eingänge e und $\dot{e}$ sowie den Reglerausgang u definiert sind (Abb. 9), gehören Augenblickswerte von e bzw. $\dot{e}$ i.a. mehreren Fuzzy-Sets mit unterschiedlichem Zugehörigkeitsgrad an. Speziell wurden hier über den jeweiligen Wertebereich symmetrisch verteilte Fuzzy-Sets gewählt, um die Anzahl der Freiheitsgrade des Testszenarios zu veringern.

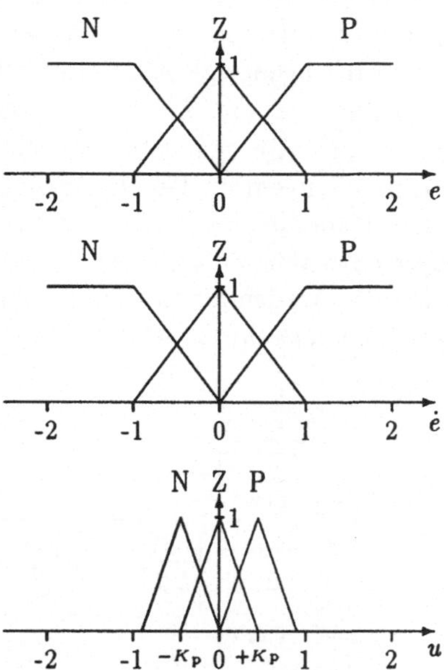

Abb. 9. Zugehörigkeitsfunktionen

Bei sonst festgehaltenen Parametern des Regelkreises ist sein zeitliches Verhalten von der Wahl der Verstärkung K_p abhängig, die beim Fuzzy-Regler über die Wahl des Stellgrößenbereichs der Ausgangsfuzzysets zwischen $-K_\mathrm{p}$ und $+K_\mathrm{p}$ (in Abb. 9: $K_\mathrm{p} = 0,45$) entsprechend gewählt werden kann.

4.4 Verifikations-Ergebnisse

Für die Verzögerung der Regelstrecke wurde die Zeitkonstante $T = 1,5$s bei einer Streckenverstärkung von $V = 1$ und der Abtastperiode $T_a = 0,5$s gewählt. Als Referenz für die Fuzzy-Regelung wurde ein P-Regler mit $K_p = 0,25$ bzw. ein PD-Regler mit $K_p = 0,45$ und $T_v = 1$s angenommen. Beide Fälle entsprechen aus regelungstechnischer Sicht einem geeignet gewählten Übergangsverhalten, wobei der Regelkreis mit konventionellem PD-Regler bei vergleichbarem Überschwingen „schneller" ausgelegt werden konnte.

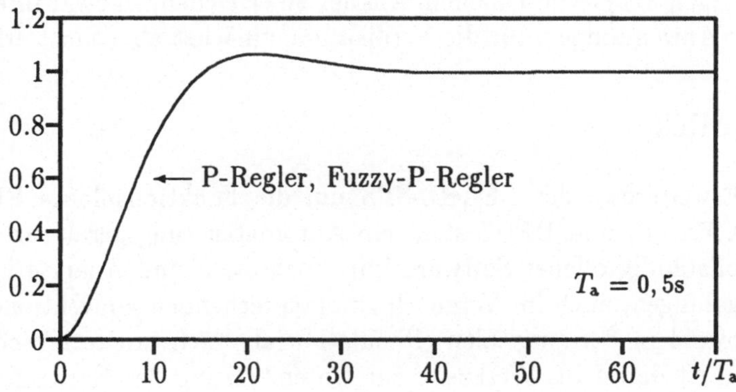

Abb. 10. Vergleich der Sprungantworten bei konventioneller und Fuzzy-P-Regelung

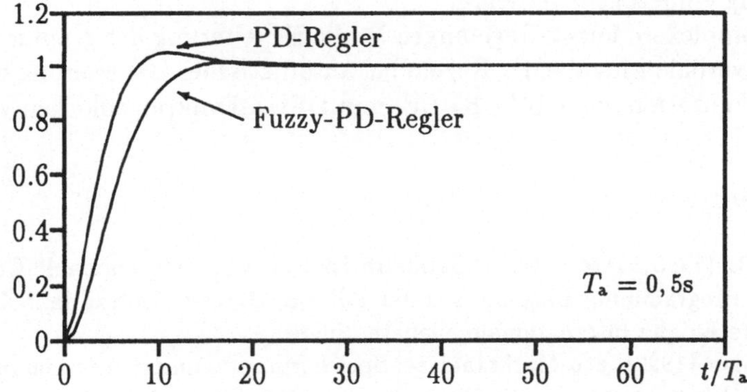

Abb. 11. Vergleich der Sprungantworten bei konventioneller und bei Fuzzy-PD-Regelung

Der Fuzzy-P-Regler geht formal aus dem Fuzzy-PD-Regler durch „Vortäuschen" von $\dot{e} = 0$ hervor (Abb. 6), wenn der Stellgrößenbereich der Ausgangs-Fuzzy-Sets noch dem geänderten K_p angepaßt wird.

Das Übergangsverhalten mit Fuzzy-P-Regler ist praktisch mit dem bei Verwendung des entsprechenden konventionellen P-Reglers identisch (Abb. 10). Im Falle des Fuzzy-PD-Reglers ist der Regelkreis etwas langsamer als mit konventionellem PD-Regler, tendenziell in der Güte gegenüber dem Übergangsverhalten mit Fuzzy-P-Regler aber erwartungsgemäß verbessert (Abb. 11).

Im allgemeinen kann man bei der „Nachbildung" dynamischer konventioneller Regler auch keine exakte Übereinstimmung erwarten, z.B. wegen der Festlegung der äußersten Nebendiagonalelemente der Regelmatrix in Abb. 6. Ein „Tunen" der Fuzzy-Sets, um etwa noch bessere Übereinstimmung oder sogar ein geringeres Überschwingen bei gleich schnellem Anstieg zu erreichen, ist zwar interessant für praktische Anwendungen, für die Verifikation zunächst aber nicht erforderlich.

5 Ausblick

Mit der Erweiterung der PEARL-SPS um die Funktionsblöcke FUZ, RULE (MATRIX_RULE) und DFUZ steht ein Automatisierungsgerät zur Verfügung, das bei vollständig offener Software Implementation und Analyse industrieller Fuzzy-Regelungen, auch im Vergleich zu entsprechenden konventionellen Regelungen, sowohl in der (digitalen) Simulation als auch am technischen Prozeß erlaubt. Es ist damit als Werkzeug zur Unterstützung des Entwurfs, insbesondere der Erarbeitung von Vorgehensweisen für den systematischen Entwurf von Fuzzy-Regelungen im Sinne aktueller Forschungsthemen [20], geeignet. Außerdem können mit ihm Entwurf und Einsatz von Fuzzy-Regelungen neben konventionellen Regelungen und Steuerungen in verteilten Systemen im Kontext moderner Realzeit-Systeme und konsistent zur geltenen Norm (IEC-1131) in die Ausbildung einbezogen werden.

Für komplexere Fuzzy-Regelungen ist die Erweiterung der graphischen Oberfläche für verbale Eingabe der Regeln bei automatischer Generierung der Verbindungskonfiguration von FUZ-, RULE- und DFUZ-Funktionsblöcken vorgesehen.

Literatur

1. IEC-1131 (1993). International Standard IEC 1131-3. Programmable Controllers—Part 3: Programming Languages. First Edition. Bureau Central de la Commission Electrotechnique Internationale, Genève, Suisse.
2. W. Klinker (1992). atp-Marktanalyse: Speicherprogrammierbare Steuerungen 1993. Teil 1: Kleinsteuerungen, atp 35 (3), pp. 180–199. Teil 2: Mittlere Systeme, atp 35 (4), pp. 250–266. Teil 3: Komplexe, große Systeme, atp 35 (5), pp. 318–329.
3. G. Thiele, H.J. Beestermöller, L. Renner, M. Dorno, D. Popović (1994). Task-Configuration of a PEARL-based Programmable Controller for Process Automation. In W.A. Halang (Ed.): Proc. of 19th IFAC/IFIP Workshop on Real Time Programming WRTP 94. Isle of Reichenau, 22–24 June 1994.
4. PEARL 90 (1993). Sprachreport, Vers. 1.0. GI-Fachgruppe 4.4.2 „Realzeitprogrammierung, PEARL". Gesellschaft für Informatik, Bonn.

5. DIN 66253 (1989). Programmiersprache PEARL, Teil 3: Mehrrechner-PEARL. Beuth-Verlag, Berlin.

6. N.N. (1994). Regeln mit SIMATIC S5. Firmenschrift der Fa. Siemens, Ausgabe 1/94.

7. J. Högener (1994). Erfolgreich automatisieren mit fuzzy-SPS. Franzis-Verlag, München.

8. K.D. Meyer-Gramann, B. Cuno (1993). Fuzzy Control. at 41 (4), pp. A13–A16.

9. H.-P. Preuß, E. Linzenkirchner, S. Alender (1992). Fuzzy Control—werkzeugunterstützte Funktionsbaustein-Realisierung für Automatisierungsgeräte und Prozeßleitsysteme. atp 34 (8), pp. 451–460.

10. N.N. (1994). SoftControl—PLC Programming Systems. Firmen-Informationsblatt der Fa. SOFTING GmbH, München.

11. M. Lichtenberg (1994). FLIRT—Fuzzy-Logik-Tool vom Institut für Regelungstechnik. Informationsblatt des Instituts für Regelungstechnik, Universität Hannover, 20. Mai 1994.

12. N.N. (1993). FUZZYSOFT. Fuzzy-Logik-Betriebssytem Version 1.0. Firmenschrift der Fa. FUZZYSOFT AG.

13. N.N. (1994). Kompakt-Leitsystem Digimatik, Systembeschreibung. Firmenschrift der Fa. Mannesmann - Hartmann und Braun.

14. G. Thiele (1993). Software-Entwurf in PEARL-orientierter Form. Realzeit-Anwendungen aus der Prozeßautomatisierung. B.G. Teubner, Stuttgart.

15. N.N. (1994). WiM Window-Manager, Rev 1.3. In W. Gerth/esd (Hrsg.): PEARL/RTOS-UH, Implementationshandbuch. Verlag Heinz Heise GmbH/esd gmbh, Hannover.

16. G. Petrach (1986). Streckensimulation mit einer Prozeßstation. atp 28(11), pp. 543–546.

17. T. Williams, C. Kelley (1993). GNUPLOT. An Interactive Plotting Program. Manual V.3.4.

18. H.-P. Preuß (1993). Fuzzy control in process automation. Int. J. of System Science 24 (10), pp. 1849–1861.

19. G. Schmidt (1991). Grundlagen der Regelungstechnik, 2.Auflage. Springer-Verlag, Berlin.

20. M. Boll, M. Hötteke, F. Dörrscheidt (1993). Analyse von Fuzzy-Reglern in der Zustandsebene. at 41 (5), pp. 145–151.

21. T. Bertram (1993). Design of a fuzzy controller for a rotating oscillator. Int. J. of System Science 24 (10), pp. 1923–1934.

22. H.J. Beestermöller, G. Thiele, I. Balcke, T. Trittin, D. Popović (1994). An online and offline programmable Multi-loop Controller for Distributed Systems. In: Proc. 3rd IEEE Conference on Control Applications. Glasgow, 24–26 August 1994, vol.1, pp. 15–20.

Echtzeit-Produktionsmanagement — Entscheidungen treffen mit aktueller Fertigungsinformation

F. Duttenhofer und U. Wegener *

Fraunhofer-Institut für Produktionsanlagen und Konstruktionstechnik (IPK)
Institutsbereich Planungstechnik und Fabrikbetrieb
Pascalstraße 8-9
D-10587 Berlin

Während im Bereich Prozeßvisualisierung graphische Anzeige- und Steuerungssoftware bereits weit verbreitet ist, wird der Auftragsplaner in der Fertigungsindustrie heute noch unzureichend mit echtzeitnahen Produktionsdaten versorgt. Am IPK wird zur Zeit eine Produktionsmanagement-Software entwickelt, mit der alle Informationsbedürfnisse eines Auftragsplaners abgedeckt werden, und die ihm die Möglichkeit bietet, unmittelbar in den Auftragsdurchlauf einzugreifen und Umplanungen von Fertigungsaufträgen vorzunehmen.

Prozeßvisualisierungsmodule sind heute Bestandteil vieler Anlagensteuerungen in der Fertigungsindustrie. Sie bieten dem Werker einen detaillierten Überblick über den Zustand seiner Anlage. Personen, die planerische Aufgaben im kurzfristigen Bereich lösen müssen, um einen optimalen Auftragsdurchlauf durch die Fertigung sicherzustellen, werden heutzutage noch nicht durch übersichtliche und aktuelle Informationssysteme unterstützt, obwohl die Daten hierfür durch Betriebsdatenerfassung und -verarbeitung sowie durch Fertigungsleitsysteme in verschiedenen Aktualitätsstufen verfügbar sind.

Im folgenden wird das Problem detailliert geschildert und der Ansatz des IPK vorgestellt, dem Auftragsplaner eine echtzeitorientierte graphische Produktionsmanagement-Software zu bieten.

1   Abweichungen vom Auftragsplan werden zu spät bemerkt

Der Aluminium-Halbzeughersteller, mit dessen Zusammenarbeit die beschriebene Software entwickelt wurde, produziert aus Rohmetallen Aluminium-Barren, die gewalzt und in angeschlossenen Werksbereichen zu Platten und Bändern weiterverarbeitet werden. Die Fertigungsorganisation entspricht dem Fließprinzip, wobei auch Montageprozesse vorkommen. Fertigungsaufträge werden seriell oder parallel auf den Anlagen bearbeitet, wobei sie planerisch zu Anlagenprogrammen zusammengefaßt werden. Alle Lose eines Anlagenprogramms werden

* Der Beitrag entstand unter Mitwirkung der Herren F. Kraft und R. Holl-Biniasz

mit demselben Rüstzustand behandelt. Ständig werden ca. 4000 Lose mit bis zu 15 Arbeitsfolgen auf 70 Anlagen bearbeitet.

Die sich im Einsatz befindenden Software-Systeme decken die Bereiche der langfristigen Planung, der Losrechnung und Arbeitsplanerstellung ab. Ein Fertigungsleitsystem vom IPK arbeitet in einigen Werksbereichen seit mehreren Jahren, in anderen wird es gerade vollständig eingeführt. Das System bietet neben einer Fertigungsauftragsverwaltung eine Umdispositionsmöglichkeit von Aufträgen und Anlagenprogrammen sowie eine Verwaltung für Einsatzmaterialien, Walzbarren und Rohmaterial [1]. Eine Systemdatenverwaltung und diverse Statistikmodule ergänzen das Programmpaket.

Umfangreichstes Modul des installierten Fertigungsleitsystems ist die Betriebsdatenerfassung und -verarbeitung (BDE/BDV) für alle Anlagen. Sie erfaßt in der Gießerei die Chargierung und die Schmelz- und Gießvorgänge, im Warmwalzbereich Säge-, Glüh- und Walzprozesse sowie im Band- und Plattenbereich Walz-, Säge-, Scheren-, Glüh- und Reckprozesse sowie die Verpackung und Laborvorgänge. Meldungen erfolgen über spezielle BDE-Terminals, über Standard-Text- und Graphikterminals sowie über Meldemasken auf SPS-Steuerungen. Die einlaufenden Meldungen werden über Server-Programme im Leitrechner abgearbeitet und führen zu einer Aktualisierung der Fertigungsdatenbank.

Der Bandbereich wurde in einer zweiten Phase an die BDE angeschlossen. Hier werden die Meldedaten von einer Integrationsplattform-Software entgegengenommen, die diese in einem Hauptspeicherbereich des Fertigungsleitrechners vorhält und an Verarbeitungsprozesse weitergibt. Da die Werte im Hauptspeicher direkt mit Speicheradressen von Anlagensteuerungen gekoppelt werden, hat der Leitrechner stets die aktuellsten Produktions- und Prozeßdaten vorliegen bzw. kann diese bei Bedarf von den Steuerungen abfragen. Die Kopplung kann mit einer Reihe unterschiedlicher Anlagensteuerungen und Rechnern vorgenommen werden. Die umgekehrte Kommunikationsrichtung, also die Veränderung eines Wertes im Leitrechner und die automatische Weitergabe an die Steuerung, ist ebenfalls implementiert.

Die von der BDV aufbereiteten Daten sind heute in einer Vielzahl von Bildschirmmasken und Drucklisten innerhalb des Fertigungsleitsystems abrufbar. Die Benutzer und Systemmanager werden auf Notsituationen mit Hilfe von Mails aufmerksam gemacht [2, 3]. Die rechtzeitige Erkennung von Notsituationen in der Fertigung basiert auf einer zügigen Verarbeitung von Meldedaten und deren Interpretation durch die BDV sowie darauf, daß die Benutzer die an sie verteilten Mails auch erhalten, lesen und in korrigierende Aktionen umsetzen.

Ein Nachteil der heute eingesetzten Fertigungsleitsoftware ist die Verteilung relevanter Information auf eine Vielzahl von Bildschirmmasken. Dadurch steht etwa dem Auftragsplaner ohne Wechsel der Bearbeitungsmaske oder -graphik nur eine begrenzte Zahl von Informationen zur

Verfügung, die ihn bei seiner Aufgabe, die Fertigungsaufträge auf einer Maschine umzuplanen oder neu zu planen, nicht hinreichend unterstützen. So muß sich der Planer die benötigten Daten mit Hilfe unterschiedlicher Abfrageprogramme zusammensuchen, Listen erstellen und dabei noch aktuell einlaufende Meldungen mit einbeziehen. Der Überblick über die aktuelle Fertigungssituation ist nicht ausreichend gegeben. Weiterhin sind die Auswirkungen einer Umplanung nicht ausreichend aus den bereitgestellten Daten ersichtlich. Auf Probleme, die durch eine Umdisposition erst entstanden sein können, wird der Benutzer heute nicht automatisch hingewiesen [4].

2 Integration von echtzeitnahen Produktionsdaten in die Auftragsplanung

Ziel der Entwicklung eines Visualisierungs- und Planungswerkzeugs war es, dem Planer von Fertigungsaufträgen ein Werkzeug in die Hand zu geben, mit dem er sich über den aktuellen Zustand von Anlagen und Aufträgen sowie Betriebsmitteln in der Fertigung informieren kann. Er soll auf Situationen automatisch aufmerksam gemacht werden, die seinen Eingriff erfordern. Ferner soll er mit demselben Werkzeug die Möglichkeit haben, diese Situation vollständig zu erfassen und zu bereinigen, um einen reibungslosen und termingerechten Auftragsdurchlauf zu gewährleisten.

Die Fertigungssituation soll auf übersichtliche intuitive Weise erfaßbar sein. Die Visualisierung stellt Vergangenheits-, Gegenwarts- und Zukunftsdaten der Fertigung dar. Vergangenheitsdaten sind statistische Auswertungen, Gegenwartsdaten der aktuelle Prozeßzustand, und Zukunftsdaten alle Daten, die die Planung betreffen. Die humanorientierte, präzise und konzentrierte Präsentation ansonsten nur schwer durchschaubarer Datenmengen verspricht eine schnelle Erfaßbarkeit der für das Produktionsmanagement erforderlichen Sachverhalte.

3 Realisierung der Applikation

Im folgenden wird beschrieben, auf welcher Datenbasis das Planungs- und Visualisierungswerkzeug OpenPMS infoStation aufsetzt, welche Software-Architektur zugrundeliegt, und welche Entwurfskonzepte dabei realisiert wurden.

OpenPMS ist ein Produktions-Management-System des IPK. Bei der OpenPMS infoStation handelt es sich um ein eigenständiges System mit Schnittstellen zu OpenPMS.

3.1 Datenbasis

Mit der bereits realisierten Produktionsdatenbank des Fertigungsleitsystems und den in der Werkstatt erfaßten BDE-Daten steht eine weitreichende und aktuelle Datengrundlage zur Verfügung. Ein offenes Schnittstellenkonzept erlaubt die Anbindung weiterer Datenquellen wie relationale Datenbanken (über SQL-Zugriffsmoduln) und Dateisysteme. Die Einbindung in die anderen Moduln des Leitsystems OpenPMS erlaubt die Übernahme vorverarbeiteter Daten.

Die interne Datenbasis der infoStation läßt sich in drei Bereiche gliedern: die aktuellen Produktionsdaten, Plandaten und Vergangenheitsdaten.

3.1.1 Aktuelle Produktionsdaten

Der Planer soll in die Lage versetzt werden, Engpässe, Störungen und andere kritische Vorgänge in der Fertigung zu erkennen, indem die Anlagenzustände und die Anlagenbelegung mit Aufträgen sowie das aktuell bereitstehende Personal einsehbar sind. Der Produktionsmanager wird versuchen, Sofortmaßnahmen zu ergreifen, um den gegebenen Plan möglichst gut einhalten zu können, oder frühzeitig Umdispositionsalternativen in Betracht ziehen und realisieren. Der Vorteil dieses Ansatzes im Vergleich zu herkömmlichen Planungszyklen ist die deutliche Verkürzung der Reaktionszeit auf Störungen im Auftragsdurchlauf. In herkömmlichen Systemen werden Planabweichungen erst gemeldet, wenn sie schon längst Vergangenheit sind. Durch die direkte Überwachung des Prozeßzustandes ist es möglich, auch direkt auf den Produktionsprozeß einzuwirken. Der Produktionsmanager wird in seinem Können unterstützt und herausgefordert, die Produktion zu effektivieren.

3.1.2 Plandaten

Wird eine Umdisposition von Fertigungsaufträgen notwendig, benötigt der Produktionsmanager ein Werkzeug zur Erfassung aller Einflußgrößen wie Maschinenbelegung und -kapazitäten (auch von Alternativanlagen), einzuhaltende Termine und den Zusammenhang von einzelnen Arbeitsgängen zu anderen. Weiterhin muß er erkennen können, welche Auswirkungen eine von ihm in Betracht gezogene Umdisposition hat. Eine weitgehend gleichzeitige Erfaßbarkeit aller Größen ist ein entscheidendes Hilfsmittel zur Einschätzung der Situation und zur Entscheidungsfindung. Wenn eine Umdisposition betrachtet wird, wertet die OpenPMS infoStation die Folgen dieser Transaktion aus, und erstellt eine Liste von neu entstandenen Konfliktsituationen. Diese kann dann benutzt werden, um weitere Folgedispositionen auszuführen und einen optimalen Auftragsdurchlauf zu gewährleisten.

3.1.3 Vergangenheitsdaten

Die Visualisierung der Vergangenheitsdaten ermöglicht die Auswertung der Produktionsprozeßdaten über einen längeren Zeitraum. Vergangenheitsdaten können in auftragsbezogene, anlagenbezogene, personalbezogene und andere Statistiken einfließen, die Aufschluß über die Leistungsfähigkeit der Fertigung und der Planung geben und Schwachstellen aufdecken.

3.2 Entwurfskonzepte des infoStation Systems

Im folgenden werden einige Aspekte des Software-Designs vorgestellt, das der infoStation und ihren Dienstprogrammen zugrundeliegt.

3.2.1 Objektorientierter Entwurf

Der objektorientierte Software-Entwurf, also die Kapselung von Daten zusammen mit den zugehörigen Methoden, hat wesentliche Vorteile gegenüber konventionellen Techniken. Er ermöglicht eine gute Stabilität der Software bei funktionellen Änderungen, die Modularisierung und dadurch Wiederverwendbarkeit von Softwaremoduln, die softwaremäßige Umsetzung von Generalisierungs- und Spezialisierungsbeziehungen mit Hilfe von Vererbung, sowie die erhöhte Sicherheit und Softwarequalität bei gekapselt testbaren Objekten. Der objektorientierte Ansatz kommt interaktiver Software mit graphischer Benutzeroberfläche sehr entgegen, da deren Programmlogik von vornherein objektbezogen und ereignisorientiert ist. Die Vorteile des objektorientierten Ansatzes kommen nur zur Geltung, wenn bereits in der Spezifikationsphase die Konzepte eingesetzt und durchgesetzt werden.

3.2.2 Client-Server-Architektur

Realisiert ist eine m:n-Beziehung zwischen Clients und Servern, wobei die infoStation meist als Client agiert, der von Server-Prozessen Daten zur Visualisierung anfordert bzw. Änderungsaktionen initiiert.

Die Datenübertragung zwischen dem Server und der infoStation erfolgt über eine Schnittstelle nach CORBA-Standard. Die infoStation-Server bearbeiten die folgenden Aufgaben (Bild 1):

- Der Request-Server beantwortet die Anfragen nach Datenobjekten der infoStations.
- Der Message-Server meldet Ereignisse aufgrund von BDE-Meldungen an die infoStations und übergibt Steuerungsinformationen von den infoStations an die Anlagen. Er filtert die für die einzelnen infoStations interessanten Datenänderungen heraus.
- Der Station-Supervisor überwacht die Arbeitsbereiche der infoStations.

Request- und Message-Server können in mehreren Inkarnationen existieren, die auf verschiedenen oder auf einem Rechner arbeiten. Anfragen an den Request-Server werden vorher priorisiert (siehe auch Kapitel 3.2.6).

Beim Client, also der infoStation, sind die Bedienelemente der graphischen Benutzeroberfläche in einer plattformunabhängigen objektorientierten Form spezifiziert. Abhängig von der endgültig gewählten Bildschirm-Oberflächendarstellung ist die infoStation als OSF/Motif- oder MS-

Windows-Applikation einsetzbar. Dies bietet den Vorteil einer einheitlichen Applikation, die inhomogene DV-Strukturen unterstützt. Die Bildschirmmasken sind mit Hilfe eines Werkzeuges zur Definition bewegter Graphiken realisiert und daher wesentlich leistungsfähiger und flexibler als selbstprogrammierte Graphik.

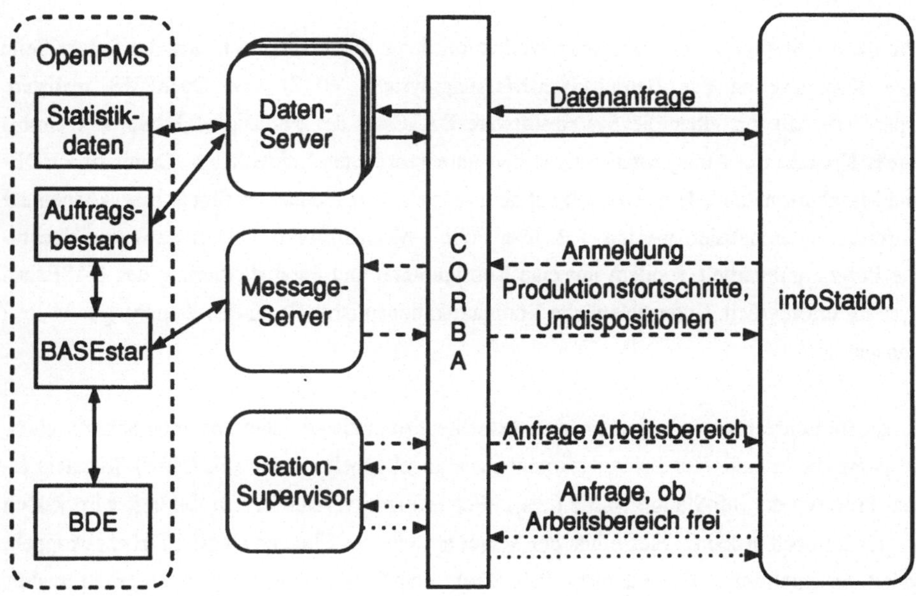

Bild 1: Client-Server-Architektur

Wichtigster Grundsatz beim Entwurf der Oberfläche und der Bedienung war die Konzentration auf das Wesentliche durch eine leicht zu verstehende und schnell zu erfassende Darstellung der Fertigungssituation. Auf die Darstellung abstrakter Größen wird, wenn möglich, zugunsten der Darstellung konkreter (graphischer) Objekte verzichtet. Durch das objektorientierte Applikationsdesign können kundenspezifische Bildschirmlayouts und Aktionsprozeduren schnell erstellt werden, auch als Prototyp. Hierdurch und durch die reduzierte Komplexität der Software wird dem Bedürfnis vieler Anwender nach einem einfachen und kostengünstigen Werkzeug zur Fertigungsüberwachung und Disposition entsprochen.

3.2.3 Schnittstelle zwischen Clients und Servern

Die Schnittstelle zwischen der OpenPMS infoStation und den Servern wird durch den Object Request Broker (ORB, CORBA-Standard) realisiert, der in einer objektorientierten Client-Server Architektur die Verteilung von Diensten auf verschiedene Betriebssystemplattformen unterstützt. Die Serverprogramme können auf unterschiedlichen Plattformen implementiert sein, soweit diese den CORBA-Standard unterstützen. Dadurch kann im Prinzip jede beliebige Datenquelle genutzt werden, unter anderem Datenbanken verschiedener Art. Es müssen lediglich die von der OpenPMS infoStation benötigten Dienste realisiert sein.

3.2.4   Echtzeitnahe Schnittstelle zur BDE

Um die infoStation mit echtzeitnahen Produktionsdaten zu versorgen, ist auf der Server-Seite eine Kopplung an das Betriebsdatenerfassungssystem (BDE) von OpenPMS realisiert. OpenPMS hält u.a. über die Systemsoftware BASEstar der Fa. Digital Equipment GmbH direkt Kontakt mit Anlagensteuerungen und untergeordneten Leitrechnern. Damit sind BDE- und Maschinendaten jederzeit aktuell auf dem zentralen Leitrechner verfügbar bzw. können auf Anforderung aktualisiert werden (z.B. über Polling-Mechanismen). Hierzu war keine eigentliche Programmierarbeit, sondern nur eine Konfiguration und Parametrisierung des BASEstar-Systems erforderlich. Unterschiedliche Kommunikationsprotokolle zu den Steuerungen blieben transparent.

An die im Leitrechner vorliegenden, stets aktuellen Datenobjekte kann über eine Schnittstellen-Software direkt eine Visualisierungskomponente angekoppelt werden (SL-GMS). In einem ersten Prototyp der infoStation wurde dieser Weg erfolgreich realisiert. In Zukunft wird jedoch wegen der noch größeren Flexibilität der Server anstelle des Clienten an die BDE angekoppelt, sodaß die graphischen Objekte nicht mehr direkt von Daten in der Anlagensteuerung modifiziert werden, sondern ereignisgesteuert über den Server.

Der Datenfluß durch das System gestaltet sich damit wie folgt: ändert sich ein planungsrelevanter Parameter in einer Anlage, wird sofort der angekoppelte Speicherplatz im Leitrechner verändert. Ein Server-Prozeß, der dieses Ereignis erkennt, gibt es als automatische Aktualisierung sofort an die infoStation weiter. Dort wird das Ereignis oder der Anlagenparameter graphisch dargestellt, etwa durch Farbwechsel eines Sinnbildes, Form- oder Schriftänderung oder diverse andere Möglichkeiten, sodaß der Benutzer darauf aufmerksam wird. Manipuliert umgekehrt der Benutzer an seinem graphischen Arbeitsplatz einen Parameter, so wird dessen neuer Wert über den Leitrechner zurück an die Steuerung übergeben.

3.2.5   Kooperation mehrerer infoStations

Mehrere gleichzeitig arbeitende infoStations können nicht über die Sperrmechanismen einer Datenbank oder eines homogenen Betriebssystems synchronisiert werden, da die benötigten Datenobjekte in den Clienten geladen werden, und z.B. Umdispositionsergebnisse nur auf ausdrücklichen Wunsch des Disponenten in der Datenbank nachvollzogen werden. Notwendig ist eine horizontale Koordination, die verhindert, daß Dispositionen verschiedener Benutzer zu

Kollisionen, Widersprüchen oder unerwünschten und nicht nachvollziehbaren Ergebnissen führen. Daher ist ein Verfahren zur Kontrolle und Koordination verschiedener Benutzer vorgesehen (StationSupervisor). Eine zentrale Instanz befragt regelmäßig die infoStations, welche Bereiche des permanenten Datenbestandes sie benutzen. Die Informationen über die Arbeitsbereiche werden gespeichert und ständig aktualisiert. Wenn der Benutzer eine Umdisposition durchführt, fragt die infoStation bei dem Dienst nach, ob es Überschneidungen des Arbeitsbereiches mit dem geladenen Bereich einer anderen infoStation gibt. In diesem Fall erhält der Benutzer entsprechende Warnmeldungen.

3.2.6 Vorausschauendes Laden von Daten

Zur Performance-Verbesserung werden Daten vom Datenbankserver vorausschauend geladen. Der Mechanismus wird aktiv, wenn keine Benutzereingaben verarbeitet werden müssen. Wählt der Anwender einen bestimmten Datenbereich zur Ansicht aus, so werden zunächst die zur graphischen Darstellung notwendigen Daten geladen. Danach wird eine gewisse Umgebung von Daten im Hintergrund angefordert, so daß Daten nicht mehr angefragt werden müssen, wenn der Benutzer in benachbarte Bildschirmbereiche wechselt.

Eine Benutzerinteraktion löst zahlreiche Anfragen der infoStation an den Datenbankserver aus. Jede Anfrage betrifft ein Datenobjekt. Es werden nur Anfragen zu Datenobjekten gestellt, die noch nicht im Speicher der infoStation vorhanden sind. Zuerst werden Anfragen für sofort benötigte Datenobjekte gestellt, danach für vorausschauend zu ladende Datenobjekte. Die Antworten der gestellten Anfragen werden an Methoden übergeben, die in den Datenobjekten enthalten sind, die die Anfragen gestellt haben. Nachfolgende Benutzeraktionen werden höher priorisiert.

3.2.7 Automatische Konflikterkennung und -präsentation für Plandaten

Der Produktionsmanager muß alle durch Umdispositionen entstehenden Konflikte sehen können, es kann nicht von ihm erwartet werden, daß er sie selbst sucht. Er muß gemeldet bekommen, wenn etwa Ecktermine verletzt oder Kapazitäten überlastet werden. Alle entstehenden Konfliktsituationen werden in einem Meldungsfenster aufgelistet. Außerdem werden sie, soweit es der aktuell dargestellte Bildschirmbereich erlaubt, graphisch visualisiert. Der Produktionsmanager kann die einzelnen Meldungen selektieren. Daraufhin wird in den verschiedenen Bildschirmbereichen (Sichten) die entsprechende Konfliktstelle angezeigt. Er kann den Konflikt beseitigen. Nach jeder Aktion wird die Liste der Konflikte erneut geprüft und aktualisiert.

3.2.8 Verarbeitung von Echtzeit-Meldungen aus der Produktion

Jedes in der Fertigung ablaufende Geschehen wie auch jede Umdisposition wird auf der info-Station sichtbar. Dies bedeutet, daß jede BDE-Meldung, die aus der Fertigung kommt und die für die infoStation interessant ist, berücksichtigt und verarbeitet werden muß. Dazu gehören u.a. Anmeldungen und Abmeldungen von Arbeitsgängen und Anlagenprogrammen, Störungen, Instandhaltungs- und Rüstvorgänge. Diese Meldungen lösen an der Heute-Linie der Anzeige eine Aktualisierung aus.

3.2.9 Szenarien

Ein Szenario ist eine durch Umdisposition aus dem Ausgangszustand abgeleitete Planungsalternative. Sie ist noch nicht im permanenten Datenbestand realisiert. Der Ausgangszustand selbst kann als Szenario angesehen werden. Die infoStation ist in der Lage, verschiedene Szenarien zu verwalten. Wenn ein Benutzer eine bestimmte Planungssituation disponiert hat, kann er diese in Form eines Szenarios festhalten und anderen Szenarien gegenüberstellen, bevor er sie in der Datenbank festschreibt. Datenobjekte werden hierzu im Originalzustand und als veränderte Kopien gespeichert.

3.2.10 Dynamische Graphik

SL-GMS (Sherrill-Lubinski Graphical Modelling System) stellt eine dynamische graphische Benutzeroberfläche dar. Dynamisch heißt, daß graphische Elemente automatisch geändert werden, wenn sich die an sie geknüpften Variablen ändern. Graphische Objekte werden definiert und mit Hilfe eines Editors in einem Modell plaziert. Mit diesen Objekten können dynamische Beschreibungen verbunden werden, die wiederum an Variablen aus einem Anwendungsprogramm gebunden werden können. Das Laufzeitsystem von SL-GMS übernimmt die Änderung des Aussehens der Graphik bei Änderung des Variablenwerts in der Applikation.

Zusammenfassung

Das OpenPMS infoStation System liefert dem Fertigungsauftragsplaner alle für seine Arbeit notwendigen Daten in übersichtlicher, schnell erfaßbarer Form. Produktionsrückmeldungen werden echtzeitnah integriert.

Durch den Einsatz der infoStation lassen sich der innerbetriebliche Informationsfluß verbessern, Durchlauf- und Stillstandszeiten verringern und die Verfügbarkeit der Anlagen steigern. Gleichzeitig sinkt der Verwaltungsaufwand; das Personal läßt sich zielgerichteter einsetzen.

Das Applikationsdesign ermöglicht dem Software-Hersteller eine kostengünstige Anpassung des Systems an spezifische Kundenwünsche und diverse Rechnerplattformen.

Literatur

[1]   *Keller, A.; Mertins, K.; Albrecht, R.; Duttenhofer, F.:* Auftragssteuerung für Gieß- und Walzprozesse. ZwF 87 (1992) 12, S. 669-672

[2]   *Mertins, K.; Albrecht, R.; Steinberger, V.:* Werkstattsteuerung - Werkstattmanagement. Wegweiser zur Einführung. Carl Hanser Verlag, München, Wien 1992

[3]   *Mertins, K.; Tonn, F.; Wegener, U.; Wilksch, S.:* Entwicklung und industrieller Einsatz eines Fertigungsleitsystems. ZwF 87 (1992) 2, S. 75-79

[4]   *Geißler, W.; Kuntze, M.; Mertins, K.; Eggers, A.:* Integrierter Informationsfluß in der Fertigung. ZwF 87 (1992) 7, S. 374-378

Sicherung von Echtzeitbedingungen durch Task-Lastmanagement unter UNIX

Andreas Wehler und Jürgen Heidepriem

Bergische Universität - Gesamthochschule Wuppertal
Fachbereich Elektrotechnik
Fuhlrottstr. 10, 42119 Wuppertal
e-mail: wehler2@wrcs1.elektro.uni-wuppertal.de

Zusammenfassung. Es wird das Konzept für ein Task-Lastmanagement vorgestellt, mit dem das Einhalten von Echtzeitbedingungen bei UNIX-gestützten Client-Server-Anwendungen gesichert werden kann. Die Überlegungen beziehen sich auf verteilte, ereignisgesteuerte Systeme, wie sie typisch für den Bereich der Prozeßvisualisierung sind. Das Konzept geht von der Annahme aus, daß Teile der maßgeblich eine Überlast verursachenden Tasks zeitweise ohne Schaden angehalten werden können (z.B. Einfrieren einiger, nicht unbedingt erforderlicher Bedienstationen), um den drohenden Systemkollaps bei einer temporären, außerordentlich hohen, prozeßbedingten Hochlastsituation sicher zu verhindern. Folgende Aspekte werden behandelt: Anwendungsabhängige Voraussetzungen, Automatisches Messen der aktuellen Lastsituation, prinzipielles Vorgehen des Task-Managements.

1 Einleitung

Prozeßvisualisierungssysteme (PVS) dienen der graphischen Darstellung zeitlich veränderlicher Prozeßdaten zusammen mit Anlagenplänen bzw. geeigneten, statischen Hintergrundbildern sowie der Eingabe von Stellbefehlen an den Prozeß[1]. Die Wertänderungen der zu visualisierenden Prozeßdaten erfordern das wiederholte Aktualisieren der dynamischen Bildobjekte (z.B. Bargraph, Zeigerinstrument, digitale Zahlenwertausgabe) und der u. U. gestörten Hintergrundbereiche. Dabei sind die Anforderungen an die Kommunikations- und Rechenleistung direkt abhängig von der Anzahl der gleichzeitig zu visualisierenden Prozeßbilder, ihrer Komplexität, der Anzahl der beteiligten Prozeßvariablen sowie ihrer Änderungsgeschwindigkeiten.

Die schritthaltende Aktualisierung zeitlich sich ändernder Prozeßdaten ist mit Echtzeitanforderungen verbunden, die entweder durch a priori garantierte Begrenzungen dieser Einflußgrößen oder aber durch geeignete Maßnahmen gegen Überlast erfüllt werden müssen, will man einen Systemkollaps verhindern.

Den zweiten Weg einschlagend stellt dieser Beitrag das Modell eines automatischen Task-Lastmanagements für echtzeitbedingte Anwendungen unter dem

---

[1] Der Begriff *Prozeßvisualisierung* wird heute zumeist mit *Bedienen und Beobachten* gleichgesetzt, unter Betonung jedoch der besonderen Visualisierungsanforderungen auf Grund der Prozeßdynamik.

Betriebssystem UNIX vor, auf dessen Vorteile man nicht verzichten will [1], [2]. Es werden Methoden zum Erkennen einer Überlast und ihrer hauptsächlichen Verursacher beschrieben sowie ein möglicher Lastmanagementalgorithmus dargestellt.

2 Anwendungsabhängige Voraussetzungen

Der Begriff *Realzeitbetrieb* [3, S. 508] weist auf anwendungsspezifische, von außen vorgegebene Zeitbedingungen hin, denen mehrere Anwendungstasks unter der Verwaltung eines *multi-tasking*-fähigen Betriebssystems genügen müssen. Reine Echtzeitsysteme enthalten eine *feste* Anzahl von Tasks, deren Bearbeitungszeiten und Prioritäten bereits bei der Planung derart aufeinander abgestimmt werden, daß es im Betrieb nachweislich zu keiner Verletzung der Zeitbedingungen kommt. Mischsysteme erlauben neben den fest eingerichteten Echtzeittasks das Ausführen von zeitunkritischen Tasks, deren Anzahl und Bearbeitungszeiten bei der Planung nicht bekannt ist und auch nicht bekannt sein braucht, da sie jederzeit von den Echtzeittasks verdrängt werden können.

2.1 Anwendungsspezifische Beurteilungsmerkmale

Da der Begriff *Echtzeitverarbeitung* untrennbar mit anwendungsspezifischen Zeitbedingungen verknüpft ist, müssen die Merkmale der betrachteten Anwendung analysiert werden. Die relevanten Zeithorizonte umspannen dabei mehrere Zehnerpotenzen [4, Kap. 1.3: „Automationssysteme"]. Im einzelnen unterscheiden Hersteller von Realzeitsystemen folgende Aspekte [5, S. 269]:

- *Unterbrechungserkennung:* Das Auftreten eines äußeren Ereignisses muß erkannt werden. Sodann ist zu entscheiden, ob dieses Ereignis eine Unterbrechung des gerade vom Rechner bearbeiteten Prozesses rechtfertigt. Hierfür müssen den Ereignissen entsprechende Prioritäten zugeteilt werden.

- *Prozeßwechsel:* Ist die Priorität des dem eingetretenen Ereignis zugeordneten Prozesses höher als diejenige des gerade bearbeiteten Prozesses, so muß letzterer unterbrochen und der dringendere Prozeß bearbeitet werden.

- *Unterbrechungsbearbeitung:* Die für das vorliegende Ereignis vorgesehene Bearbeitung muß innerhalb einer vorgegebenen Zeit abgeschlossen sein, um das von der Anwendung geforderte Ergebnis *rechtzeitig* zur Verfügung stellen zu können. Dies gilt insbesondere mit Blick auf mehrfach geschachtelte Unterbrechungen (Garantie der Zeitangaben für alle möglichen Systemzustände).

- *Schritthaltende oder zeitgesteuerte Verarbeitung:* Zu bestimmten, festen oder variablen Zeitpunkten müssen Aktionen ausgeführt werden, ohne daß ein Stau von Bearbeitungsaufgaben entsteht bzw. die Bedingung der Rechtzeitigkeit verletzt wird.

2.2 Dynamische Lastausgleichsverfahren

In den letzten Jahren entstanden viele Verfahren des dynamischen Lastausgleichs in verteilten Systemen [6] und [7]. Allgemein wird angestrebt, die mittels eines Kommunkationssystems miteinander kooperierenden Rechner *möglichst gleichmäßig* auszulasten bzw. die Überlastung einzelner Rechner oder Kommunikationspfade zu verhindern. Diese Ziele gehören eindeutig zu *weichen Echtzeitanforderungen*, die sich von *harten Echtzeitbedingungen* durch die Konsequenzen bei einer Verletzung der Rechtzeitigkeit unterscheiden: Während bei Umgebungen mit weichen Zeitanforderungen die Kosten mit zunehmender Verspätung der Resultate *stetig* steigen, sind Verspätungen bei harten Zeitanforderungen unter keinen Umständen zulässig, da verspätete Rechnerreaktionen entweder nutzlos oder sogar für Menschen oder den Prozeß schädlich sind [8]. Die in der Literatur beschriebenen Lastausgleichsstrategien setzten die Freiheit voraus, Prozesse wahlweise auf verschiedenen Rechnern laufen zu lassen. Diese Freiheit ist bei interaktiven Mensch-Maschine-Systemen und in industriellen Automationssystemen mit Bindungen an bestimmte Hardwareressourcen i. a. nicht gegeben.

2.3 Entwicklungstendenzen bei Echtzeit-Systemen

War das Multiuser-Multitasking-Betriebssystem UNIX anfangs nicht mit dem Ziel eines deterministischen Zeitverhaltens entwickelt worden, so gibt es heute doch eine Reihe von UNIX-Varianten mit Echtzeiteigenschaften. Die erforderlichen Änderungen gegenüber Standard-UNIX-Systemen betreffen vor allem die Unterbrechbarkeit des Betriebssystem-Kerns, statische Prozeßprioritäten, Verhindern von *swapping* und *paging* sowie ein deterministisches Dateisystem (flache Struktur, Dateien physikalisch an einem Stück) [10], [5].

In [11] wird das Phänomen des Software-Flaschenhalses als Sättigungsvorgang mit Rückstaubildung bei allgemeinen Client-Server-Architekturen untersucht sowie ein geeignetes Simulationsmodell entwickelt. Bezeichnend ist der Hinweis auf die Möglichkeit von staubedingten Leistungseinbrüchen, selbst bei einer noch nicht voll ausgelasteten CPU. Die Ursache – viele client-Tasks beschäftigen eine gemeinsame server-Task – läßt sich relativ leicht durch *cloning* beseitigen: eine server-Task muß sich einfach identisch mehrmals, abhängig von der Auftragslage, duplizieren.

Die Notwendigkeit von Systemmonitoren, ihre Anwendungsgebiete und Konstruktionsprinzipien werden in [13] und [14] behandelt.

Heinecke beleuchtet Echtzeitanforderungen [15], die sich aus Ergonomiebetrachtungen bei der Mensch-Maschine-Kommunikation ergeben.

Chung bemerkt in [16, S. 27], daß die Bekämpfung von Kommunikationsstaus als Ursache für Systemzusammenbrüche ('Congestion Control') vielleicht das wichtigste, wenngleich am wenigsten verstandene Thema in verteilten Echtzeitsystemen darstellt. Der Begriff der *Stabilität* eines Echtzeitsystems ist in diesem Zusammenhang wichtig, aber heute noch nicht präzise definierbar: Ein Echtzeitsystem wird als stabil bezeichnet, wenn für „vernünftige" Belastungen die

Antwortzeit begrenzt ist [6, S. 283f]. Der Grenzwert muß allerdings eine Funktion der Last sein, denn aus der Warteschlangentheorie ist bekannt, daß eine überproportionale Verschlechterung der Antwortzeit bei steigender Last erwartet werden muß. Ein stabiles System sollte auch mit einer Überlastung für eine begrenzte Zeit fertig werden. Derzeit unklar ist aber, wie z. B. eine „vernünftige" Belastung oder wie eine „zeitbegrenzte Überlast" quantifiziert werden sollen.

2.4   Betrachtung des Gesamtsystems, Beispiel: PVS

In dem vorliegenden Beitrag steht die *Schritthaltende Verarbeitung in Verteilten Systemen* als Ganzes im Vordergrund. Diese Aufgabe läßt sich mit Einzelmaßnahmen kaum lösen, vielmehr ist eine integrierte Betrachtung unter Einschluß der Wechselwirkungen zwischen Menschen und Rechnersystemen unentbehrlich. Denn ist die *Anzahl* oder der *Arbeitsaufwand* der Echtzeittasks bei der Planung *nicht* bekannt, dann kann die Einhaltung gegebener Zeitbedingungen nicht mehr mit Sicherheit vorgeplant werden. Gegeben sei beispielsweise ein PVS mit einigen Dutzend X11-Servern und einigen hundert Prozeßvariablen, die unterschiedliche Aktualisierungsraten aufweisen [17]. Die Anzahl und die Inhalte der Prozeßbilder sowie die Anzahl der gleichzeitig betriebenen X11-Terminals werden sich im Laufe der Zeit ändern (Abb. 1).

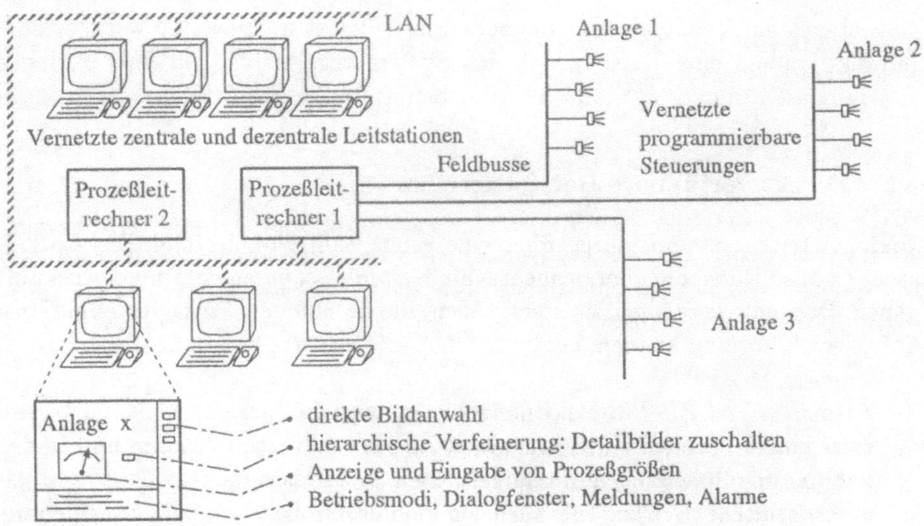

Abbildung 1. Prozeßvisualisierungssystem (PVS) mit vielen X11-Terminals als Leitstationen.

Die Änderungen der visualisierten Prozeßvariablen müssen schritthaltend auf allen X11-Servern erscheinen. Man stelle sich vor, an einigen X11-Servern werden gleichzeitig (zufällig oder abgesprochen) verschiedene Prozeßbilder mit sehr vielen verschiedenen Prozeßvariablen in schneller, zeitlicher Folge auf- und wieder weggeschaltet. Oder, es ändern sich zeitweise sehr viele der auf verschiedenen X11-Terminals zu visualisierenden Prozeßvariablen wesentlich schneller als bei der Planung angenommen. In beiden Fällen kann die benötigte Systemleistung die verfügbare überschreiten und ein Systemkollaps eintreten.

2.5 Lastbegrenzung durch Lastabwurf

Die Grundidee des vorliegenden Beitrags ist nun, die Funktion eines Gesamtsystems bei einer Überlastsituation durch gezieltes Ausschalten eines Teils der laufenden Prozesse zu sichern. Dies ist bei gegebenen Anwendungsvoraussetzungen in Analogie zu elektrischen Energieverteilungsnetzen dann möglich, wenn einerseits ein Maß der tatsächlich gegebenen Systembelastung angebbar ist und andererseits Anwendungstasks mit niedrigprioren (Teil-)Aufgaben existieren, die den Handlungsspielraum in einem zu erstellenden Lastabwurfalgorithmus ausmachen.

3 Bestimmen der aktuellen Lastsituation

Ein globales Lastkriterium als Entscheidungsgrundlage für ein Task-Lastmanagement läßt sich auf zwei unterschiedlichen Wegen ermitteln, indem entweder vom Betriebssystem bereitgestellte Betriebsgrößen direkt ausgewertet werden, oder indirekt, indem eine Referenztask das System regelmäßig mit einer geringen Referenzlast beaufschlagt und die dafür benötigte Zeit ermittelt.

3.1 Direkt verfügbare Betriebsgrößen

UNIX-Betriebssysteme führen über eine große Zahl globaler und Task-spezifischer Größen Buch, die über beanspruchte Systemressourcen detailliert Auskunft geben. Beispiele derartiger Betriebsgrößen, die ablaufende Tasks per Funktionsaufruf auch abrufen können, sind:

- *Prozentualer CPU-Einsatz.* Unterschieden wird die Einsatzzeit der CPU, und zwar einerseits nach Ausführungszeit im Anwendungsprogramm und in den vom Anwendungsprogramm aufgerufenen Systemkernfunktionen, sowohl als taskspezifische Größen wie auch als globale Größe. Die global verfügbare, d. h. derzeit nicht benötigte CPU-Leistung wird als prozentualer Idle-Wert angegeben (vgl. UNIX-Fuktion `clock_t times(struct tms *buf)`; [18, S. 232ff]).
- *Netzwerk, Inter Process Communication (IPC).* Statistikzähler ermitteln die Anzahl der pro Kommunikationskanal und Sekunde gesendeten und empfangenen Datenpakete und Datenbytes, sowie die akkumulierten Summen pro Netzwerk (z. B. Ethernet).
- *Hauptspeicherbedarf, Swapping.* Der verfügbare und der benutzte Hauptspeicherplatz mit oder ohne swap-Anteil gibt Auskunft über eine der bei UNIX

wichtigsten Systemressourcen: mangelnder Hauptspeicher kann das Gesamtsystem um Größenordnungen gegenüber einem richtig dimensionierten System verlangsamen, da bei pausenlosem Swapping unnötige Plattenzugriffe und Wartezeiten entstehen.

- *Plattenzugriffe.* Wenn große Datenmengen zwischen dem Hauptspeicher und den Festplatten bewegt werden, sind die Anzahl der Plattenzugriffe bzw. die Anzahl der transferierten Bytes pro Sekunde als Kriterien auswertbar. Unter Umständen führen häufige Plattenzugriffe zu einer nicht vollständig ausgelasteten CPU, da ansonsten zur Bearbeitung bereite Tasks auf Plattendaten warten müssen.

- *Load.* Die Anzahl der momentan zur Bearbeitung bereiten Tasks wird in der globalen, zeitlich gemittelten Betriebsgröße `load` bereitgestellt. Wie im vorigen Punkt angedeutet kann zu einem `load`-Wert von 4 (z. B. 4 gleichzeitig bearbeitete Tasks) ein `idle`-Wert von 20% gehören, da alle Tasks zeitweise auf Plattenzugriffe oder andere externe (Netzwerk-)Ereignisse warten müssen.

- *Pufferauslastung.* Die Anzahl der im Betriebssystem UNIX verfügbaren Nachrichtenpuffer ist projektierbar, aber begrenzt. Wenn eine langsame Task mit rechenintensiven Aufgaben ihre Nachrichten langsamer abholt als sie von erzeugenden Tasks generiert werden, dann sind irgendwann alle verfügbaren Puffer belegt und alle anderen Tasks müssen auf die den Stau verursachende langsame Task warten.

Da sowohl z. B. einzelne Netzwerkanschlüsse wie auch die zentrale CPU an die Grenze ihrer Leistungsfähigkeit stoßen können, sind die Betriebsgrößen separat auszuwerten, wenn man die Ursache von Leistungsgrenzen aufspüren will. Sind die begrenzenden Ressourcen bei einer gegebenen Anwendung bekannt, so läßt sich als Summenkriterium eine Kostenfunktion formulieren, die ausgewählte, gewichtete Einzelgrößen zu einer Systemlast zusammenfaßt.

3.2 Referenztask

Ein realistisches Maß für die momentane Systemlast erhält man durch die Messung des Zeitbedarfs einer Referenztask, die zyklisch bearbeitet wird. Sie sollte wichtige Systemressourcen wie CPU, Festplatten und Kommunikation in einem der Anwendung entsprechenden Mischungsverhältnis gering beanspruchen und so eine durchschnittliche Lasteinheit darstellen. Die Referenztask möge z. B. alle 2 Sekunden aktiv werden, eine gewisse Zahl von arithmetischen Berechnungen durchführen, Daten von der Festplatte lesen, verändern, zurückschreiben, Nachrichten an einen zentralen Server senden und diese als Echo zurückerwarten. Außer der Gesamtbearbeitungsdauer kann die Referenztask die Einzelzeiten der jeweiligen Programmteile als Maß der Einzellasten zur Verfügung stellen. Tatsächlich ist die benötigte Bearbeitungszeit der Referenztask proportional zur momentanen Systemlast, wie folgende Überlegung zeigt:

Bei konstanter Systemleistung P ist die in einem Zeitabschnitt Δt geleistete Arbeit ΔW der Leistung P direkt proportional und es gilt also: $\Delta t = P^{-1} \cdot \Delta W$.

Setze sich ferner ein Zeitabschnitt t_{gesamt} aus der Summe der Zeitanteile für die Referenztask (weiße Flächen in Abb. 2) sowie der Anwendungstasks (dunkle Flächen in Abb. 2) zusammen, also $t_{\text{gesamt}} = t_{\text{Referenz}} + t_{\text{Anwendung}}$, so steht t_{gesamt} bei der vorgeschlagenen Methode als aktueller Meßwert zur Verfügung, t_{Referenz} läßt sich als Konstante bei unbelastetem System bestimmen (Fall a) in Abb. 2) und $t_{\text{Anwendung}} = t_{\text{gesamt}} - t_{\text{Referenz}}$ ist das gesuchte Maß der Anwendungslast, bzw. t_{gesamt} ein Maß für die Gesamtlast einschließlich Meß-Overhead.

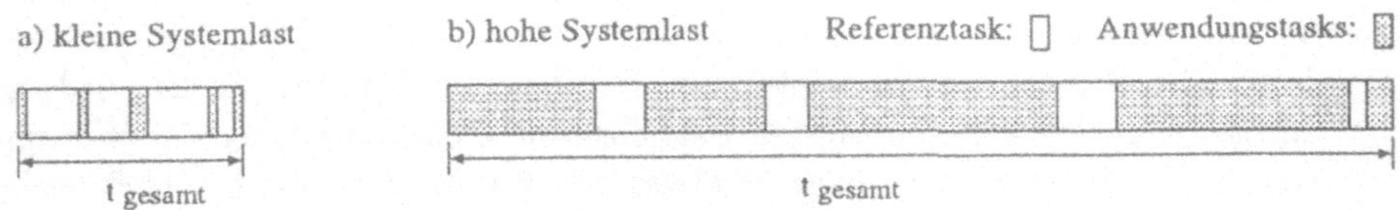

Abbildung2. Zeitbedarf für Referenz- und Anwendungstasks

Sollen die Belastungen bestimmter, zentraler Servertasks gezielt gemessen werden, so kann die Referenztask z. B. die Antwortzeit der interessierenden Server auf Echo-Anfragen direkt ermitteln.

4 Task-Lastmanagement

Eingangs wurde auf Schrifttum über Lastausgleichsverfahren hingewiesen, die laufende Tasks von hochbelasteten Rechnern entfernen und auf niedrigbelastete Rechner übertragen. Interessant ist in diesem Zusammenhang die Erkenntnis, daß verschiedene, auch sehr einfache [6], bei dynamischen Verfahren immer heuristische Algorithmen [7] zum Erfolg führen. Die Wirksamkeit der angewandten Verfahren zur Entlastung überforderter Rechner hängt also nur wenig von dem ihnen zugrundeliegenden Algorithmus ab. Dieses Ergebnis wird als Ermutigung zur Entwicklung des nachstehend beschriebenen heuristischen Verfahrens aufgefaßt, schon deswegen, weil der hier vorgeschlagene Weg des Lastabwurfs viel einfacher und allgemeiner anwendbar ist als die Taskmigration, wie die Übertragung einer laufenden Task von einem Rechner auf einen anderen genannt wird.

4.1 Referenztask und Spartasks

Die gegebenen Echtzeittasks sind in die zwei Klassen *absolut notwendig* und *alle anderen* einzuteilen, was im gegebenen Beispiel mit einer Priorisierung der Leitstationen[2] erreichbar ist. Die zuletztgenannten Tasks, im folgenden *Spartasks* genannt, weisen 2 Betriebsarten auf: den Normalbetrieb und den Sparmodus

---

[2] Die Leitstationen und ihre zugeordneten Tasks werden also in wenige *absolut notwendige* und viele *alle anderen* eingeteilt, auf denen gegebenenfalls der Zustand „zeitweise eingefroren" besonders hervorgehoben wird.

(Abb. 3). Im Sparmodus reduzieren die Spartasks ihren Anteil an der Systemlast auf größtmögliche Weise, sobald die von der Referenztask gemeldete Systemlast einen für jede dieser Spartasks separat einstellbaren Schwellwert überschritten hat. Damit sind auch diese Tasks nach Wichtigkeit priorisierbar, wobei durchaus die einzelnen Schwellwerte während des Betriebs per Hand geändert und die Auswirkungen zu Testzwecken überprüft werden können.

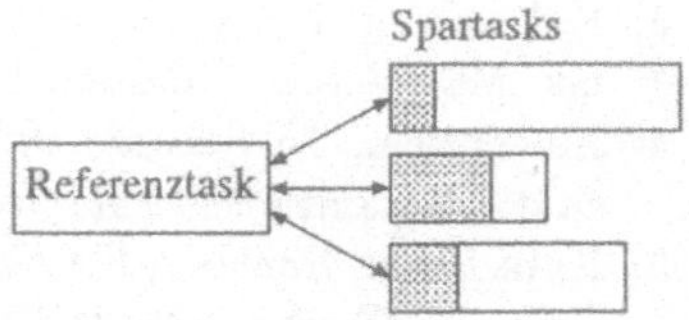

Die Referenztask informiert jede Spartasks nach dem publisher-subscriber-Verfahren zyklisch (z. B. alle 2 Sekunden) über die anstehende Systemlast. Hierzu gibt jede Spartask der Referenztask bei ihrem Start ihren Nachrichtenkanal bekannt, bzw. meldet sich vor ihrer Beendigung bei der Referenztask ordnungsgemäß ab. Es ist klar, daß der Sparmodus von den Anwendungsprogrammen unterstützt werden muß, er also nicht auf Betriebssystemebene isoliert realisierbar ist.

Abbildung3. Verteiltes Lastmanagement: Referenztask und Anwendungstasks mit Normalmodus (Last ~ ganze Rechteckflächen) und Sparmodus (reduzierte Last ~ dunkle Restflächen)

4.2 Ereignis- und Statusnachrichten

Ein wichtiges Kriterium, nach denen Anwendungstasks auf ihre Tauglichkeit für den Sparmodus zu mustern sind, ist die Unterscheidung von Ereignisnachrichten und Statusnachrichten [19, S. 124]. Statusnachrichten (z. B. Aktualisierung einer Meßwertanzeige, Bargraph) lassen sich zeitweise ohne Schaden unterdrücken, da ihre Information jederzeit wieder beschaffbar ist. Mit Ereignisnachrichten ist das anders (z. B. Meldungen für ein Diagnosejournal), sie müssen in jedem Fall ohne Ausnahme sicher übertragen und verarbeitet werden.

4.3 Querabhängigkeiten

Ein weiterer Punkt bei der Implementation des Sparmodus ist das Geflecht von gegenseitigen Kommunikationsbeziehungen zwischen den einzelnen Tasks, die nur anwendungsabhängig beurteilt und gegebenenfalls ausgenutzt werden können. Gerade bei publisher-subscriber-Beziehungen muß eine (subscriber-) Task, deren Anteil an der Systemlast beispielsweise in der Darstellung vieler sich ändernder Meßwerte besteht, im Sparmodus ihr Interesse an den Meßwerten bei der sendenden (publisher-)Verteilertask abmelden und beim Übergang in den Normalmodus wieder anmelden. Hier wird noch einmal die nötige Beteiligung der Anwendung an der Verwaltung eines derartigen Lastmanagements sichtbar.

Literatur

1. Ziller, Th., Grumptmann, G.: Kopplung freiprogrammierbarer Steuerung an ein Unix-Rechnersystem. Glückauf **127** (1991) 374–375
2. Lenschow, R.: Offene und verteilte Leittechnik auf der Basis von UNIX. e&i **110** (1993) 249–251
3. Krückeberg, F.; Spaniol, O. [Hrsg.]: Lexikon Informatik und Kommunikationsrechnik. VDI-Verlag, Düsseldorf 1990.
4. Heidepriem, J.: Rechner in Automationssystemen. Vorlesung, Bergische Universität - Gesamthochschule Wuppertal, Wuppertal 1993.
5. Kutscha, S., Henning, K.: Aktuelle technische Entwicklungen um UNIX: Sicherheit, Echtzeit, Benutzeroberflächen. atp **33** (1991) 266–274
6. Schabernack, J.: Lastausgleichsverfahren in verteilten Systemen – Überblick und Klassifikation. it+ti **34** (1992) 280–295
7. Triller, M.: Dynamischer Lastausgleich in verteilten Echtzeit-Systemen. it+ti **35** (1993) 35–41
8. Halang, W. A. et al: Perspektiven der Informatik in der Echtzeitverarbeitung. Informatik-Spektrum **16** (1993) 357–362
9. GUUG [Hrsg.]: GUUG Jahrestagung 1992. NETWORK GmbH, Hagenburg 1992.
10. Kriechbaum, W.: UNIX – das Echtzeitbetriebssystem der Zukunft? In: [9, S. 269-274]
11. Woodside, C. M.: Performance Engineering of Client-Server Systems. in: [12, S. 394–410]
12. Donatiello, L. (Ed.): Performance Evaluation of Computer and Communication Systems. Joint Tutorial Papers of Performance '93 and Sigmetrics '93. Springer 1993
13. Thurner, E. T.: Performance Measurement Using System Monitors. in: [12, S. 536–559]
14. Mansouri-Samani, M., Sloman, M.: Monitoring Distributed Systems. IEEE Network, November 1993, 20–30
15. Heinecke, A. M.: Software Ergonomics for Real-Time Systems. In: Grechenig, T. (Ed): Human Computer Interaction. Vienna Conference Proc., VCHCI '93, Springer 1993
16. Chung, F. R. K.: Reliable Software and Communication I: An Overwiew. IEEE J. on Selected Areas in Comm. **12** (1994) 23–32
17. Wehler, A., Heidepriem, J.: Ein Automations- und Kommunikationssystem (AKS). In: [9, S. 282-287]
18. Stevens, W.R.: Advanced Programming in the UNIX Environment. Addison-Wesley Publishing Company 1992.
19. Pflügl, M., Damm, A.: Kommunikationsmechanismen verteilter Systeme und ihre Echtzeitfähigkeit. Informatik-Spektrum **12** (1989) 121–132

Einsatz eines Echtzeit-Expertensystems in der Verkehrsleittechnik

Hubert Rehborn

Lehrstuhl Informationstechnik
FernUniversität Hagen, 58084 Hagen
Borngasse 29
52064 Aachen

Zusammenfassung In diesem Beitrag wird ein echtzeitfähiges, informationsverarbeitendes System mit einer wissensbasierten Komponente für die Verkehrsleittechnik entwickelt. ADAS ($\underline{A}$utomatic $\underline{D}$ata $\underline{A}$nalysis $\underline{Sy}$stem) integriert verschiedene prozedurale Modelle mit Methoden der „Künstlichen Intelligenz" zu einem hybriden Gesamtsystem. Der dreistufige Aufbau und das Zusammenspiel werden erläutert. In der ersten Stufe überprüft und vervollständigt ADAS die oft fehlerhaften und nicht konsistenten Eingangsdaten, danach folgt eine umfassende Datenanalyse mit den verschiedenen Modellen, und in der dritten Stufe interpretiert ADAS die Ergebnisse der Datenanalyse bis hin zur Ableitung von Ausgangsinformationen mittels wissensbasierter Verfahren.
Als Einsatzbeispiel zur Validierung des ADAS-Konzeptes wird die Aggregation dynamischer Fahrzeugdaten im Rahmen eines EG-Feldversuchs dargestellt.

1 Einführung in die Problematik

Die ständig steigenden Mobilitätswünsche der Bevölkerung erfordern zunehmend technische Mittel zur Beeinflussung des Autoverkehrs, da der rein bautechnische Ausbau des Wegenetzes nicht zuletzt aus Gründen des Landschaftsverbrauchs und der Umweltverträglichkeit immer stärker an seine Grenzen stößt.
Im Rahmen der Verkehrsleittechnik, die sich mit den technischen Möglichkeiten der Beeinflussung des Verkehrsablaufs, der Fahrweise und des Fahrverhaltens befaßt, wurde bereits in den 80-er Jahren ein Steuerungsprogramm mit PEARL entwickelt (NIKOS), später jedoch aufgrund weiterer Verbreitung auf das UNIX-Betriebssystem und die Programmiersprache C umgeschwenkt.
Eine wesentliche Datengrundlage in der Verkehrsleittechnik liefert nach wie vor der Induktionsschleifendetektor für Verkehrsstärke und Fahrzeug-Durchschnittsgeschwindigkeiten. Daneben werden in zunehmenden Maße Umfelddaten oder auch Daten von Einzelfahrzeugen (vgl. SOCRATES-Feldversuch:$\underline{S}$ystem $\underline{O}$f $\underline{C}$ellular $\underline{RA}$dio for $\underline{T}$raffic $\underline{E}$fficiency and $\underline{S}$afety [4]) erfaßt.
Echtzeitfähigkeit bedeutet hier, daß bei einem Datenaufkommen von einigen tausend sich dynamisch ändernden Eingangsgrößen eine Abarbeitung durch das System und die Weitergabe der Modellresultate in der üblichen Zykluszeit von einer bis fünf Minuten gewährleistet sein muß („soft real-time").

Für die Ausgangssituation des Straßenverkehrs auf Autobahnen ist festzustellen, daß seine Komplexität nicht durch ein einziges verkehrstechnisches Modell zu behandeln ist. Vielmehr kommt es darauf an, unter unterschiedlichen Randbedingungen das geeignete Verfahren auszuwählen und auch Überschneidungen der verschiedenen Ansätze auszunutzen. Ein thematischer Schwerpunkt liegt dabei auf den Verfahren zur Störfallerkennung und -prognose auf Autobahnen. Im Mittel mehr als 40 Störfälle täglich mit ca. 4,2 km Länge pro Störungsereignis auf Autobahnen allein für Nordrhein-Westfalen (1992) verdeutlichen den großen Bedarf an rechtzeitiger Erkennung und Vorhersage dieser Stausituationen [10].

Ein Verkehrsflußmodell mit erweitertem Kalman-Filter und ein Ansatz aus der Katastrophentheorie dienen in ADAS der Erkennung von Stauphänomenen. Zur Prognose wird das Ferrari-Verfahren eingesetzt, und Neuronale Netze werden für die Verkehrszustandsklassifikation entwickelt.

ADAS verknüpft diese unterschiedlichen Verfahren der Verkehrsleittechnik mit einem wissensbasierten Ansatz zu einem hybriden Gesamtsystem.

2 Das Verkehrsdatenanalysesystem ADAS

2.1 Anforderungen und Bausteine von ADAS

Bei allgemeiner Betrachtungsweise bildet ADAS ein informationsverarbeitendes System, das aus den Eingangsinformationen automatisch neue, für eine Anwendung zu interpretierende Ausgangsinformationen generiert. In diesem Beitrag wird ein solches System in der Verkehrsleittechnik eingesetzt.

Als Eingangsinformationen für ADAS sind die Erfassung der Verkehrsdaten, die Erfassung von Umfelddaten sowie Informationen über Ereignisse (z.B. Ferienbeginn, Baustellen, Unfälle) anzusehen. Zu den Verkehrsdaten gehören Fahrzeuggeschwindigkeiten, -verkehrsstärken (zum Teil aufgeschlüsselt nach PKW und LKW) und Reisezeiten. Als Umfelddaten stehen Glättewerte, Nebelwarnungen, Feuchtigkeitswerte, Windgeschwindigkeiten oder Sichtweiten zur Verfügung.

Die Eingabe in das System kann durch automatische Weiterleitung der straßenseitigen Erfassung oder auch interaktiv durch die Bedienung erfolgen.

Als Resultat von ADAS ergeben sich allgemeine Fahrerinformationen und Rundfunkmeldungen, aber auch konkretere Steuerungsentscheidungen für Wechselverkehrszeichen (vgl. Abb. 1). Durch ADAS hergeleitete Ausgangsinformationen können beispielsweise über Mobilfunkstationen an entsprechend ausgestattete Fahrzeuge übertragen werden, zum Verkehrsmanagement in einer Verkehrsrechnerzentrale dienen oder etwa an allgemeine Informationssysteme wie Bildschirmtext weitergeleitet werden.

Der innere Ablauf von ADAS ist von sequentieller Natur: die nachfolgende Stufe verwendet die Ergebnisse der vorherigen und verarbeitet sie weiter. Andererseits ist es möglich, daß Resultate der ersten beiden Stufen direkt zu Ausgaben führen, wie z.B. bei fehlenden Daten oder Modellfehlern.

Intern sind in ADAS drei Stufen zu unterscheiden: zunächst die Aggregation und Plausibilitätsprüfung der Eingangsinformationen, die zu einer Vervollständigung der Datenbasis führen. In einer zweiten Stufe wird eine intensive und umfassende

Analyse dieser Daten durchgeführt; im vorliegenden Fall eine Verkehrsdatenanalyse mit sowohl prozeduralen Ansätzen wie auch Modellen aus der „Künstlichen Intelligenz" (Neuronale Netze und wissensbasierte Methoden). Die wissensbasierte Interpretation der Datenanalyse, die bis hin zu Steuerungsentscheidungen oder einem Verkehrssituationsbericht führen kann, bildet die abschließende Stufe von ADAS (vgl. Abb. 1).

Eingangsinformationen: → -Verkehrsdaten -Ereignisse -Umfelddaten

ADAS		
Datenvervollständigung	**Analyse der Datenbasis:**	**Interpretation der Ergebnisse**
Aggregation	KI-Modelle	wissensbasierte Verfahren
Plausibilitätskontrolle	Modelle des Verkehrs	

Ausgangsinformationen: → -Fahrerinformationen -Rundfunk -Steuerung der Wechselverkehrszeichen

Abb. 1: Internes Modell und Schnittstellen von ADAS

2.2 Einbindung des wissensbasierten Systems

Als Grundlage von ADAS ist ein verteiltes und echtzeitfähiges System mit einer Client/Server-Architektur einzusetzen. Die Offenheit des Systems für eine Anbindung benutzereigener Prozesse ist neben der Integration einer Wissensbasis von entscheidender Bedeutung.

Für den Einsatz eines wissensbasierten Systems im Rahmen von ADAS kann eine Software-Architektur entworfen werden, die aus einer speziellen Tool-Architektur und einer allgemeinen Software-Architektur für Informationssysteme abzuleiten ist (vgl. Abb. 2). Diese dargelegte Architektur wird im DRIVE-Projekt RHAPIT [3] für die Rechnerzentrale im SOCRATES-Feldversuch realisiert. Der SOC-Rechner (*S*OCRATES *O*perating *C*omputer) integriert dabei unterschiedlichste Applikationen: er wird als Notfallzentrale, zur individuellen Routenführung, als Parkleitrechner und im Frachtwesen als Flottenmanagement-Rechner zur Koordination des Fahrzeugparks eingesetzt.

Im Mittelpunkt steht das wissensbasierte System mit der Inferenz, der Wissensakquisition und der Erklärungskomponente. An zentraler Stelle in ADAS steht damit die KI-Komponente. Sie stellt die notwendigen Inferenztechniken zur Verfügung (u.a. Vererbung und logisches Schließen über mehrere Zeitintervalle). Die Wissensakquisition muß in Abstimmung mit den Verkehrsingenieuren erfolgen und resultiert in zu formulierenden Regeln. Dieser Baustein muß mit vielen anderen Komponenten verbunden werden: die Verbindung umfaßt allgemeines verkehrstechnisches und applikationsspezifisches Wissen, die Prozeßdaten, eine Schnittstelle zu einer Datenbank und prozedurale oder benutzereigene Modelle wie z.B. das Kalman-Filter oder Neuronale Netze. Das allgemeine verkehrstechnische Wissen umfaßt z.B. die generellen Aggregationsmethoden und Plausibilitätskontrollen für Erfassungsdaten. Das applikationsspezifische Wissen beinhaltet

die jeweiligen örtlichen und zeitlichen Besonderheiten von ADAS. Die dynamischen Prozeßdaten charakterisieren den Datenstrom innerhalb des Systems.
Über dieser Ebene ist ein Datenverteiler einzusetzen, der in Abhängigkeit von der jeweiligen Anforderung die entsprechenden Daten bereitstellt. Die Interprozeßkommunikation muß gewährleisten, daß verspätet eintreffende Datenpakete und Nachrichten das System nicht mehr beeinflussen, sondern gelöscht werden.
Als externe Komponenten sind die graphische Benutzerschnittstelle (GUI), eine Schnittstelle zur Datenerfassung auf den Straßen, die Möglichkeit zu Simulationen und andere Applikationen wie etwa die Anbindung eines weiteren Verkehrsrechners zu erwähnen (vgl. Abb. 2).

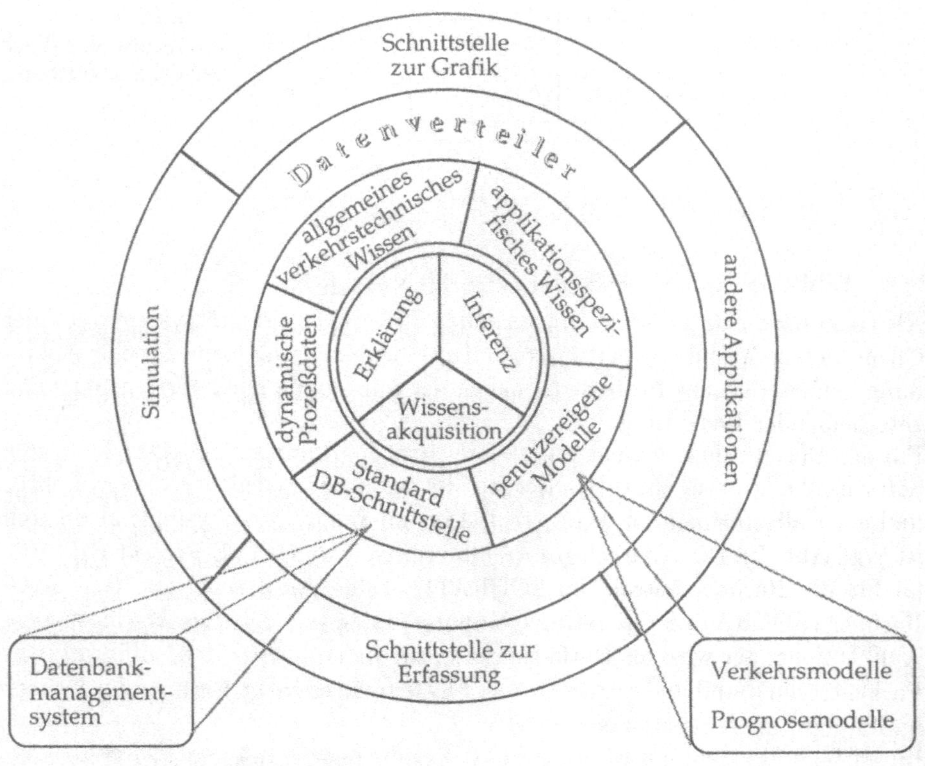

Abb. 2: Software-Architektur des ADAS-Gesamtsystems

Dabei sind einige ADAS-Bausteine direkt als Module einer Shell zu identifizieren und andere nicht vorhanden; letztere müssen extern mittels prozeduraler Ansätze realisiert und an das wissensbasierte Gesamtsystem angebunden werden.
Der Inferenz-Prozeß übernimmt verschiedene Aufgaben von ADAS: eine lokale Wissensbasis ist für die Aggregation und Plausibilitätskontrolle der Eingangsdaten zuständig, eine weitere Wissensbasis koordiniert die Stauerkennungs- und Stauprognosemodelle, und die Eingabe und Verarbeitung von Ereignissen wird durch diesen Prozeß transparent gestaltet (vgl. Abb. 3).

Ein weiterer Prozeß zur Datenakquisition koordiniert die Anbindung der Umfeld-
und Verkehrsdaten an ADAS; desweiteren ist eine graphische Bedienoberfläche
zur Repräsentation des Systems nach außen aufzubauen. Die verkehrstechnischen
Modelle sowie die Neuronalen Netze sind als externe Bausteine an den Datenverteiler anzubinden. Über diesen erhalten sie die für das jeweilige externe Modul
notwendigen Daten (z.B. bestimmte Detektorwerte) und geben auch über diesen
Prozeß ihre Ergebnisse an die übrigen Prozesse zurück. In einer Datenbasis
sind alle Daten, die die Teilprozesse verwenden, zu definieren und geeignet zu
gruppieren. Eine relationale Datenbank ist ein Abbild des Datenmodells, das die
einzelnen Datenobjekte und die zugehörigen Relationen umfaßt. Die Versorgung
und Konfiguration der Verkehrsmodelle und Neuronalen Netze geschieht über
das Datenbanksystem.

Das endgültige ADAS ist damit ein hybrides System, das in einer im Rahmen der
Verkehrsleittechnik angepaßten Weise konventionelle Ansätze mit wissensbasierten Methoden verknüpft. Die Kommunikation der in sich abgeschlossenen Teilmo-
dule besitzt in einem Verkehrsdatenanalysesystem eine zentrale Stellung.

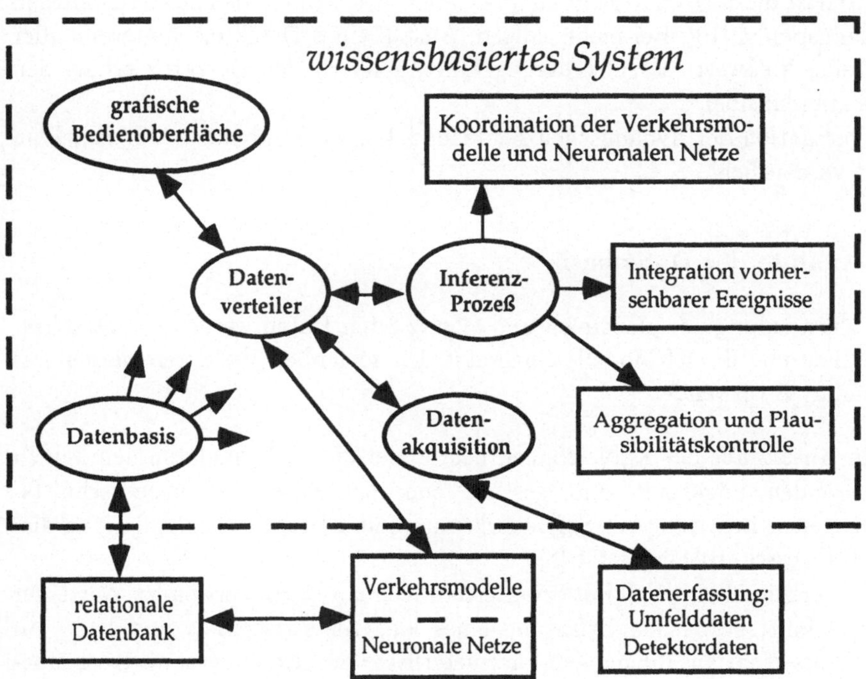

Abb. 3: Zusammenhang der ADAS-Komponenten

3 Aufbaustufen von ADAS

3.1 Datenvervollständigung

Die Datenvervollständigung als erste Stufe von ADAS beinhaltet sowohl eine
Kontrolle der Eingangsinformationen als auch eine Zusammenfassung und Aufbereitung dieser Daten.

Eine grundlegende Erfahrung mit allen Erfassungstellen ist die Tatsache von
Erfassungsfehlern. In der Verkehrsleittechnik ist - wie bei jeder Meßwerterfassung
- mit unplausiblen Meßwerten zu rechnen. Für Schleifendetektoren sind schon
Fehleranteile von 10 − 15% ermittelt worden [1]. In dieser Situation ist eine
Plausibilitätsprüfung unabdingbar. Die Daten werden anhand von Regeln, die
im wissensbasierten System durch einen Verkehrsingenieur anzupassen sind, auf
ihre Gültigkeit hin überprüft.

Nach einer Plausibilitätsüberprüfung muß sich eine Aufbereitung der erfaßten
Daten im Hinblick auf die zweite Stufe von ADAS - die Verkehrs- und KI-Modelle
- anschließen. Bei der Erkennung von Plausibilitätsfehlern der Verkehrsdaten
von Induktionsschleifen wird der fehlende Meßwert extrapoliert. Ein einfaches
Verfahren ist die Substitution des unplausiblen Werts durch den nächstmöglichen
Erfassungspunkt [10]. Bei mehrmaligem Ausfall eines Detektors hintereinander
wird keine Meßwertersetzung durchgeführt, sondern der Detektor erhält den
Status „unplausibel".

Die Aggregation der dynamischen Fahrzeugdaten wird anhand des Beispiels in
Kap. 4 verdeutlicht.

3.2 Analyse der Datenbasis

Unter Verwendung der plausiblen und aggregierten Daten werden die verkehrstechnischen und die KI-Modelle eingesetzt. Die folgenden Verfahren werden zur
Datenanalyse verwendet:

- Ein Ansatz aus der Katastrophentheorie, der die Verkehrsdaten den beiden
  Zuständen „ungestaut" und „gestaut" zuordnet, wird bei einer querschnittsbezogenen Erfassung zur Störfallerkennung und Ursachenermittlung an diesem Querschnitt eingesetzt [8].
- Ein Verkehrsflußmodell mit erweitertem Kalman-Filter verwendet Werte der
  querschnittsbezogenen Erfassung eines längeren Abschnitts und baut auf
  verkehrssituationsabhängigen Parameterlisten auf. Ergebnis sind streckenbe-
  zogene Größen des Verkehrsablaufes (z.B. Verkehrsdichten).
- Das Ferrari-Verfahren benötigt spezielle Erfassungswerte der Überholspur
  und prognostiziert die Stabilität des Verkehrsflusses an ausgewählten Erfas-
  sungsquerschnitten mit einem Prognosehorizont von ca. 20-30 Minuten [7].
- Neuronale Netze zur Klassifikation von Verkehrszuständen (unüberwacht
  lernende Kohonen-Layer) arbeiten mit Verkehrsdaten, in erweiterter Form
  jedoch auch mit Umfelddaten [9].

In dieser Form erzielt ADAS querschnittsbezogene, lokale Aussagen über einen Störfall und seine Ursache sowie einen Prognosewert für die Verkehrsstabilität. Außerdem leitet das System strecken- bzw. abschnittsbezogene Aussagen über Verkehrsdichteverhältnisse und den Gesamtzustand der Verkehrssituation ab.

3.3 Interpretation der Ergebnisse

Mittels eines wissensbasierten Ansatzes erzeugt die dritte Stufe von ADAS Informationen auf verschiedenen Ebenen. Die Resultate der Datenanalyse finden Eingang in das wissensbasierte System. Über verschiedene Regeln erfolgt ein Abgleich der Modellergebnisse untereinander und mit den Erfassungsdaten bis hin zu weitergehenden Aussagen.

Ein Vergleich von lokalen Erfassungswerten mit den Prognosewerten und den Störfall- und Ursacheergebnissen führt zu einer lokalen Verkehrssituation (z.B. „Querschnitt 32 aufgrund von Überlastung gestaut, Prognose: gleichbleibend"). Analog ergibt sich eine mehrstufige Logik für globalere Aussagen: hier werden die lokalen zusammengefaßt und mit den abschnittsbezogenen Modellaussagen zu einem Endergebnis ausformuliert (z.B. „Abschnitt A5 von Westkreuz bis Anschlußstelle Niederrad gleichbleibend hohes Verkehrsaufkommen, Staugefahr ab Querschnitt 32"). Diese Informationen sind an die entsprechenden Systeme (SOCRATES-Testfahrzeuge, Rundfunk, etc.) zu übertragen.

4 Einsatz von ADAS

Als konkretes Beispiel wird die Aggregation der dynamischen Fahrzeugdaten (fcd: _f_loating _c_ar _d_ata) vorgestellt. Im Rahmen des SOCRATES-Feldversuchs ist es möglich, verkehrstechnische Informationen von fahrenden Einzelfahrzeugen zu empfangen, diese zu verarbeiten und dann Informationen an das Fahrzeug zu übertragen (z.B. zur Routenführung).

Ein Datenpaket bezieht sich auf einen digitalisierten Straßenabschnitt gemäß GDF (_G_eographic _D_ata _F_ormat). Nachdem das Fahrzeug den Abschnitt befahren hat, werden folgende Einzelinformationen übertragen [2]:

Inhalt	Bedeutung
slrn	Nummer des Streckenabschnitts
vehicle type	Fahrzeugtyp
time at start of slrn	Beginn der Aufzeichnung des fcd-Paketes
journey time	Reisezeit auf dem Abschnitt
number of stops	Anzahl Halte auf diesem Abschnitt
stopping time	Haltezeit auf dem Abschnitt
position of first stop	Ort des ersten Haltes auf dem Abschnitt
acceleration noise	Anzahl der Schwellenüber- und -unterschreitungen (BAB: 30 km/h, andere Straßen: 15 km/h)

Tabelle 1: Inhalte und Bedeutungen der fcd-Informationen

Die Anzahl der Datenpakete ist wie auch die Anzahl der betroffenen Straßenabschnitte für jeden Zyklus dynamisch veränderbar. Innerhalb der Wissensbasis, die als Resultat eine aggregierte Reisegeschwindigkeit für einen Abschnitt in einem Zyklus von 5 Minuten ermittelt, ist folgender Ablauf zu realisieren:

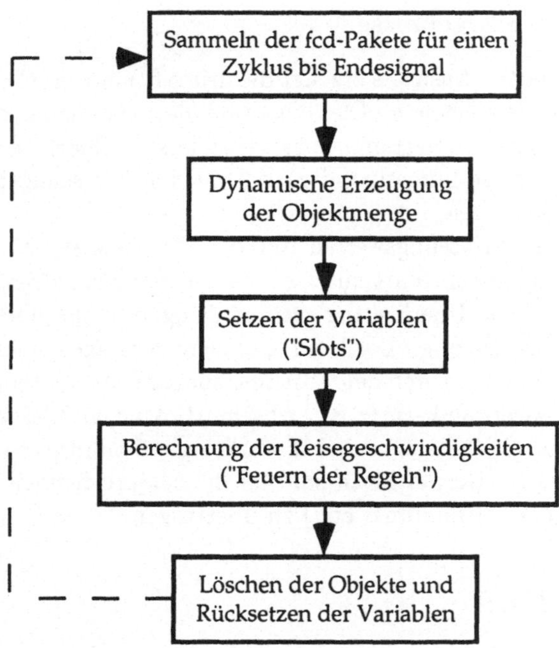

Abb. 4: Ablauf der fcd-Plausibilitätskontrolle

Die Steuerung der Wissensbasis erfolgt über ein Zeitschritt-Signal. Eine Sammlung der Datenpakete und die Erzeugung einer Matrix von betroffenen Straßenabschnitten ($slrn[0], slrn[1], .., slrn[n]$) und der Anzahl der Fahrzeuginformationen ($fcd[0], fcd[1], .., fcd[n]$) wird mit einer Regel durchgeführt, die feuert, sobald von der Kommunikation ein neues Datenpaket eintrifft. Bei jedem empfangenen Datenpaket ist die Prämisse der Regel „wahr", und die Regel wird aktiviert.
Über eine externe Funktion werden aus der Matrix nach Empfang des Zeitschritt-Signals die dynamischen Objekte erzeugt.
Mit der Syntax $< Klasse > . < Objekt > . < Attribut >$ die einen „Slot" bilden, werden die einzelnen Fahrzeuginformationen umgesetzt. In der Klasse $slrn$ existiert ein Objekt $slrn[0]fcd[0]$ mit dem Attribut $number\ of\ stops$; d.h. $slrn.slrn[0]fcd[0].number\ of\ stops$ repräsentiert den Zahlenwert der Anzahl Halte eines Fahrzeugs auf einem Abschnitt.
Für jeden Abschnitt i wird in dem Slot $slrn.slrn[i].number\ of\ fcd$ die Anzahl der Datenpakete mitgezählt. Über Datenbankabfragen (Länge des Abschnitts) berechnet sich aus der Reisezeit eines Fahrzeugs ein Geschwindigkeitswert.
Nach dem Besetzen der Slots werden für Abschnitte mit fcd im aktuellen Zyklus die Regeln zur Berechnung einer plausiblen Reisegeschwindigkeit abgearbeitet.

Eine Regel, die das arithmetische Mittel dreier oder mehr Reisegeschwindigkeiten berechnet, hat dann z.B. folgende Syntax:

IF slrn.slrn[?a?].number of fcd >= 3
THEN
slrn.slrn[?a?].fcd speed = average (slrn.slrn[?a?]fcd[?b?].travel speed)
!

?a? ist ein Platzhalter, der diese Regel für alle Abschnitte des Zyklus überprüft. *?b?* repräsentiert alle fcd-Pakete eines bestimmten Abschnitts, und das Ausrufezeichen beendet eine jede Regel. Der Wert von *slrn.slrn[?a?].fcd speed* ist in der Wissensbasis zur Interpretation der Ergebnisse von Nutzen: Vor der endgültigen Abgabe einer Ausgangsinformation (z.B. „Abschnitt xy der A5 ist gestaut") ist er mit den Ergebnissen der Modelle abzugleichen.
Letzter Bearbeitungsschritt für jeden Zyklus ist das Löschen der dynamischen Objekte und damit auch das Rücksetzen der Variablen.
Durch Erfahrungen des Feldversuches ist es hier dem Benutzer möglich, die Regelbasis auch im laufenden Betrieb an die Verhältnisse anzupassen: er kann z.B. verschiedene Aggregationsmethoden (Maximalwert, Minimalwert, Mittelwert, (MAX+MIN)/2) in Abhängigkeit von der Anzahl plausibler Pakete für einen Abschnitt einstellen.
Durch spezielle Versuche an ausgewählten Bereichen des Autobahnnetzes mit häufig auftretenden Stauerscheinungen ist die Qualität und Aussagekraft dynamischer Fahrzeugdaten für eine Störfalldetektion zu untersuchen. Dafür sind bereits Vergleichsszenarien mit der bestehenden Datenerfassung und dem Einsatz verkehrstechnischer Modelle entwickelt worden.

5   Zusammenfassung und Ausblick

In diesem Beitrag wird die Software-Architektur für den Einsatz eines wissensbasierten Echtzeitsystems konzipiert und dargelegt, die sich aus den spezifischen Anforderungen der Verkehrsleittechnik ergibt. Die Reaktionszeiten verkehrstechnischer Informationssysteme liegen bei 1-5 Minuten, nach denen sinnvolle Aussagen vorliegen müssen („weiche Zeitbedingung").
Der dreistufige Aufbau von ADAS mit der Grundlage eines wissensbasierten Systems ist in seinen wesentlichen Komponenten ausgestaltet worden. Die Offenheit von ADAS und die einfache Integration verkehrstechnischer Module wird durch ein System unabhängiger Teilprozesse realisiert.
Eine erste Validierung des ausbaufähigen ADAS-Konzepts erfolgt anhand des EG-Projektes SOCRATES. Die wissensbasierte Aggregation der dynamischen Fahrzeugdaten (fcd) zu einem Geschwindigkeitswert für einen Straßenabschnitt kann durch den Anwender aufgrund der Trennung von Wissen und Wissensverarbeitung im laufenden Betrieb angepaßt werden. Eine erste Entwicklung von Aggregationsregeln wird anhand eines für den Feldversuch realisierten grundlegenden Beispiels dargelegt.

Detaillierte Ergebnisse - gerade auch im Hinblick auf eine Störfalldetektion - sind im Verlauf der Feldversuche zu erzielen und in ADAS zu integrieren.

Die Erfahrungen des Modelleinsatzes führen zu einer adaptiven Entwicklung der Störfall-Regelbasis, die durch eine on-line-Pflege zu aktualisieren ist. Dadurch wird die anfängliche Regelmenge der fcd-Aggregation zu einer Störfallerkennungskomponente erweitert.

Das endgültige hybride Gesamtsystem stellt die Automatisierung der Verkehrsdatenanalyse auf eine neue Stufe und ermöglicht eine sinnvolle Unterstützung verschiedener Informationssysteme im Straßenverkehr.

Literatur

[1] Chen, L., May, A.: Traffic detector errors and diagnostics. Transportation Research Record 1132, Transp. Research Board, Washington D.C., 1988, S. 82-93.

[2] Demery, A., vd Brug, A., et al.: Application Data Protocol (ADP). Philips Research Laboratories, Version 3.0, Februar 1994, S. 38ff.

[3] Kirschfink, H., Jansen, B., Antenbrink, M., Lange, R.: A traffic data support system for an integrated motorway control in the Rhine-Main area. 12th Congreso Mundial IRF, Madrid 1993.

[4] Kirschfink, H., Uerlings, U., van den Brug, A.: Knowledge-based and intelligent SOCRATES traffic data support system (KIDS). DRIVE II Project V2055 RHAPIT, Del. No. 6, Part 3, August 1993.

[5] Kniß, H.-C.: Pflichtenheft der Linienbeeinflussungsanlage A9 (Hienberg). Januar 1993.

[6] Jansen, B., Kirschfink, H., Rehborn, H., Mies, P., Lange, R., et al.: Design of the SOCRATES Information Center. DRIVE II Project V2055 RHAPIT, Del. No. 8, August 1993.

[7] Rehborn, H., Ploss, G., Sachse, Th.: Bewertung des Ferrari-Feldversuches. DRIVE-Projekt V1059 SPEKTRUM 11/1993.

[8] Rehborn, H., Kirschfink, H.: Hybrid approach to incident management. To be published in: special issue of EJOR on Modeling Traffic Dynamics.

[9] Rehborn, H., Kirschfink, H.: Classification of traffic situations by using Neural Networks. 11th ECAI, Amsterdam, August 1994.

[10] Ziegler, U., Information des Ministeriums für Stadtentwicklung und Verkehr des Landes Nordrhein-Westfalen (D). Düsseldorf, September 1993.

Springer-Verlag und Umwelt

Als internationaler wissenschaftlicher Verlag sind wir uns unserer besonderen Verpflichtung der Umwelt gegenüber bewußt und beziehen umweltorientierte Grundsätze in Unternehmensentscheidungen mit ein.

Von unseren Geschäftspartnern (Druckereien, Papierfabriken, Verpakkungsherstellern usw.) verlangen wir, daß sie sowohl beim Herstellungsprozeß selbst als auch beim Einsatz der zur Verwendung kommenden Materialien ökologische Gesichtspunkte berücksichtigen.

Das für dieses Buch verwendete Papier ist aus chlorfrei bzw. chlorarm hergestelltem Zellstoff gefertigt und im pH-Wert neutral.